Stefan Bollinger und Fritz Vilmar (Hrsg.)

Die DDR war anders

Kritische Würdigung ihrer wichtigen sozialkulturellen Einrichtungen

edition ost
IM VERLAG DAS NEUE BERLIN

Das Buch

Die Ansichten darüber, wie die DDR war, gehen auseinander. Sie sind abhängig davon, wo man und wie man seinerzeit lebte, ob man diesseits oder jenseits der Mauer aufwuchs und welcher Weltsicht man zuneigt. Es wird stets ein subjektives Moment bei der Betrachtung geben. So oder so. Insofern ist die Behauptung »Die DDR war anders«, die Herausgeber und Autoren den Texten voranstellen, grundsätzlich auf jedes Urteil anwendbar.
Allerdings gibt es auch objektive Kriterien. Sie zu finden haben sich Wissenschaftler aus West und Ost bemüht. Vornehmlich im sozialen und kulturellen Bereich haben sie untersucht, was die DDR auf einigen Feldern tatsächlich geleistet hat. Und was man davon in die deutsche Einheit hinüberretten sollte, weil sie zu einer humanen Modernisierung Deutschlands wertvolle Beiträge leisten.

Die Herausgeber

Prof. Dr. Fritz Vilmar, Jahrgang 1929, Studium der Soziologie, von 1959 bis 1970 Referent im Vorstand der IG Metall. Seit 1975 Professor für Politikwissenschaft an der Freien Universität Berlin. Publikationen: »Rüstung und Abrüstung im Spätkapitalismus« (1965); Strategien der Demokratisierung« (1972); »Kolonisierung der DDR« (1995); »Zehn Jahre Vereinigungspolitik« (2000)
Dr. sc. Stefan Bollinger, Jahrgang 1954, Wissenschaftsbereichsleiter an der Ingenieurhochschule Berlin bis 1990, abgewickelt. Dozent in der Erwachsenenbildung und Lehraufträge am Otto-Suhr-Institut der FU Berlin. Wissenschaftliche Arbeitsschwerpunkte: Krisen- und Konflikttheorie, DDR-Geschichte, Transformationsprozesse, Eliten, Utopieforschung, Parteien und neue soziale Bewegungen.
Publikationen: »Die DDR kann nicht über Stalins Schatten springen« (1993); »1989 – eine abgebrochene Revolution« (1999)

Inhalt

I. Grundlegende Klärungen

Stefan Bollinger und Fritz Vilmar

Beiträge zur Zukunftsfähigkeit Deutschlands. Kritische Würdigung wichtiger sozial-kultureller Einrichtungen der DDR. Zur Einleitung

DIE DDR WAR ANDERS.
Das heißt zweierlei:
Erstens war sie anders als die BRD.
Und zweitens war sie anders,
als sie in den meisten Reden
und Büchern beschrieben wird.

Keine Rehabilitierung des Realsozialismus

Vorab ist ein grundlegendes Mißverständnis dieses Sammelbandes auszuräumen: Es geht hier nicht um eine Rechtfertigung des Realsozialismus in den Farben der DDR, nach dem Motto: Der Sozialismus war im Grunde gut, nur die Realisierung war fehlerhaft. Nein: Das gesamte System war nicht sozialistisch. Denn Sozialismus und Diktatur schließen sich aus!

Was wir und die anderen Autoren mit diesem Sammelband zum Bewußtsein bringen wollen, ist etwas ganz anderes: Obwohl die sowjetisch geprägte SED-Diktatur in der DDR das Entstehen eines sozialistischen Gesellschaftssystems vereitelt hat, ist dieses Sozialsystem mit dem Etikett »SED-Diktatur« *nicht* ausreichend beschrieben; denn es gab darin trotz der Diktatur eine beachtliche Anzahl humaner sozial-kultureller Einrichtungen und Leistungen, die diese Gesellschaft mitgeprägt haben, oft sogar gegen die Absichten der SED-Führung. Und in diese Einrichtungen haben Millionen aktiver Bürger der DDR ihre Lebenskraft investiert.

Grundlegende Defizite der DDR-Geschichtsforschung

Eine wesentliche Ursache der nach wie vor bestehenden Distanz und Entfremdung zwischen Ost- und Westdeutschen ist, neben den wiederum unfreiheitlichen Zügen der westdeutschen Vereinigungspolitik,[1] die vorherrschende Nichtachtung der sozial-kultureller Leistungen zahlloser aktiver Menschen in der DDR.

Mit Recht hat daher der Ministerpräsident von Sachsen-Anhalt, Reinhard Höppner, eine ernsthaftere Beachtung substantieller Elemente der DDR-Sozialgeschichte[2] gefordert und zugleich heftig die Einäugigkeit vieler Sozialwissenschaftler, ihre Tendenz zu einseitigen Negativ-Darstellungen der DDR, beklagt: Viele neigen dazu, wie Höppner feststellt, im Blick auf die DDR »alles Schlimme – und davon gab es reichlich – zusammenzutragen und vor allem nach Bösewichtern und Schuldigen zu suchen ... Die sonst unter Historikern übliche Frage bei der Bewertung einer historischen Epoche, was trotz außerordentlich schlechter Bedingungen auch positiv geleistet wurde, trat dagegen in den Hintergrund.«[3] Für Höppner ist klar – und er belegt es mit Beispielen aus Bildung, Arbeit und Alltagsdemokratie der DDR: »Die ein paar Jahre nach der Wende getroffene Einschätzung westdeutscher Politologen, Deutschland müsse sich weder wirtschaftlich noch sozial noch politisch substanziell verändern, da in der DDR eine verwertbare eigene politische und kulturelle Substanz völlig fehlte, ist eine katastrophale und folgenreiche Fehleinschätzung.«[4]

Zweifellos bleibt es unbedingt notwendig, Strukturen des repressiven ostdeutschen Staatssystems zu untersuchen. Aber im vergangenen Jahrzehnt ist ein falsches Bild der DDR-Realität entstanden, dessen Vor-Bild aus den Tagen des Kalten Krieges stammt: Es wurde eine »Geschichtspolitik«[5] betrieben, die einer undifferenzierten Negativdarstellung der DDR dient.[6]

Damit wird nicht die Frage beantwortet, was trotz außerordentlich schlechter Bedingungen auch Positives geleistet wurde. Die Herausgeber haben 1997 das Forschungsprojekt »Kritische Analyse sozial-kulturelle Einrichtungen der DDR«[7] begründet, um einen Beitrag zur Beantwortung eben jener Frage zu leisten. Es versucht, neben einigen anderen,[8] zur Sprache zu bringen, was bisher im Einigungsprozeß infolge einer den Osten nur mehr abwickelnden Vereinigungspolitik[9] und der dominierenden Unrechtstaats-Darstellungen weithin versäumt wurde. Dabei ist zu beachten, daß wichtige dieser sozial-kulturellen Einrichtungen von den meisten Menschen in Ostdeutschland – bei gleichzeitiger weitgehender Ablehnung des SED-Staates! – ernst genommen werden. Diese Tatsache zeigt sich in deren Einschätzung von DDR-Systemelementen im Vergleich mit herrschenden westdeutschen Strukturen. Besonders Vollbeschäftigung (89 Prozent), soziale Sicherheit (85 Prozent), Berufstätigkeit der Frauen (85 Prozent) und Subvention von Grundnahrungsmitteln (77 Prozent) in der DDR wurden 1997 stark positiv bewertet. Auf der Negativseite stehen die Reisebeschränkungen (62 Prozent) oder die Versorgungsmängel (42 Prozent).[10] Neuere Untersuchungen bestätigen tendenziell diesen Befund.[11] Mehr und mehr messen die Ostdeutschen die heutige gesellschaftliche Realität an den (teilweise) positiven Einrichtungen und Erfahrungen in der DDR.

Unsere Ergebnisse

Das von den Autoren ins Leben gerufene Forschungsprojekt versucht, die wichtigsten dieser weithin nur oberflächlich bekannten (und oft ideologisch vor-verurteilten) gesellschaftlichen Institutionen, Regelungen, Bildungsformen, ästhetischen Tendenzen, Gesundheitssysteme, Rechtsreformen etc. in Ostdeutschland zu dokumentieren, zu analysieren und kritisch zu würdigen – besonders im Blick auf ihre Zukunftsbedeutung. Dabei versuchen wir mit unseren hier vorgelegten Schwerpunkt-Darstellungen nicht mit Spezialuntersuchungen über die Themen zu konkurrieren, die teils informativ, teils aus einseitig-westdeutscher Sicht in Fachpublikationen meist ein Schattendasein fristen. Wir wollen einem breiteren, interessierten Publikum einen präzisen Einblick und Überblick ermöglichen, mit selbstverständlichem Bezug auf die wichtigeren Detailuntersuchungen, aber ohne Fachchinesisch.[12]

Wir erfassen diese beachtenswerten gesellschaftlichen Leistungen der DDR unter dem Oberbegriff der *sozial-kulturellen Einrichtungen.*[13] Wir gehen damit auch über die seit Mitte der 90er Jahre verstärkte Zuwendung zu einzelnen Seiten des DDR-Alltags und der Alltagsgeschichte hinaus, die inzwischen zu bestimmten Feldern vorliegen, dies aber eher im Rückblick und weniger im Blick auf ihre Zukunftsträchtigkeit, auf ihr Potential zukünftiger »Aufhebung« im Hegelschen Sinn. Wir nennen im folgenden die wichtigsten Studien, die in unserem Projekt inzwischen vorliegen, um einen Eindruck von der Vielfalt zu vermitteln. Die so [*] gekennzeichneten Beiträge werden in diesem Sammelband publiziert – andere erscheinen in einem Ergänzungsband, der aus Kostengründen als Typoskript gedruckt und direkt beim Verlag edition ost bestellt werden kannn (siehe letzte Seite im Buch). Wir haben die Arbeiten den Themenschwerpunkten

Kultur/Literatur/Kunst;
Bildung/Erziehung;
Partizipation;
Recht;
Sozialpolitik;
Ökonomie zugeordnet:

Kritische Grundlegung

* Enteignung der Geschichte – konservative Geschichtspolitik

Kultur allgemein; Literatur; Kunst

– Gesellschaftliche Bedeutung von Literatur
– Zur Ästhetik in der DDR
* Zum Realismus in der bildenden Kunst der DDR
– Laientheater; Arbeiter-Theater
– Die Singebewegung in der DDR
– Rock und Jazz in der DDR
– Überwindung der Mode in der Mode

Bildung/Erziehung

– Zur Vorschulerziehung in der DDR
- Soziale Einrichtungen für Kinder und Jugendliche
- Zum Charakter und zur Leistungsfähigkeit des Schulwesens in der SBZ/DDR
* Polytechnische Didaktik in der Oberstufe
– Betriebspädagogik in der DDR

Partizipation

– Größere Unabhängigkeit und gesellschaftliche Partizipation von Frauen
– Die Mach-Mit-Bewegung
– Mitbestimmungs-Ansätze an DDR-Universitäten; Erfahrungen an der Humboldt-Universität

Recht

* Das Zivilgesetzbuch der DDR
– Die Schiedsgerichtsbarkeit
– Strafrecht und Kriminalitätsbekämpfung

Sozialpolitik

– Soziale Sicherheit und Sozialpolitik in der DDR: Praxis, Theorie und politische Akzeptanz

– Grundzüge der Sozialversicherung
– Der Arbeitsschutz in der DDR
* Polikliniken; ambulante medizinische Betreuung in der DDR

Wirtschaft
* VEB Sekundärrohstofferfassung (SERO); die Realisierung vor Ort
* Die landwirtschaftlichen Produktionsgenossenschaften in der DDR
* Zur Situation der Werktätigen in der Arbeitsorganisation

Die Erforschung dieser Bereiche ist schon heute oft schwierig, da zwar bis unmittelbar vor der Wende auch westdeutsche Wissenschaftler und Politiker[14] zu einer differenzierten Analyse und Wertung vieler dieser Leistungen fähig waren, inzwischen aber viele der einstigen ostdeutschen Akteure und ost- wie westdeutschen Forscher nicht mehr zur Verfügung stehen. Politische Abwertungsstrategien zeitigen zudem ihre Wirkung und verhindern oft ernsthafte Diskussionsbereitschaft in West wie Ost.[15]

Im folgenden wollen wir die Darstellungen sozial-kultureller Einrichtungen der DDR in diesem Sammelband und im Ergänzungsband in Kürze vorstellen.[16] Dabei ist insbesondere auf solche zu verweisen, die nach unserer Analyse auch bedenkenswerte Konzepte für eine künftige Gesellschaftspolitik der Bundesrepublik enthalten. Denn wir sind mit Reinhard Höppner der Auffassung, daß es sehr wohl in der DDR eine verwertbare eigene politische und kulturelle Substanz gab.

Eine theoretisch-kritische Grundlegung

dieses gesamten Forschungsansatzes wird geliefert durch die exemplarische Darstellung konservativer Geschichtspolitik von Amelie Kutter, die zeigt, daß die vorherrschende Erzählung von der DDR sich beschränkt auf deren repressives Staatssystem, damit aber alle gesellschaftlichen, humanen Leistungen, die es gleichwohl, in diesem System und auch im Widerspruch zu ihm, gegeben hat, systematisch ausblendet oder negativ uminterpretiert.

Stefan Bollinger zeigt die Konsequenzen dieses Herangehens in der wissenschaftlichen Literatur über sozial-kulturellen Einrichtungen der DDR und für die Wertung der Leistungen der Bürger und der Gesellschaft der untergegangenen DDR.

dienten besondere vorschulische und schulische Maßnahmen dem Zugang aller und insbesondere der bisher benachteiligten Schichten zu den höheren Bildungs- und Kultureinrichtungen. Vor allem in den ersten jahrzehnten der DDR gelang es, Kinder aus unterprivilegierten Schichten durch gezielte Förderung zur Hochschulreife zu führen – insbesondere mit Hilfe der Arbeiter- und Bauernfakultäten an den Universitäten – und schließlich zum Studium. In der späten DDR haben sozialstrukturelle Wandlungen und politische Vorgaben diese Erfolge zum Teil wieder in Frage gestellt.[17]

Elviera Thiedemann zeigt in einem umfassenden Überblick, wie in der Schuldidaktik, in spezifischer Weiterentwicklung der Reformpädagogik der 20er Jahre, versucht wurde, die Verkopfung des Unterrichts zu überwinden. Im Mittelpunkt der sogenannten Polytechnischen Bildung stand der Bezug zu den arbeitenden Menschen. Schüler wurden frühzeitig in den Arbeitsprozeß als Lernende und Mitgestaltende integriert. Arbeit wurde als ein notwendiger und auch in ihrer manuellen Form wesentlicher Bestandteil der Persönlichkeitsentwicklung interpretiert und praktiziert. Neben allen politischen Eingriffen wurde diese polytechnische pädagogische Idee in der DDR allerdings aufgrund oft mangelnder Auswahl an Betrieben und Ausbildern häufig defizitär verwirklicht.

Realistische Ästhetik

Die große ästhetische Revolution des 20. Jahrhunderts war die Befreiung der künstlerischen Gestaltung von der Bindung an einen Gegenstand. Begriffe wie Impressionismus, Expressionismus, Surrealismus und abstrakte Kunst bezeichnen diesen revolutionären Prozeß, der die Welt der bildenden Kunst substantiell erweitert und bereichert hat. In den Beiträgen von Fritz Vilmar, Peter Arlt und Rudolf Kober wird herausgearbeitet, daß seit Mitte des Jahrhunderts eine Wende – besonders kraß in Deutschland – eingetreten ist, die zu einer vorherrschenden Tendenz hin zur gegenstandslosen Kunst in Westdeutschland geführt hat, während im sowjetischen Machtbereich ein Sozialistischer Realismus als Staatskunst alleinherrschend zu werden drohte. Glücklicherweise hat sich jedoch der Realismus in der DDR von diesen ideologischen Fesseln befreit: Viele Künstler haben einen bedeutsam weiterentwickelten avancierten Realismus ausgebildet, wie der Bildteil in diesem Band zeigt. Sie haben, oft schockierend für die Funktionäre wie für manche Betrachter auf offiziellen Ausstellungen, sich dem platten sozialistischen Realismus verweigert und Gestaltungen eines expressiven avancierten Realismus geschaffen. Diese fortgeschrittene durchaus (selbst-) kritische realistische Ästhetik sollte in einem ideen- bzw. kunstgeschichtlichen Sinne aufgehoben werden – nicht zuletzt als notwendiger Gegenpol zu der in Westdeutschland vorherrschenden gegenstandslosen Kunst und Ästhetik, die zu Unrecht als einzige Moderne dogmatisiert wird.

Im Bereich von kultureller Produktion im engeren Sinn (Literatur und Kunst) zeigen Analysen ausgewählter Beispiele der DDR-Literatur, der Rockmusik, aber auch der Singebewegung, daß teils mit halbherziger Duldung, teils gegen den Widerstand des Staates Schriftsteller/innen und Musiker sich autonome, oft kritische Ausdrucksformen geschaffen haben, die teilweise auch über die Wende hinaus bedeutungsvoll bleiben.[18]

Überraschende Befunde

Selbst in vermeintlich leicht ordnungspolitisch zu verortenden Bereichen wie dem Recht oder der Wirtschaft wird eine differenzierte Analyse der DDR hinsichtlich überlegens- und bewahrenswerter Ansätze für eine alternative gesellschaftliche Entwicklung fündig. Hier demonstriert das zum einen Karl-Heinz Arnold mit seinem Beitrag zum Zivilgesetzbuch. Ein bürgerfreundliches, lesbares und anwendbares Gesetzeswerk entstand, das in der zeitgenössischen wie der aktuellen Diskussion als ein moderner Beitrag mit beispielhafter Bedeutung angesehen wird.

Zum anderen trifft dies auf SERO, die Sekondärrohstofferfassung, zu, wie Sandra Hollerbuhl entwickelt. Wirtschaftliche und umweltpolitische Interessen der Gesellschaft konnten erfolgreich mit den Interessen der einzelnen Bürger verbunden werden. Obzwar keineswegs als Umweltschutzprojekt angelegt, sondern aus ökonomischen

Zwängen heraus geboren, hat SERO seine Wirksamkeit unter Beweis gestellt, bis es im Rahmen der vereinigungsbedingten Umstrukturierungen weitgehend zerschlagen wurde.

Arbeitswelt als sozialer Mittelpunkt

Auf der Basis einer umfangreichen empirischen Untersuchung zeigt Petra Junghans, wie in den ostdeutschen Unternehmen wesentliche soziale Aufgaben integriert waren. Die DDR sah sich als eine arbeitszentrierte Gesellschaft, in der nicht nur der Staat, sondern auch die Betriebs- und die Betriebsgewerkschaftsleitungen eine Fürsorgepflicht gegenüber den Beschäftigten hatten. Auch medizinische Betreuung, Gestaltung der Freizeit, schließlich auch Fragen der persönlichen Versorgung und Wohnraumbeschaffung wurden oft über den Betrieb organisiert. Mitbestimmungsmöglichkeiten wurden auf der Ebene der Arbeitskollektive und der Betriebsgewerkschaftsleitungen in wichtigen Fragen realisiert; die Mitbestimmung bei der Gestaltung der Produktionsziele dagegen blieb weitgehend auf dem Papier.

Das verwirklichte Grundrecht auf Arbeit und die genannten Errungenschaften in der Arbeitswelt wurden allerdings mit Begrenzungen der Freizügigkeit und fehlender Tarifautonomie erkauft, ferner durch politische Vorgaben, aber auch durch erhebliche materielle Benachteiligung derer, die nicht mehr arbeitsfähig waren.[19]

Genossenschaften, besonders Agrargenossenschaften

Sie waren in der DDR aufgrund des Gemeinschafts- (statt Staats-) Eigentums, durch Zulassung von Eigeninitiative und materiellen Anreizen erfolgreich – dies sogar noch nach der Wende. Hans Luft in Kooperation mit Fritz Vilmar arbeitet in seinem Beitrag heraus: Die Agrargenossenschaften sind heute der einzige nicht liquidierte gemeinwirtschaftliche Bereich – nicht zuletzt wegen seiner überdurchschnittlichen Pro-Kopf-Erträge.

Kritisch zu reflektieren ist der harte staatliche Druck und die Übereilung bei der Durchsetzung der Vergenossenschaftlichung, die Megalomanie beim Übergang zu agrarischen Großkombinaten (die zeitweilig mehrere Dörfer umfaßten) sowie die zu geringe betriebswirtschaftliche Selbständigkeit. Das Genossenschaftsprinzip zeichnet sich gerade in der Landwirtschaft dadurch aus, daß es einen zukunftsweisenden Dritten Weg zeigt zwischen betriebswirtschaftlich meist disfunktionalen Familienbetrieben und Agrarfabriken, die die Sozialstruktur auf dem Lande wie auch die Landschaft zerstören.

Polikliniken: Das ambulante Gesundheitssystem der DDR

Linde Wagner liefert einen umfassenden Bericht über die Polikliniken. Deren Prinzip beinhaltet die Vorbeugung, Heilung und Rehabilitation unter einem Dach und die Kooperation von medizinischem und nicht-medizinischem Personal verschiedener Fachbereiche, bei öffentlicher Trägerschaft der Institution. Es gab eine Vielfalt von Polikliniken unterschiedlicher Größe.

Bei der kritischen Würdigung der Polikliniken in der DDR gilt es zu bedenken, daß zwischen Anspruch und Möglichkeiten oft Lücken klafften, die nicht der Struktur dieser Kliniken, sondern der ungenügenden finanziellen Ausstattung geschuldet waren. Weitere Kritikpunkte sind die nicht immer eingehaltene freie Arztwahl und teilweise Fehlversorgung bei chronisch Kranken. Die Vorteile der Polikliniken bestehen in den genannten Strukturprinzipien. Für die poliklinische Betreuung und die erfahrene Qualität der dortigen Ärzte spricht unter anderem die Tatsache, daß nach der Wende zwischen 74 und 90 Prozent der Patienten ihrem behandelnden Arzt in die Niederlassung folgten.

Nach 1989 haben nicht zuletzt organisierte Standesinteressen der alten Bundesländern dazu geführt, daß der Vereinigungsprozeß zu keinen erfolgreichen Reformdebatten bezüglich des ambulanten Gesundheitssystems genutzt werden konnte. In jedem Fall werden heute von vielen gesundheitspolitischen Experten ärztliche Kooperationsstrukturen, also Gesundheitszentren, als sinnvoller eingeschätzt denn die Organisation ärztlicher Versorgung in Einzelpraxen.

Orientiert man die Emanzipation der Frauen primär an bestimmten feministischen Vorstellungen von einer eigenen, antipatriarchalen, auf dezidiert eigenständige Lebens- und Weltanschauungselemente gegründeten weiblichen Existenzweise, mit eigenen feministischen Institutionen und Organisationen, so waren die ostdeutschen Frauen, in diesem spezifischen feministischen Sinn, nicht besonders emanzipiert.[20]

Gleichzeitig bestätigen aber vergleichende Analysen den in der westdeutschen feministischen Forschung seit langem festgestellten Befund größerer Unabhängigkeit der Frauen in der DDR, gemessen an der Situation der Frauen in Westdeutschland. Unabhängigkeit fördernde Einrichtungen waren die erheblichen berufsqualifizierenden Maßnahmen für Frauen; ein stark liberalisiertes Scheidungsrecht und (seit 1972!) eine Entkriminalisierung der Abtreibung; ein umfassendes System staatlicher Kinderbetreuung. Diese objektiv emanzipatorischen Einrichtungen wurden in der DDR bekanntlich nicht nur aus emanzipatorischen Motiven geschaffen. Bereits frühzeitig war die Staatsführung bestrebt, die Frauen als Arbeitskräfte zu gewinnen. Fairerweise muß man aber hinzufügen: Viele Frauen in den neuen Ländern schätzen es inzwischen, nicht nur zu Hause zu arbeiten. Daher existiert noch heute eine höhere Frauen-Beschäftigungsquote in Ostdeutschland im Vergleich zu Westdeutschland – trotz extrem hoher Frauenarbeitslosigkeit von ca. 25 Prozent[21]. Allerdings kam es trotz der staatlichen Kinderbetreuung zu einer starken Doppelbelastung der berufstätigen Frauen (deren Verdienst häufig für den Lebensstandard der Familie dringend erforderlich war), da die meisten Männer nicht zu gleicher Beteiligung an Haushalts- und Erziehungsarbeiten bereit waren.

Ungeachtet allen Einschränkungen brachten die genannten sozial-kulturellen Einrichtungen und Förderungen den ostdeutschen Frauen Erfahrungen größerer Gleichberechtigung und Unabhängigkeit; die Abschaffung vieler dieser Errungenschaften nach der Wende führte daher – trotz der positiven Entwicklungen im Konsumbereich – bei Vielen zu der negativen Erfahrung, in besonderem Maße Verliererinnen der Einheit zu sein.

Nach verschiedenen gründlichen Untersuchungen war die parteidogmatische Indoktrination – bis hin zu vormilitärischer Ausbildung – zwar ein wesentliches Manko, gleichwohl aber nicht das vorherrschende oder gar alleinherrschende Charakteristikum der Jugendbetreuung in der DDR. Es ist zu beachten, daß sich die DDR ein umfassendes System der Freizeitgestaltung für Kinder und Jugendliche leistete. Schule, Jugendorganisation, Betriebe und Kommunen boten in vielen Fällen eine ganztägige Betreuung der Heranwachsenden, die nicht allein die Erledigung der Hausaufgaben, sondern auch vielfältige kulturelle, sportliche und naturwissenschaftlich-technische Betätigungen in Arbeitsgemeinschaften, Vereinen und Jugendklubs einschloß. In den Ferien sicherten diese Institutionen Erholungs- und Erlebnismöglichkeiten entsprechend den begrenzten, aber in diesem Bereich großzügig eingesetzten wirtschaftlichen Möglichkeiten der DDR. Lehrer, staatliche und Wirtschaftsfunktionäre, aber auch Eltern wurden in die Sicherung von Freizeitangeboten für Kinder einbezogen.[22]

Daß all diese Formen durch die Präsenz und aktive Rolle der staatlichen Jugendorganisationen auch als Mittel der politischen Ausrichtung genutzt wurden und autoritäre Betreuungsformen vorherrschend waren, gehört zu den undemokratischen Strukturen des Systems. Humanistische, vor allem demokratische Werteerziehung war durch politischen Vorgaben in Frage gestellt.

Mit dem Wegfall dieser organisatorischen Basis, dem Rückzug der Betriebe und den schwindenden ökonomischen Möglichkeiten der Kommunen zerfiel ein großer Teil dieses Systems der Kinder- und Jugendbetreuung. Der Vormarsch rechtsextremistischen Gedankenguts und Handelns in diesem Vakuum ist in diesem Kontext leicht erklärlich.

Haben diese Modelle der DDR eine Zukunft?

Unsere kritische Würdigung bedeutender, vor allem auch zukunftsträchtiger sozial-kultureller Einrichtungen der DDR führt zu folgendem Fazit:

1. Zunächst stellt sich die Frage nach der *political correctness* eines positiven Rückbezugs auf sozial-kulturelle Modelle, die in einer autoritären Gesellschaft mit teilweise totalitären Zügen entwickelt worden sind.[23] Wir sind dieser Frage gewissenhaft nachgegangen[24] und zu dem Ergebnis gekommen, daß in der DDR auf der normativen Ebene kein Zusammenhang bestand zwischen repressiven Herrschaftsmethoden und humanen sozialistischen Zielsetzungen (im Gegensatz zu den rassistischen und Volksgemeinschaftsideologien der Nazis, die Elemente der totalitären NS-Herrschaftsmethoden waren). Vielmehr wurden sie eigenständig, auf der Grundlage humanistischer und sozialistischer Traditionen formuliert und intendiert, allerdings in ihrer Realisierung dann durch die Methoden autoritärer Herrschaftssicherung und Erziehungsdiktatur teilweise verfälscht. Es ist daher möglich, viele der sozial-kulturellen Einrichtungen der DDR von ihren repressiven Rahmenbedingungen zu lösen und positiv-kritisch aufzuheben.[25]

Zu beachten ist, daß die von uns dargestellten sozial-kulturellen Einrichtungen und Hervorbringungen in einem sehr unterschiedlichen Verhältnis zum »SED-Staat« standen: Einige waren offizielle »Errungenschaften« des »Systems« (wie die polytechnische Didaktik oder die Agrargenossenschaften), in ihm aber – durch zentralistische und/oder ideologische Reglementierung wie auch aufgrund der objektiven Mangelsituation – teilweise denaturiert; andere entwickelten sich, unter stillschweigender Duldung oder auch gegen den Widerstand der Staatsführung, sehr eigenständig und gerade darum innovativ (wie die DDR-Rockmusik oder der avancierte, meist sehr expressive Realismus, der sich im Gegensatz zur Parteidoktrin des »sozialistischen Realismus« sein Existenzrecht erkämpfte).

In diesem Sinne wurde dann auch als Prinzip der Forschungskooperation festgelegt: Es geht nicht einfach um das Benennen sozialkultureller Einrichtungen in der DDR, sondern um deren kritische Würdigung: nicht allein aus historischer Sicht, sondern mit Blick auf die Zukunft. Und zwar im Sinne der Aufhebung im Hegelschen Sinne: *tollerer, conservare und elevare.*

2. Damit kommen wir zur zweiten, entscheidenden Frage dieses Fazits: ob und unter welchen Bedingungen die wiederzuentdeckenden sozial-kulturellen Einrichtungen zukunftsträchtig sind.

Hier ist vor allem die Wertschätzung vieler Ostdeutscher ernst zu nehmen: In den vergangenen Jahren ist einer großen Zahl von Bürgern in Ostdeutschland klargeworden, daß keineswegs alles zu verachten war, was es an »sozialen Errungenschaften« in der DDR gab. Damit gewinnt das Forschungsprojekt aber eine neue, über die Aufarbeitung der Vergangenheit hinausreichende Relevanz: Angesichts der durch die Wahl 1998 auch gesamtdeutsch mehrheitlich indizierten Absage an die neoliberale Politik des Sozialabbaus stellt sich die Frage, ob nicht im Rahmen einer neuen Wertschätzung sozialstaatlicher Politik sozial-kulturelle Einrichtungen der DDR in einer ganz neuen, ideologiefreien Weise gemeinsam diskutiert und selektiv angeeignet werden sollten.

Der Zusammenbruch der DDR und des Staatssozialismus kam zu einer Zeit, da im Westen der marktradikale Ansatz als Ausweg aus den neuen Anforderungen der Technologierevolution sich auch in Deutschland durchsetzte. Insofern stehen unsere Forschungsergebnisse, was ihre Zukunftsträchtigkeit betrifft, bewußt im Widerspruch zum heutigen Privatisierungstrend in Kultur, Politik und Wirtschaft des Neoliberalismus, mit seinem Abbau von Sozialstaatlichkeit. Das erschwert in der Gegenwart das Verständnis vieler sozial-kultureller Konzepte der DDR, weil dabei eine doppelte Barriere zu überwinden ist: nicht nur die des pauschalen DDR-Bildes als eines total undemokratischen Systems, sondern auch die einer weithin akzeptierten kapitalistischen Ellbogengesellschaft, die sich weit entfernt hat vom Konzept der Sozialen Marktwirtschaft.

Hoffnung besteht demgegenüber in der Einsicht wachsender Minderheiten, daß eben diese globalisierte Ellbogengesellschaft fast auf allen gesellschaftlichen und ökonomischen Gebieten versagt oder sich zunehmend inhuman auswirkt. An die Stelle der humanen Werte ist fast alleinherrschend der *shareholder-value* getreten.

Vielleicht können dann die hier der Vergessenheit entrissenen Konzepte doch einen Beitrag nicht nur zur inneren Einheit Gesamtdeutschlands leisten, sondern auch zu einer vorurteilslosen gesellschaftspolitischen Zukunftsforschung und -planung, eingedenk der Kritik Regine Hildebrandts an der bisherigen, rein westdeutsch geprägten Vereinigungspolitik: »Mir will einfach nicht einleuchten, warum man nicht die Vorteile zweier Systeme miteinander verbinden kann, sondern stattdessen einem einzigen System den Vorzug gibt, das neben vielen erfreulichen Vorteilen erhebliche Mängel aufweist.«[26]

1 Diese haben wir in der Forschungsgruppe Kritische Analyse der Vereinigungspolitik am Fachbereich Politikwissenschaft der Freien Universität Berlin von 1991 bis 1999 ausführlich dargestellt. Die Ergebnisse liegen vor in Gestalt der beiden Sammelbände: Wolfgang Dümcke/Fritz Vilmar (Hrsg.), Kolonialisierung der DDR. Kritische Analysen und Alternativen des Einigungsprozesses, Münster 1995; zusammengefaßt in dem Resümee beider Autoren: Kritische Zwischenbilanz der Vereinigungspolitik, in: Aus Politik und Zeitgeschichte – Beilage zur Wochenzeitung Das Parlament, Bonn, H. B 40/1996, S. 35-45; ferner: Fritz Vilmar (Hrsg.), Zehn Jahre Vereinigungspolitik. Kritische Bilanz und humane Alternativen, Berlin 2000.

2 Reinhard Höppner, Zukunft gibt es nur gemeinsam. Ein Solidaritätsbeitrag zur Deutschen Einheit, München 2000.

3 Ebd., S. 110 f. Schon 1998, bei der Eröffnungsrede zum Bundestag und rotgrünen Regierungsantritt, forderte Bundestagspräsident Thierse zur Herstellung der inneren Einheit das Ernstnehmen der ostdeutschen Alltagskultur: Wenn die vielbeschworene innere Einheit wirklich gelingen soll, dann setzt sie jene Gleichberechtigung voraus, die erst durch die Anerkennung von Unterschieden, durch den Respekt vor andersartigen Biographien ermöglicht wird. (Rede zur Eröffnung des 14. Deutschen Bundestages am 26. Oktober 1998)

4 Reinhard Höppner, Zukunft gibt es nur gemeinsam, a.a.O., S. 20.

5 Um nur einige herausragende Beispiele zu nennen: Auf Veranlassung des sächsischen Kultusministers Rößler (CDU) wurde in Dresden ein Hannah-Arendt-Institut für Totalitarismusforschung gegründet, mit dem Hauptziel, die Identität des Totalitarismus des Nationalsozialismus und der DDR nachzuweisen. Als dessen Leiter, K. D. Henke, sich dieser Instrumentalisierung verweigerte, wurde sein Vertrag nicht verlängert (vgl. Frankfurter Rundschau vom 13. Oktober 2000: Das Hannah-Arendt-Institut am Abgrund). Am politologischen Fachbereich der Freien Universität Berlin wurde zur gleichen Zeit, als die personelle und wissenschaftliche Substanz des renommierten Otto-Suhr-Instituts durch existenzgefährdende Mittelkürzungen bedroht wurde, mit hohen Subventionen (u.a. der Hanns-Seidel-Stiftung der CSU) ein »Forschungsverbund SED-Staat« etabliert. Mit großer finanzieller Förderung wurden produziert und oft kostenlos versandt die vielbändigen Texte der Enquête-Kommission des Deutschen Bundestages unter Leitung Rainer Eppelmanns (MdB, CDU), Baden-Baden-Frankfurt/M. 1995 und 1999. Charakteristisch für die Legitimation einer solchen Geschichtspolitik vgl. Manfred Wilke, Die deutsche Einheit und die Geschichtspolitik des Bundestages, in: Deutschland-Archiv, Opladen, H. 4/1997, S. 606-613. Zur detaillierten Kritik siehe den Beitrag von Amelie Kutter in diesem Band.

6 Einer solchen Instrumentalisierung von Geschichts-, Politik- und anderen Sozialwissenschaften hatten gerade viele DDR-Wissenschaftler im Herbst 1989 abgeschworen, sie wollten nie mehr »Magd der Politik« sein. Vgl. z.B. dazu die Debatte um das Versagen der DDR-Historiker, u.a.: Rainer

Eckert/Wolfgang Küttler/Gustav Seeber (Hrsg.), Krise – Umbruch – Neubeginn. Eine kritische und selbstkritische Dokumentation der DDR-Geschichtswissenschaft 1989/1990, Stuttgart 1992.

7 Das Projekt wurde realisiert durch die Mitarbeit von ca. 30 ostdeutschen Experten, die unserem in wissenschaftlichen Zeitschriften publizierten Aufruf zur Kooperation Folge leisteten, und durch MitarbeiterInnen in projektmäßig organisierten Seminaren, die ergänzenden Analysen erarbeiteten.

8 Verwiesen sei u.a. auf Evemarie Badstübner (Hrsg.), Befremdlich anders. Leben in der DDR, Berlin 2000; Ludwig Elm u.a. (Hrsg.), Ansichten zur Geschichte der DDR, Bd. VII, VIII, Eggersdorf 1997; Wolfgang Engler, Die Ostdeutschen. Kunde von einem verlorenen Land, Berlin 1999; Thomas Lindenberger, Alltagsgeschichte und ihr möglicher Beitrag zu einer Gesellschaftsgeschichte der DDR, in: Richard Bessel/Ralph Jessen (Hrsg.), Die Grenzen der Diktatur. Staat und Gesellschaft in der DDR, Göttingen 1996, S. 298-325; ders. (Hg.), Herrschaft und Eigen-Sinn in der Diktatur. Studien zur Gesellschaftsgeschichte der DDR. Köln-Weimar-Wien 1999.

9 Zu der vorangegangenen kritischen Analyse der Vereinigungspolitik vgl. die Arbeiten der Anm. 1 genannten Forschungsgruppe, aus der auch das neue Projekt hervorgegangen ist.

10 Siehe dazu Gunnar Winkler, Ostidentität – ein Sichfinden im Gestern und Heute?, in: Sozialreport. Daten und Fakten zur sozialen Lage in den neuen Bundesländern. Hrsg. vom Sozialwissenschaftlichen Forschungszentrum Berlin-Brandenburg e.V./Hans-Böckler-Stiftung, Berlin, I. Quartal 1997, S. 4.

11 Siehe Meinungswandel Ost: Mal so, mal so, in: Der Spiegel, H. 40/2000, S. 53; Toralf Staud, Kein Gejammer. Eine Umfrage im Auftrag der ZEIT unter Ostdeutschen/Gewinner, Verlierer, oben, unten – eine Bilanz, in: Die Zeit, Hamburg, H. 40/2000, S. 4; Jürgen Hofmann, Identifikation und kritische Distanz. Ostdeutsche Meinungsbilder zur DDR im Spiegel der Untersuchungsreihe »ident« 1990 bis 1999, in: Jenaer Forum für Bildung und Wissenschaft e.V. (Hrsg.), Das lange, kurze Leben der DDR. Jena 2000, S. 21 bis 38.

12 Aus diesem Grunde und um den (Kosten-)Rahmen dieses Sammelbandes nicht zu sprengen, haben wir die meisten Ausarbeitungen – ohne Substanzverlust – etwas kürzer und lesbarer gefaßt. Wir sind aber bereit, allen Interessierten eine Originalfassung bestimmter Artikel gegen Voreinsendung der Herstellungs- und Versandkosten von 12,50 Euro zukommen zu lassen: Forschungsgruppe Kritische Analyse der Vereinigungspolitik, c/o. Prof. Vilmar, Freie Universität Berlin; Institut für Politikwissenschaft, Ihnestr. 22, D 10777 Berlin, Fax 030-23626995, e-mail: vilmar@zedat.fu-berlin.de

13 Es war und ist schwierig, einen nicht mißzuverstehenden Oberbegriff für unser Vorhaben zu finden. Wir haben in unserem Forschungsprojekt bewußt den teils durch falsches Pathos, teils durch ideologische, ironische Geringschätzung belasteten Begriff der Errungenschaften vermieden. (Zu diesem Begriff kritisch: Stefan Bollinger, Stichwort: Errungenschaften des Sozialismus, in: Wolfgang Fritz Haug (Hrsg.), Historisch-kritisches Wörterbuch des Marxismus, Bd. 3, Hamburg 1997, S. 795-808).

Seit den 70er Jahren haben Hermann Gläser, Hilmar Hofmann und andere für einen mehr der guten, humanen Gestaltung der Gesellschaft als nur der guten ästhetischen Gestaltung zugewandten Kulturbegriff den Begriff der »Soziokultur« erfunden, den wir zeitweise übernommen haben. Es zeigte sich aber: Auch bei diesem auf die Alltagskultur und die soziale Kommunikation bezogenen Kulturbegriff, wie er dann in dem Netz der Soziokulturellen Zentren bestimmend wurde, blieben doch die künstlerischen (und die gruppendynamischen) Tätigkeiten im Vordergrund. Daher prägen wir für unsere Zwecke den leicht differierenden, das Soziale sprachlich stärker betonenden Begriff der »sozial-kulturellen Einrichtungen«, der soziale Tätigkeiten und Strukturen im engeren Sinne (wie z.B. Polikliniken oder das SERO-System), gesellschaftlich-kulturelle Einrichtungen wie die polytechnische Bildung und im engeren Sinne kulturelle, aber durchaus gesellschaftlich orientierte Errungenschaften wie die realistische Ästhetik umfaßt.

14 Siehe z.B. Bundesministerium für innerdeutsche Beziehungen (Hrsg.), Materialien zum Bericht zur Lage der Nation im geteilten Deutschland 1987, Bonn 1987; Gert-Joachim Glaeßner (Hrsg.), Die DDR in der Ära Honecker. Politik – Kultur – Gesellschaft, Opladen 1988; Landeszentrale für politische Bildung Baden Württemberg (Hrsg.), Politische Kultur in der DDR. Redaktion: Hans-Georg Wehling, Stuttgart-Berlin-Köln 1989; und besonders: Werner Weidenfeld/Hartmut Zimmermann (Hrsg.), Deutschland-Handbuch. Eine doppelte Bilanz 1949-1989, München-Wien 1989.

15 Typisch die kurzschlüssige Herstellung einer Verbindung zwischen dem kollektiven Töpfchen-Gehen in DDR-Kinderkrippen und rechtsextremistischen Gewalttaten in Ostdeutschland. Siehe Anleitung zum Haß. Der Kriminologe Christian Pfeiffer über das Erziehungssystem der DDR und die Folgen, in: Der Spiegel, Hamburg, H. 12/1999, S. 60-66.

16 Vorab sind einige Beiträge zur Sozialpolitik, den Gesellschaftlichen Gerichten und der medizinischen Versorgung in einem Protokollband einer von uns organisierten Konferenz erschienen: »Helle Panke« zur Förderung von Politik, Bildung und Kultur e.V. (Hrsg.), Blick zurück ohne Zorn? Bedeutung soziokultureller Einrichtungen der DDR für gesellschaftliche Alternativentwürfe heute. Materialien eines wissenschaftlichen Kolloquiums am 2. November 2000, Berlin; außerdem wurde eine der Studien bereits publiziert: Georg Schmelzer, Zur Erwachsenenbildung in der DDR aus der Sicht der Betriebspädagogik, hefte zur ddr-geschichte, H. 73, Berlin 2001.

17 Vgl. im Ergänzungsband Ulrike Sommer zur beruflichen Erwachsenenbildung in der DDR; Georg Schmelzer, Zur Erwachsenenbildung, a.a.O.

18 Vgl. im Ergänzungsband die Beiträge von Amy Holmes zur DDR-Rock-Szene, von Uwe Marx zur Literatur und von Antje Krüger zur Singebewegung.

19 Vgl. auch Gerhard Tietze, Sozialpolitik und Arbeitsschutz in der DDR, in: »Helle Panke« e.V. (Hrsg.), Blick zurück ohne Zorn, a.a.O., S. 49-58.

20 Siehe dazu weitere Beiträge in unserem Ergänzungsband; vgl. auch Gerda Szepansky, Die stille Emanzipation. Frauen in der DDR, Frankfurt/M. 1995; Samirah Kenawi, Zwischenzeiten. Frauengruppen in der DDR zwischen östlicher Bürger- und westlicher Frauenbewegung, in: Bernd Gehrke/Wolfgang Rüddenklau (Hrsg.), ... das war doch nicht unsere Alternative, a.a.O., S. 154 bis 167; Ingrid Miethe, Frauen in der DDR-Opposition. Leben und kollektivgeschichtliche Verläufe in einer Frauenfriedensgruppe. Diplomarbeit Freie Universität Berlin 1997.

21 Klaus Steinitz, Fritz Vilmar, Wirtschafts- und Arbeitsmarktentwicklung 1989 bis 1999, in: Fritz Vilmar (Hrsg.), Zehn Jahre Vereinigungspolitik, a.a.O., S. 126.

22 Zu den sozial-kulturellen Einrichtungen für Kinder und Jugendliche siehe z.B. Christian Dietrich im Ergänzungsband.

23 Es sei darauf verwiesen, daß keine Geringere als Hannah Arendt, die wohl unbestritten als Autorität in der Totalitarismusforschung gilt, sich in der aktualisierten und erweiterten Ausgabe ihres Hauptwerkes »Elemente und Ursprünge totaler Herrschaft« (München 2000, S. 652; 636) ausdrücklich gegen eine Verwendung des Totalitarismusbegriffs in der nachstalinistischen Epoche wendet: Sie beschreibt den Abbau totaler Herrschaft nach Stalins Tod, das Wiederaufblühen der Künste, relative Verbesserungen in der sowjetischen Justiz und Öffentlichkeit. Und obwohl alle Macht in der UdSSR letztlich illegitim sei, könne man mit gleichem Recht feststellen, daß die totale Herrschaft, die furchtbarste aller modernen Regierungsformen, mit dem Tod Stalins in Rußland nicht weniger ihr Ende gefunden hat als in Deutschland mit dem Tod Hitlers.

24 Siehe Stefan Bollinger/Fritz Vilmar, Aufhebung der soziokulturellen Einrichtungen der DDR, in: Fritz Vilmar (Hrsg.), Zehn Jahre Vereinigungspolitik, a. a. O., S. 239 f.

25 Die DDR als Untersuchungsgegenstand bietet sich im Unterschied zu anderen Ostblockstaaten in dreifacher Hinsicht an: Hier verlief die offen stalinistische Entwicklung der vierziger/fünfziger Jahre im Vergleich zu den anderen Ostblockstaaten relativ milde, ohne die Verbrechen und Repressalien bagatellisieren zu wollen. In den sechziger Jahren gab es mit dem Neuen Ökonomischen System einen bemerkenswerten Reformansatz, der zwar politisch abgewürgt wurde, aber gerade hinsichtlich der sozialpolitischen Konsequenzen spürbare Folgen hatte. Schließlich wies die DDR angesichts des insgesamt erheblichen ökonomischen und Qualifikations-Vorsprungs gegenüber den anderen Ostblockländern, ihrer herausgehobenen Rolle als sozialistisches »Schaufenster« gegenüber Westdeutschland und den besonderen Beziehungen zur Bundesrepublik wesentliche Vorzüge aus.

26 Neue Zürcher Zeitung vom 6. März 1997, S. 45.

Amelie Kutter

Geschichtspolitische Ausgrenzungen in der Vereinigungspolitik. Das Beispiel der Enquête-Kommission

Amelie Kutters Beitrag ist ein Beweis ex negativo für die Notwendigkeit dieses Sammelbandes: Die Autorin zeigt exemplarisch, wie es zu einer exklusiven Behandlung der DDR-Geschichte kommt, die sich stark auf die repressiven Elemente der Staatspolitik konzentriert und vieles ausblendet oder negativ besetzt, was es an beachtenswerten humanitären Leistungen gab. Mit Recht verwendet Kutter für ein solches Verfahren den aus der Geschichtswissenschaft stammenden Begriff der Geschichtspolitik: eine interessegeleitete Geschichtsdeutung zur Rechtfertigung des eigenen politischen Verhaltens und zur Stiftung einer politisch-historischen Identität. Die vielbändigen Hervorbringungen der Enquête-Kommissionen des Bundestags zur Überwindung der Folgen der SED-Diktatur sind ein herausragendes Produkt solcher Geschichtspolitik. Wer ihre exemplarische Analyse liest, kann feststellen, daß die Vereinigungspolitik sich auf eine konservative Deutung der DDR-Geschichte stützt.

Wie Geschichtspolitik wirkt, zeigt Amelie Kutter besonders plastisch durch Wiedergabe der drei Geschichtsbilder von der DDR, die in den Darstellungen der Enquête-Kommissionen entwickelt werden. Für das Konzept dieses Bandes ist eine grundlegende Klarstellung nötig: Indem wir sozial-kulturelle Einrichtungen/Errungenschaften der DDR, kritisch beleuchtet, zur Sprache bringen, dokumentieren wir Gegenbilder zu dem geschichtspolitischen Bild, das die Konservativen zur Alleingültigkeit bringen wollen, und kommen den Darstellungen in den Enquête-Kommissionen nahe, die die ausschließliche Fixierung der DDR auf das Totalitarismus-Bild für falsch halten (obwohl sie durchaus totalitäre Züge hatte). Natürlich gibt es auch in diesem Sammelband eine interessegeleitete Geschichtsdeutung: Unser Interesse ist eine Würdigung der beachtlichen humanitären Leistungen der DDR, die in der konservativen Geschichtsdeutung unter den Tisch fallen.

Fritz Vilmar

Die Kritik der Verhältnisse der DDR läßt sich dann vermitteln, wenn sie nicht als durchschaubares Legitimationsmanöver für die bundesdeutschen Verhältnisse erscheint

Hans Misselwitz
vor der Enquête-Kommission des Bundestages

Der Protest Anfang November 1999 war gewaltig, als bekannt wurde, wer bei den offiziellen Feierlichkeiten am 9. November, zum zehnjährigen Jubiläum der Maueröffnung, reden sollte: Nur ausgesuchte prominente Architekten der späteren deutschen Einheit – Gorbatschow, Bush und Kohl – waren von Wolfgang Thierse geladen. Modrow nicht. Thierse selbst hatte zuerst in seiner Funktion als Bundestagspräsident, dann als Ostdeutscher das Wort. Erst nach harscher Kritik fanden sich auch Redeminuten für den Bürgerrechtler Joachim Gauck, der allerdings vor allem als Verwalter der Stasi-Akten in die Geschichte eingegangen ist. Daß der 9. November in einer Konstellation gefeiert wurde, wie sie dem Jubiläum des Einheitsfeiertags am 3. Oktober 2000 gut zu Gesicht gestanden hätte, bezeichnete Bärbel Bohley »als Beleidigung für alle, die die Wende wirklich gemacht haben«.[1] Die eigentlichen Helden des 9. November 1989 kämen nicht zu Wort, so Jens Reich, »ohne (deren) Selbstbefreiung ... in strikt gewaltlosem Aufstand ..., lange vor jedem Auftritt der westlichen Politikelite, ... die Beendigung der deutschen Spaltung im 20. Jahrhundert nicht mehr auf die Schiene gekommen (wäre).[2]

In der Reaktion der Bürgerrechtler zeigt sich ein Protestmuster, wie es als (ostdeutsche) Reaktion auf die Vereinigungspolitik in den 90er Jahren typisch geworden ist. Es reagiert auf das kränkende Gefühl, »abermals fremdbestimmt« zu sein, und zwar auch in einer »willkürlichen Deutung eigener Geschichte«.[3] Es ist die Enttäuschung darüber, daß mit einem Festakt offiziell Geschichtsbilder festgeschrieben werden, die allein den Anspruch der offiziellen Politik auf die Vaterschaft des historischen Umsturzes untermauern, so daß »die Ossis nur als zehnjährige Blumenkinder zu Onkel Bonns Fünfzigsten dackeln dürfen«.[4] In jener Diskussion um die Rednerliste wird die herrschende Präsentation von Vereinigungs-Geschichte als »wahre Kränkung der Ostdeutschen (...) – die Enteignung ihrer Geschichte«[5] zum Politikum, zur politischen Auseinandersetzung um die richtige symbolische Würdigung des geschichtlichen Ereignisses »Wende«.

Wie läßt sich eine solche, des falschen historischen Bewußtseins zu bezichtigende politisch-symbolische Handlung von Seiten der offiziellen Politik erklären? Welche geschichtspolitischen Prämissen geben den politischen Repräsentanten Anlaß, den demokratischen Aufbruch im Osten zu bagatellisieren bzw. ihn dem späteren Vereinigungsgeschehen und dem westdeutschen Verdienst daran unterzuordnen?

Die vorliegende Arbeit versucht eine Antwort zu geben. Untersucht werden dazu exemplarisch Texte der beiden Bundestags-Enquête-Kommissionen (Enquête-Kommission zur Aufarbeitung von Geschichte und Folgen der SED-Diktatur in Deutschland [12. Legislaturperiode] und Enquete-Kommission zur Überwindung der Folgen der SED-Diktatur im Prozeß der deutschen Einheit [13. Legislaturperiode][6]; und zwar daraufhin, welche Geschichtsbilder der DDR und ihrer Auflösung darin festgeschrieben werden, welche Funktion diese geschichtspolitische Deutung für die konkrete Vereinigungspolitik hatte und inwiefern sie das oben beschriebene Enteignungsgefühl mit hervorgerufen hat.

Um dieses Unterfangen nachvollziehbar zu machen, gilt es allerdings erst zu klären, was Geschichtspolitik in einem pluralistisch verfaßten Staat bedeutet und inwiefern die Enquête-Kommissionen als geschichtspolitische Instrumente gelten können. Auch die Begleitumstände und Spezifika der Vergangenheitsbearbeitung, wie sie im Rahmen der Enquête-Kommissionen stattgefunden hat, müssen beschrieben werden. Anschließend wird untersucht, welche Erzählungen über die DDR, welche Geschichtsdeutungen sich in der Enquête-Kommission durchsetzten und warum. Am Beispiel der Deutung der DDR-Sozialpolitik werden Rechtfertigungsversuche der dominanten Erzählung aufgezeigt. Dies erlaubt dann eine abschließende Bewertung der geschichtspolitischen Absichten der Enquête-Kommissionenen zur Überwindung der Folgen der SED-Diktatur.

Der Begriff *Geschichtspolitik* stammt aus der Geschichtswissenschaft. Er wurde dort zunächst mit geschlossenen, verbindlichen Vergangenheitsdeutungen in modernen diktatorischen Gesellschaften in Verbindung gebracht und zur Analyse von Geschichte als Propaganda und von Geschichtswissenschaft als einer ideologisierenden historischen Leitwissenschaft mit propagandistischen Funktion[7] herangezogen. Klassischer Untersuchungsgegenstand eines solchen Geschichtspolitikbegriffs ist die Geschichtspolitik der SED, die über das Deutungsmonopol der Partei ein DDR-Geschichtsbild im Sinne des historischen Materialismus zu etablieren versuchte. Bezogen auf – auch in ihren Geschichtsdeutungen – pluralistische Gesellschaften herrscht immer noch ein polemisch-ideologiekritischer Begriff von Geschichtspolitik vor, der letztere als etwas Verwerfliches geißelt.

Von diesem Verständnis distanziert sich dieser Beitrag. Er geht davon aus, daß jegliche Geschichtsdeutung interessengeleitet ist. Damit greift er auf den analytischen Begriff von Geschichtspolitik zurück, wie er in den letzten Jahren für die politikwissenschaftliche Forschung entwickelt wurde.[8]

Will man sich ein analytisches Verständnis von Geschichtspolitik, d. h. vom Umgang der politischen oder auch politologischen Sprecher mit Vergangenheiten ihrer Gesellschaft erschließen, dann gilt es, ganz allgemein moderne Demokratien als über Deutungszusammenhänge mobilisierte Gesellschaften zu begreifen, in denen Interpretationen der Vergangenheit umstritten sind, weil verschiedene politische Akteure die Vergangenheit mit politischen Interessen befrachten und in der Öffentlichkeit um Zustimmung ringen.[9]

Die Haupt-Charakteristika geschichtspolitischer Strategien sollen an dieser Stelle kurz genannt werden: Im Kampf um Deutungshegemonie benutzen Politiker das historische Argument dazu, kollektives historisches Bewußtsein zu stiften, Auseinandersetzungen zu polarisieren oder den politischen Gegner zu diskreditieren. Mit Hilfe des historischen Arguments definiert und gestaltet die politische Elite aber auch das für einen politischen Verband konstitutive Ensemble von grundlegenden Vorstellungen, Normen, Werten und

Symbolen.[10] Das gesamte geschichtspolitische Instrumentarium von Formen des öffentlichen Gedenkens bis zur Konzeption von Schul-Geschichtsbüchern hat also eine pädagogische Funktion. Es kultiviert das (historische) Selbstverständnis eines solchen politischen Verbandes. In Zeiten historischer Umbrüche, wenn dieses Selbstverständnis verworfen oder verteidigt wird und »Folgenbewältigung, nämlich: Strafen für die Besiegten, Entschädigung für die Opfer, Erinnerung von Verbrechen, Monumentalisierung der Helden«[11] ansteht, hat der Politiker klare (historisch begründete) Stellung zu beziehen. »Der politische Diskurs und das Handeln werden dann zum Prozeß über die Geschichte.«[12] In diesem Prozess über die Geschichte wirken historische Argumente, wie sie Politiker im vorwissenschaftlichen Raum benutzen, und wissenschaftliche Aussagen besonders eng zusammen. Historiografische Präsentationen von Zeitgeschichtsforschern haben dann ungewöhnlich starken Einfluß auf die vereinfachende politische Geschichtspräsentation und auf deren Informationsapparat. Die Versuchung, neue zeitgeschichtliche Informationen »als tagespolitische Munition eilfertig bereitzustellen«[13] ist dann besonders groß.

Dieser Überblick gibt erste Anhaltspunkte für eine Analyse der Enquête-Kommissionen zur »Überwindung der Folgen der SED-Diktatur«. Es wird im folgenden darum gehen, sie als geschichtspolitisches Projekt zu charakterisieren. Ferner gilt es zu klären, welche historischen Argumente und Erzählungen verwendet wurden, um bestimmte geschichtspolitische Interessen und ein konsensuales Selbstverständnis zu transportieren und welche Rolle den Historikern dabei zukam.

Die Enquête-Kommissionen zur Überwindung der Folgen der SED-Diktatur als geschichtspolitisches Projekt

In der Arbeit der Enquête-Kommissionen waren »wissenschaftliche Wahrheitsfindung und politische Willensbildung« besonders eng verquickt.[14] Sachverständige, die den verschiedenen Parteien zugeordnet sind, betrieben im Expertenkreis und in zum Teil öffentlichen Anhörungen gemeinsam »Folgenbewältigung«. Die Enquête-Kommissionen verstanden sich selbst als eine solche Folgenbewältigung, die in stärker institutionalisierter Form als bisherige Initiativen Probleme der DDR-Vergangenheitsbearbeitung angehen, zu einer »politisch-historischen Analyse und einer politisch-moralischen Bewertung der SED-Diktatur« beitragen und politische Handlungsempfehlungen zum Umgang mit der Vergangenheit geben sollten.[15]

Die Ziele, die die Kommissionen laut Einsetzungsbeschlüssen verfolgen sollten, entsprachen denn auch verblüffend den Intentionen geschichtspolitischer Folgenbewältigung, wie sie oben angeführt wurden: Beide Kommissionen strebten nach eigenem Selbstverständnis an, »verletztem Rechtsempfinden durch Offenlegung des Unrechts und durch Benennung von Verantwortlichkeiten Genüge zu tun«, also zu prüfen, »wie mit den Verantwortlichen des (DDR-)Systems und ihren Helfern umgegangen werden soll« und wie »Beiträge zur politischen und moralischen Rehabilitierung der Opfer und zur Überwindung der diktaturbedingten Schäden« zu leisten sind, wie »Erinnerung an die Opfer von Unrecht und Gewalt, an Widerstand und Mut in den Diktaturen sowie den Prozeß der Ablösung der SED-Herrschaft 1989« wachgehalten werden kann.[16]

Insbesondere die Kommission der 12. Legislaturperiode wählte entsprechende Themen zur Bearbeitung.[17] Die Folgenbewältigung – das war die Hauptbegründung der parlamentarischen Aufarbeitung – diente zugleich auch der Bildung einer gemeinsamen politischen Kultur, zur Festigung des demokratischen Bewußtseins, des freiheitlichen Rechtsempfindens und des antitotalitären Konsenses und wirkte (angeblich) Legendenbildungen entgegen.[18]

Sie sollte »Aussöhnung, die Wahrhaftigkeit voraussetzt«, schaffen, den Ostdeutschen »bei der Auseinandersetzung mit der Vergangenheit und der Bewertung der persönlichen Verantwortung« Orientierung geben und »helfen, daß sich die Menschen mit ihren unterschiedlichen Biographien im Einigungsprozeß besser wiederfinden«.[19] Die Integration, »Aussöhnung«, die den Ostdeutschen auf solche Weise angeboten wurde, setzte voraus, daß sie zuvor die DDR als »Unrechtsstaat« und ihre eventuelle Mitarbeit darin begriffen. Daher wurde von der zweiten Enquête-Kommission vor allem die Alltagswelt als Themenfeld bearbeitet.

Wie die proklamierte geschichtspolitische Zielsetzung in den Enquête-Kommissionen umgesetzt und welches DDR-Bild dabei maßgeblich wurde, soll in den folgenden Kapiteln geklärt werden. Zum besseren Verständnis sind zuvor allerdings die Umstände zu skizzieren, die Konstitution und Arbeit der Enquête-Kommissionen begleiteten.

Begleitumstände der Vergangenheitsbearbeitung in den Enquête-Kommissionen

Die Konstituierung der Enquête-Kommission der 12. Legislaturperiode stand in unmittelbarem Zusammenhang mit der Auseinandersetzung um die neu geöffneten Akten der DDR-Staatssicherheit.[20] Daß »die Namen der Inoffiziellen Mitarbeiter die Schlagzeilen füllen und die Auftraggeber, die wirklich Verantwortlichen ... im Schatten bleiben ..., die Rechtsordnung der Bundesrepublik die Täter von gestern mehr schützt, als das DDR-Recht sie geschützt hätte«,[21] führt zu heftigen Diskussionen. Auf Anregung ostdeutscher Abgeordneter befaßte sich der Bundestag daraufhin mit Anträgen zur Einsetzung einer Enquête-Kommission.[22]

Sie sollte sich unabhängig von tagespolitischer Aktualität mit Aufarbeitungsproblemen befassen, die »nicht mehr im herkömmlichen Gefüge der politischen Kultur der alten Bundesrepublik zu lösen war(en), der *»Stasifizierung«*[23] der DDR-Vergangenheit in der öffentlichen Diskussion entgegenwirken und die wahren Verantwortlichkeiten bei der SED benennen.[24]

Die Diskussion um den richtigen Umgang mit der DDR-Geschichte war eng verzahnt mit der Debatte über den richtigen Umgang mit der DDR-Geschichtswissenschaft und ihren Forschern im Zuge der völligen Umstrukturierung der ostdeutschen Wissenschaftslandschaft.[25] Einem mit der »Rhetorik der politischen Säuberung« legitimierten Personalabbau folgte bei den Historikern ein »Streit um Stellen, Strukturen, Finanzen und Deutungskompetenz«.[26] Zunächst wurde er unter ostdeutschen Historikern geführt. Eine kleine Gruppe etablierter DDR-Wissenschaftler, die nach positiver Evaluierung aus der Akademie der Wissenschaften übernommen wurde und nun westliche Wissenschaftsstandards für sich beanspruchte, konkurrierte mit Historikern aus dem abgewickelten universitären Mittelbau, die zu DDR-Zeiten aus politischen Gründen an den Rand gedrängt wurden und nun ihre politisch-moralische Integrität geltend machten.[27] Dies geschah vor dem Hintergrund der Besetzung ostdeutscher Stellen mit westdeutschen Kollegen und einer stark vereinfachenden Debatte in der konservativen (westdeutschen) Presse über die »Stasi-Verstrickung« und »Staatsnähe« von DDR-Wissenschaftlern.[28]

Der ostdeutsche Streit um Deutungskompetenz wird bald überlagert von dem um geeignete DDR-Forschungsparadigmen, geführt nun vor allem von westdeutschen Historikern entlang der(politisch motivierten) Strategien der alt-bundesdeutschen DDR-Forschung, die damit ihren Anspruch auf kulturelle Hegemonie in der neuen gesamtdeutschen Wissenschaftslandschaft, auf die Definitionsmacht für die Geschichtsbilder im geeinten Deutschland signalisierten.[29]

Der strukturelle Wandel und der ihn begleitende Historikerstreit hatte ganz konkrete Auswirkungen auf die Enquête-Kommissionen zur »Überwindung der Folgen der SED-Diktatur«: Die Mehrzahl der als Sachverständige mitwirkenden Wissenschaftler, insbesondere der Historiker, war westdeutsch. Ostdeutsche Historiker waren auf der Sachverständigen-Ebene nur in der Kommission der 12. Legislaturperiode vertreten (etwa Armin Mitter als Vertreter der zweitgenannten, politisch-moralische Integrität beanspruchenden Gruppe im ostdeutschen Historikerstreit). Als fraktionsgebundene wissenschaftliche Mitarbeiter waren sie zahlreicher vertreten und verschiedenen Spektren zuzuordnen.

Die Einsetzung und Arbeit der Enquête-Kommision ist auch nicht ohne den spezifischen Kontext zu verstehen, den Vergangenheitsbearbeitung in Deutschland hatte. Vergangenheitsbearbeitung, nach Adorno definiert als *Aufklärung durch Benennung des Vergangenen* und Demaskierung der Verdrängungsstrategien mit gleichzeitiger »demokratische Pädagogik«,[30] bezieht sich in Deutschland immer auf die (fehlende) Aufarbeitung der NS-Diktatur. Sie wurde zur Folie für den Umgang mit der DDR-Vergangenheit sowohl was ihr Instrumentarium[31] angeht als auch ihre »Versäumnisse«.[32]

Abgeleitet aus letzteren schien es geboten, eine Verdrängung der Vergangenheit, die »Therapie des Gras-Wachsen-Lassens«[33], unter allen Umständen zu vermeiden. Die »durch eine totalitäre Diktatur geschädigten Bürger« glaubte man fortan durch »kommunikatives Bereden der Vergangenheit«, »mit einer akten- und fragebogengestützten Durchforschung ihres Lebens in der ›zweiten Diktatur‹« und ein für diese Auseinandersetzung geschaffenes »institutionelles Setting« – die Enquête-Kommission – besser in eine demokratische Kultur zu integrieren können.[34]

Der Impuls, mit einer Enquête-Kommission solches »kommunikatives Bereden« der DDR-Vergangenheit institutionell abzusichern, ergab sich also vor allem aus einem historischen Vergleich mit der Aufarbeitung der NS-Vergangenheit.

Welche (geschichtspolitischen) Interessen sich mit diesen vordergründig nachvollziehbaren »Impulsen« verbanden, werde ich anhand der Erzählstrukturen aufzeigen, die in den Schlußberichten der Enquête-Kommissionen bestimmte Bilder zur DDR-Geschichte suggerieren.[35]

Die drei Erzählungen über die DDR und ihre Erklärungsmodelle

In den Einsetzungsbeschlüssen, Schlußberichten und Minderheits- bzw. Sondervoten der Enquête-Kommissionen sind mindestens drei verschiedene historische Darstellungen der DDR auszumachen. Diese »Erzähl-Plots« beeinflussen subtil die Bewertung, implizieren eine Interpretationsrichtung und bedienen sich bestimmter Erklärungsmodelle und analytischer Strategien aus dem Spezialdiskurs der Historiker.[36] Sie unterscheiden sich – folgt man Konrad H. Jarausch – im temporären Ausgangspunkt der Erzählung.

Dominant ist der *anklagende Diskurs*[37], den insbesondere die Regierungsparteien (CDU/CSU/FDP) und die ihnen nahestehenden Sachverständigen vertreten. Darin wird die DDR von ihrem unrühmlichen Ende aus betrachtet: Dieses war, so die teleologische Prämisse, von Anfang an vorprogrammiert, weil »das ganze System, seine ideologische Grundlage, falsch war«.[38] Die DDR war also schon in der Anlage, wegen ihrer politischen, ökonomischen und moralischen Defizite zum Scheitern verurteilt. Ihre Geschichte ist aus dieser Sicht ein »Untergang in Raten«[39] und die 40jährige Stabilität der DDR nur erklärbar mit außenpolitischen Rahmenbedingungen sowie Repression, Indoktrination und herrschaftsstabilisierender Befriedung sozialer Bedürfnisse. Als »Unrechtsstaat«[40] unter dem Protektorat Moskaus, der über keinerlei Legitimität in der Bevölkerung verfügte, mußte die DDR an ihrem »grundlegenden Mangel als bloßer ›Systemstaat‹ ohne ausreichende nationale und staatliche Legitimität«, an der durch »dauerhafte Einsperrung der eigenen Bevölkerung« manifestierten »demokratischen Illegitimtät des sozialistisch-diktatorischen Regimes« zu Grunde gehen, als der »Schutz Moskaus« wegbrach.[41]

Der teleologischen Erzählstrategie entspricht als Erklärungsmodell der »Totalitarismusansatz«, und zwar in seiner klassischen, auf Arendt, Friedrich und Brzezinski zurückgehenden Version. Diese filtert aus dem Vergleich von nationalsozialistischen und stalinistischen Herrschaftstechniken »staatlichen Terror« (Arendt) sowie Ideologie, Massenpartei, Geheimpolizei, Nachrichten- und Waffenmonopol und zentrale Wirtschaftsleitung (Friedrich, Brzezinski) als zentrale Merkmale »totalitärer Herrschaft«. Sie vergleicht »rechte« und »linke« Diktaturen untereinander in der »Wesensgleichheit« ihrer Herrschaftsformen, die diese im – impliziten oder expliziten – Vergleich mit einem Modell westlich demokratischen Pluralismus aufweisen, ignoriert aber qualitative Unterschiede in den Herrschaftszielen der Diktaturen.[42]

Das konservativ-liberale Erzählplot übernimmt diesen auf den formalen Machtanspruch auf Repressions- und Steuerungsmechanismen konzentrierten Ansatz, ohne Differenzierungen zu berücksichtigen, die für »totalitäre Herrschaft« im allgemeinen, insbesondere aber für den Real-Sozialismus gemacht wurden.[43] So ergibt sich ein DDR-Bild, das den SED-Staat in totalitäre Kontinuität mit dem Dritten Reich stellt.

»Sehr wahr! Rot und Braun!« rief der Abgeordnete Müller (CDU/CSU), als der Abgeordnete Jens-Uwe Heuer (PDS) sich über die Darstellung der DDR als »Fortsetzung des Nazi-Staates« beklagte, und ließ gleich nach dem »Intermezzo des ›Tausendjährigen Reiches‹ ... die 44jährige Terrorherrschaft der SED, die Diktatur des Proletariats«, beginnen, »wo sich die Parole der KPD von 1932 ›Nach Hitler wir!‹ bestätigt«.[44]

Es ergibt sich überdies ein statisch stalinistisches – die poststalinistischen Entwicklungen nicht berücksichtigendes – Bild der DDR, das dichotom Repression, Verfolgung (die verantwortlichen Täter) und Widerstand, Resistenz (die Opfer) unterscheidet, SED-Anhängern oder angepaßten Normalbürgern aber keinen Raum gibt.[45] Da diese »DDR-Erzählung« Ergebnis und Ende vorwegnimmt, muß sie nicht durch die Erzählung selbst, nur durch die Unausweichlichkeit des Dokuments (das zwangsläufige Scheitern) überzeugen. Diese Fixierung auf das klägliche Ende provoziert notwendigerweise eine Darstellung der DDR vom hoffnungsfrohen Anfang her.

Der »apologetische Diskurs«[46], der in den Minderheitenvoten der PDS/LL anklang, erzählt von der DDR als einem fehlschlagenden »Sozialismusversuch (mit) zahlreichen positiven Erfahrungen im Kampf um soziale Gerechtigkeit, um ein solidarisches Miteinander und friedliches Gemeinwesen auf deutschem Boden«, der die »echte Chance einer Epochenalternative« verkörperte – nämlich »einer nachkapitalistischen modernen Zivilgesellschaft« im progressiven Geist der Arbeiterbewegung und der »mit dem Rationalismus und Humanismus der Aufklärung verbundenen Ideologie des Marxismus-Leninismus«.[47] Gerade als »antifaschistisch-demokratische Erneuerung«, die bei der Beseitigung der »gesellschaftlichen Grundlagen des ›deutschen Sonderweges‹ und der Eliminierung des Einflusses der traditionellen Eliten« in den Gründungsjahren 1946-48 erfolgreicher war als die Bundesrepublik und sich auf die Zustimmung eines breiten Parteienspektrums stützte, war demnach dieser Versuch legitim und international anerkannt, wurde jedoch durch Fehlentwicklungen und historische Zwänge tragisch vereitelt.[48]

Gegen die These vom »verordneten Antifaschismus« und der »demokratischen Illegitimität« wird angeführt, daß die Inspiration der Ideale auch dann lebendig im Bewußtsein der Bürger blieb, »als diese sukzessiv entleert, erstarrt und durch praktische Politik pervertiert worden war«, und daß sich weite Teile der Bevölkerung mit dem System DDR identifizierten gerade wegen der Leistungen auf den Gebieten der Sozial- und Bildungs-, Kultur- und Wohnungspolitik.[49]

In diesem Plot war der »familiäre, soziale, ökonomische und kulturelle Lebensprozeß der DDR-Bürger mehr als nur die Geschichte massenhafter politischer Prägung und ideologischer Verformungen«, wurden Bürger mit ihrem persönlichen Platz zwischen »Hinwendung zur bewußten Mitgestaltung, Loyalität, Anpassung, aber auch ›zivilem Ungehorsam‹, Opposition oder Widerstand gegen das System« unterschieden.[50] Der Diktaturvergleich wird als »partielle Gleichsetzung« und Relativierung der NS-Diktatur verworfen, statt dessen eine DDR-immanente, verstehende Perspektive angemahnt, die die »Alltagswelt« in ihrer Widersprüchlichkeit erfaßt und affektive Erinnerungen der ehemaligen DDR-Bürger integriert. Die repressiven Aspekte des Regimes treten dabei notwendig in den Hintergrund.[51]

Von der Mitte der Entwicklung der DDR – den Gründen ihrer relativen Stabilität – her argumentieren die Sondervoten der SPD und die SPD-nahen Sachverständigen, sofern sie Lücken des anklagenden oder apologetischen Diskurses themenbezogen aufzeigen, und zwar aus einer zwischen Verdammung und Exkulpation vermittelnden sozialhistorischen Perspektive.[52]

Dabei entsteht ein eher prozeßhaftes DDR-Bild, wonach »in den letzten zwei Jahrzehnten (ein) Wandel von einem offen diktatorischen System (erfolgte), hin zu einem solchen, in dem bei entsprechendem politischen Wohlverhalten (oder zumindest Unauffälligkeit) Leistung mit sozialem Aufstieg und materieller Anerkennung ... belohnt und ... beträchtliche soziale Stabilität (erreicht wurde).[53] Die Legitimität wird der DDR nicht generell abgesprochen, sowohl was ihre ideellen Anfänge anging als auch das »gewisse Maß an Akzeptanz«, das auch generationsabhängig »erreicht wurde«, wenngleich sich »das SED-System der Zustimmung seiner Bürger niemals sicher war«.[54]

Als analytische Strategie bevorzugt diese Erzählung den vom Totalitarismusbegriff gelösten Diktaturvergleich, der die DDR als »moderne« Diktatur sieht, die Unterdrückung und Sozialreform bzw. progressive Aspirationen paradox verschränkt. Diese Sicht strengt damit auch den Vergleich mit anderen Diktaturen als der nationalsozialistischen an[55] und analysierte den Realsozialismus als »zumindest ambivalent«.[56] Die DDR erscheint in dieser Perspektive als »durchherrschte«, aber keineswegs »monolithische Gesellschaft«, in der »durch fortbestehende Traditionen, Milieus und funktionale Differenzierungen« Grenzen der Durchdringung gegeben waren.[57]

Auch mit dem differenzierenden Diktaturvergleich sind aber nur die herrschaftsbezogenen Seiten der DDR, die diese Grenzen markierenden Lebenswelten kaum zu erschließen.[58]

Eine in dieser Hinsicht eigenständige DDR-Erzählung der in den Enquête-Kommissionen vertretenen Abgeordneten und Sachverständigen von Bündnis 90/Die Grünen ist nicht zu erkennen. Dies läßt sich damit erklären, daß sie nicht dem traditionell »grünen« Milieu, sondern der ostdeutschen Bürgerrechtsbewegung entstammen, aus der Perspektive ehemaliger Opfer und Oppositioneller argumentieren und oft im Konsens mit dem anklagenden Diskurs sind.[59]

In der Auseinandersetzung um das »richtige« DDR-Geschichtsbild kommt es kaum zu einer Vermittlung der aufgezeigten Erzählungen. Oft reichte sie – man greife nur die gegenseitige Unterstellung von Kontinuitäten seit dem Nationalsozialismus heraus[60] – über die rituelle Polarisierung von Antikommunismus und Antifaschismus nicht hinaus. Sie legt nahe, daß es bei der Aufarbeitung der DDR-Geschichte um »Erringung intellektueller Hegemonie im vereinten Deutschland« geht – nicht um Vermittlung.[61] In der Enquête-Kommission wird das Übergewicht des »anklagenden Diskurses«, strukturell durch die konservativ-liberale Mehrheit, mit zusätzlichem Rückhalt bei den Abgeordneten von Bündnis 90/Die Grünen, abgesichert. Zudem wurde er durch eine mit dem Diktaturvergleich unbefangen umgehende (westdeutsche) Wissenschaftler-Crew[62] und eine fast »kanonische Geltung« des Totalitarismusbegriffs im wissenschaftlichen Mainstream gestützt.[63] Sonder- und Minderheitenvoten signalisierten, wo er besonders kompromißlos umgesetzt wurde.

Ausschlaggebend für Titelgebung, Analyse und Bericht ist also eine auf den herrschaftsbezogenen Aspekt beschränkte Deutung der DDR-Geschichte und der sophistische Bezug auf den kommunistischen Diktaturbegriff. Demnach war »der SED-Staat« schon in seinem Selbstverständnis als »Diktatur des Proletariats« »nicht nur durch politische Fehlentwicklung und Machtmißbrauch, sondern schon von seiner ideologischen Grundlage her … eine Diktatur« und verletzte »systembedingt« individuelle und politische Menschenrechte.[64]

Funktionen der »anklagenden« Erzählung am Beispiel der DDR-Sozialpolitik

Am Beispiel der DDR-Sozialpolitik, die in den Erinnerungen der ehemaligen DDR-Bürger noch am meisten positive Bezüge, ja einen »Eckpfeiler einer sich neu formierenden DDR-Identität« bildet,[65] soll nun aufgezeigt werden, welche delegitimierenden Wirkungen der anklagende

Diskurs auch in einem zunächst sekundären Herrschafts- und Politikfeld zu erzielen versucht – und mit welchen sprachlichen Mitteln.[66]

Die Geschichte der DDR-Sozialpolitik schreibt das Mehrheitsvotum vor der Folie einer dogmatisch marktwirtschaftlich orientierten Negativdarstellung der DDR-Wirtschaftspolitik. Mit Hilfe negativ besetzter Pauschalbegriffe wird darin die DDR-Planwirtschaft als grundsätzlich verfehlt stigmatisiert: »(Die) *klägliche* Schlußbilanz ... war Ergebnis schwerwiegender und prinzipieller *Funktionsdefizite* einer jeden *Zentralverwaltungswirtschaft*, aus denen sich zusätzlich weitere *Dysfunktionen* ableiten lassen.«[67]

Die Sozialpolitik wird im Licht dieser scheiternden Zentralverwaltungswirtschaft dargestellt. So wurden Maßnahmen zur sozialen Sicherung und Gleichstellung vor allem in ihrer Unvollkommenheit, letzten Endes verhängnisvollen Fehlplanung und Unrentabilität geschildert oder aber marginalisiert, wo sie einem Vergleich mit bundesdeutschen Verhältnissen standhalten (z. B. Bildungschancen und Gleichstellung der Frau):

– »Die Sozialpolitik der DDR scheiterte in ihrem Anspruch, die Bedürfnisse und Interessen der Bürger zu befriedigen ... nicht dynamisierte Renten, Benachteiligung der sozialen Gruppen außerhalb des Produktionsprozesses wie pflegebedürftige und alte Menschen, Mangel an medizinischen Hilfsmitteln und modernen Medikamenten, Rationierung von Konsumgütern. Die Sozialpolitik (konnte) im Ergebnis ihren selbstgestellten Anspruch, durch Vollbeschäftigung das Lebensniveau zu erhöhen, nicht erfüllen.«

– »Die mit dem ›Recht auf Arbeit‹ verbundene Sicherheit des Arbeitsplatzes ... war eine Folge des Arbeitskräftemangels und *somit keine sozialpolitische Leistung* ...«

– »Die materielle Gleichstellung der Frauen oder die Realisierung des Anspruchs auf gleiche Bildungschancen wurden nicht erfüllt.«

– »Staatliche Fürsorge auf *bescheidenem* Niveau«, »dichte Basissicherung auf *niedrigem Niveau*.«

– »Die Sozialpolitik war auf Dauer nicht zu finanzieren wegen der immensen Aufwendungen (Subventionierung der Preise, Wohnungspolitik, Lohnpolitik), zumal diese nicht an der volkswirtschaftlichen Leistungsfähigkeit orientiert war (Entkopplung von der Wirtschaft), und auch nicht zu reformieren.«[68]

In der Darstellung der Mehrheitsvoten wird die Wirksamkeit der DDR-Sozialpolitik doppelt negiert: Weil sie nicht an marktwirtschaftlichen Prinzipien ausgerichtet war, habe sie das Ziel einer umfassenden Bedürfnisbefriedung verfehlt und zugleich (insbesondere infolge der Honecker-Parole der »Gleichrangigkeit von Wirtschafts- und Sozialpolitik«) die volkswirtschaftlichen Kapazitäten überansprucht. Die »Entkopplung« der Sozialpolitik von der Wirtschaft sei aber nicht sozialpolitischen, sondern ausschließlich wirtschafts- und machtpolitischen Zielsetzungen geschuldet gewesen. Die DDR-Sozialpolitik war demnach lediglich ein Instrument zur »Durchstaatlichung und Normierung der Gesellschaft« sowie zur Pazifizierung und Herrschaftsstabilisierung mit katastrophalen psycho-sozialen Folgen:

– Sie »war kein eigenständiger Politikbereich«, »eigenständige sozialpolitische Prinzipien und Ziele (wurden) nicht artikuliert und realisiert«

– Sie war »den Notwendigkeiten der Wirtschaftspolitik nachgeordnet«, ein »Mittel ..., um Arbeitsproduktivität zu steigern und Wirtschaftswachstum zu fördern«

– ein »dem Repressionssystem (entsprechendes) ... Belohnungssystem für systemtreues Verhalten (Auszeichnungen und Privilegien)«

– »Die Durchstaatlichung und Normierung der Gesellschaft erfolgte im sozialpolitischen Bereich durch die Wohnungsbaupolitik (Zuweisung von Wohnungen, niedrige Mieten auf Kosten von Sanierungsmaßnahmen, stereotyper Plattenbau)«

– »Die SED mißbrauchte die Sozialpolitik als Machtmittel, um den Menschen zur sozialistischen Persönlichkeit zu erziehen.«

– »Ergebnis dieser Politik war der ›versorgte Mensch‹, der gewohnt war, daß für ihn entschieden wurde«, »der Leistungswille (wurde) empfindlich gestört«

– »Die Einengung der eigenverantwortlichen Gestaltungsmöglichkeiten erzeugte teilweise ein starkes Autoritätssyndrom: Obrigkeitsdenken, Autoritarismus, Paternalismus, Staatsgläubigkeit, vor allem aber Unselbständigkeit, Versorgungsmentalität, mangelndes Selbstvertrauen, gekoppelt mit der Bereitschaft zur Anpassung.«[69]

Ein sozialpolitisch gestalteter Bereich soll hier noch etwas genauer unter die Lupe genommen werden – der realsozialistische Betrieb, für den auch der Schlußbericht der Enquête-Kommission der 13. Legislaturperiode konstatiert, daß er als Lebenswelt in den positiven Erinnerungen der ehemaligen DDR-Bürger eine große Rolle spielt. Diese positive Erinnerung wurde jedoch als Fehleinschätzung dargestellt und damit abgewertet. »Der Wegfall der für DDR-Betriebe typischen sozialen Beziehungen – Kollegialität, Harmonie, ein bestimmtes Wir-Gefühl gegenüber den Zumutungen von SED und Staat sowie scheinbare soziale Sicherheit in Form paternalistischer Fürsorge – wird von den Menschen in den neuen Ländern als Verlust empfunden, *obwohl sie wissen, daß diese Entwicklung unabwendbar war*«.[70]

Indem die Empfindung des Verlustes sozialer Zuwendung in der Arbeitswelt als Unfähigkeit interpretiert wird, den Zusammenbruch als unabwendbar zu akzeptieren, vollzieht sich konkret Enteignung bzw. Denunziation ostdeutscher Erinnerung an die sozialpolitischen Leistungen im Betrieb.

Die sozialpolitischen Aufgaben (Sozialversicherung, Rentenanträge, berufliche Wiedereingliederung, Gesundheitsvorsorge durch Betriebskliniken/Betriebsärzte, Kinderkrippen- und Kindergartenplätze, Patenschaften mit Schulklassen, Wohnungsvergabe, kulturelles Angebot, Ferienheime, preiswertes Essen in Werkküchen), die ein sozialistischer Betrieb verfassungsgemäß zu erfüllen hatte, werden wie die Betriebs- und Arbeitsorganisation (Brigaden, Betriebspartei- und Betriebsgewerkschaftsorganisation, Verpflichtung zum sozialistischen Wettbewerb, Auszeichnungs- und Prämiensystem, die institutionelle Verankerung einer gleichgeschalteten Gewerkschaft) als Mittel totalitärer Durchdringung und als unproduktive Zusatzbelastung dargestellt. Im Ergebnis erscheint die »Arbeits«-Welt lediglich als Scheinwelt und Disziplinierungssystem. Sie war

– »Instrument zum Erhalt des Machtmonopols der SED« mit den Funktionen »Erziehung zu sozialistischen, der SED treu ergebenen Staatsbürgern« und »Kontrolle, durch die nicht nur Planerfüllung erreicht werden sollte, sondern auch eine Abschirmung der Menschen von westlichen Einflüssen, ihre Disziplinierung, Gleichschaltung und ideologische Beeinflussung«. »Erziehung rangierte vor Arbeit.«[71]

– Der Betrieb »sollte die gesamte Lebenssphäre durchdringen«. Organisation und sozialpolitische Leistungen sollten »nicht nur die Arbeitsproduktivität erhöhen, sondern auch die Entwicklung der sozialistischen Persönlichkeit fördern«, zur »sozialistischen Erziehung der Kinder« beitragen, um »möglichst frühzeitig kollektiven Einfluß auf die Entwicklung der Kinder und Jugendlichen auszuüben«. Schulungen sollten »das parteipolitische Ziel, die ideologische Gleichschaltung« durchsetzen.

– »Der FDGB, völlig den Parteiinteressen untergeordnet, ... degenerierte ... zur ›Kontroll- und Betreuungseinrichtung‹, ... nahm ›klassische‹ Aufgaben der Gewerkschaftsbewegung nur bedingt wahr (keine Tarifautonomie, Koalitionsfreiheit, lediglich Mitwirkung bei Personalentscheidungen, Arbeitsplatzregelung, Gesundheitsschutz).«

– »Im Ergebnis ständigen politischen Einflusses lebten und arbeiteten die Werktätigen in dem Bewußtsein, durch hohe Leistungen Voraussetzungen für die Verwirklichung und Erfüllung ihrer Bedürfnisse zu schaffen«.[72]

Eine Würdigung der unbürokratischen betriebsinternen Abwicklung der einheitlichen Sozial- und Rentenversicherung durch die Gewerkschaft bleibt ebenso aus wie die Anerkennung des gewerkschaftlichen Arbeitsschutzes oder der Brigadebewegung, die zumindest in ihrer Struktur »arbeitnehmerischer Selbstverwaltung« Modellen der »Lean-Production« in Arbeitsteams durchaus vergleichbar war.[73]

Die reduktionistische Darstellung delegitimiert die DDR-Arbeits- und Sozialpolitik in toto auch dort, wo sie »keineswegs primär stalinistische Züge« trug, wo sie durchaus auf emanzipativen Vorstellungen aus Reformprogrammen der Arbeiterbewegung und des demokratischen Sozialismus gründete[74] und wo sie von den repressiven Rahmenbedingungen zu lösen und »aufzuheben« wäre.[75] Solche Darstellung liefert außerdem den Hintergrund, vor dem sowohl der »Demokratische Aufbruch«, soweit er sich dem demokratischen Sozialismus verschrieb, als auch die Reformversuche der DDR-Regierung nach der Wende abzuwerten sind – kontrastiert mit dem ausschließlich positiv bewerteten Handeln der Regierung und Bürger der BRD:

– In der Regierung Modrow »wie auch in Wirtschaft und Wirtschaftswissenschaft dominierte lange die Vorstellung eines ›besseren, reformierten Sozialismus‹. Im Westen war das anders. Dort wurden allgemein die etablierten eigenen Strukturen von Staat, Gesellschaft und Wirtschaft für gut und richtig gehalten. Die Bundesregierung setzte uneingeschränkt auf die Regelmechanismen der freien Marktwirtschaft.«

– Der »*unausweichliche* Übergang von der Planwirtschaft zur Marktwirtschaft in der untergehenden DDR wurde zu Beginn noch (dadurch) erschwert (...), daß sich die ›Einsicht in die Notwendigkeit‹ (...) bei manchen der neuen Parteien und Bewegungen erst allmählich durchsetzte«.[76]

Denunziert wird hier also nicht nur die »real-existent gewesene DDR«, sondern – im Angesicht der siegreich hervorgegangenen bundesdeutschen Ordnung – die »Idee von einer grundsätzlich anderen Gesellschaft«.[77] Sie kann nur als irrige Vorstellung von Modernisierungsblockierern gelten.

Vor dem Hintergrund des »mangelnden Verständnisses« der noch nicht eingebürgerten DDR-Deutschen und aufgrund des katastrophalen Zustandes des Wirtschafts- und Sozialsystems der DDR erscheint das Vorgehen der Bundesregierung, die weitgehend unreflektierte Übertragung bundesdeutscher Strukturen, gerechtfertigt, ja notwendig. Mögliche Fehler der Vereinigungspolitik scheinen dagegen marginal.

– »Vereinigungspolitische Verfehlungen stellten lediglich Marginalien dar angesichts der Tatsache, daß die verheerende Schlußbilanz des früheren Systems auf vielen Feldern des Wirtschaftlichen, Sozialen und Ökologischen einen nur als dramatisch zu bezeichnenden Strukturumbau erzwang, als dessen Folge die heute beobachtbaren Probleme begriffen werden mußten.«[78]

Schuldzuweisung und Entschuldigung wurde bekräftigt durch stereotype Wiederholung:

– »Die eigentlichen Ursachen für die Schwierigkeiten des Transformationsprozesses in den neuen Ländern lägen in der desolaten Schlußbilanz der DDR-Wirtschaft, die nicht zu erklären sei ohne die systembedingten Funktionsmängel der sozialistischen Zentralverwaltungswirtschaft.«

– »Die eigentlichen Ursachen der Schwierigkeiten liegen in eben diesem DDR-Wirtschaftssystem und in den diktatorisch getroffenen Fehlentscheidungen der SED-Führung«.

– »Es nützt nichts, über diese Hauptursache mancherlei zu beklagender Defizite und Fehlentwicklungen hinwegzusehen.«[79]

Wiederholt wird hier die Vorstellung der Vereinigung als einer Notfall- und Erste-Hilfe-Situation, bei der die alte Bundesrepublik als Herz-Lungen-Maschine fungierte, an die ein politisch, moralisch und ökonomisch abgewirtschafteter Teil angeschlossen und durch Transfers wiederbelebt wurde.[80] Geräte und Instrumente – so auch sozialpolitische Strukturen – wurden in »Sofortmaßnahmen«[81] bereitgestellt. So werden alle Maßnahmen positiv gewertet – beispielsweise auch das frühzeitige Engagement »westdeutscher Versicherungsträger ... beim *unterstützenden* Aufbau eines *leistungsfähigen, gegliederten* Sozialversicherungssystems«, die zur schnellstmöglichen »Anpassung«, »Angleichung« an den westdeutschen Standard führten.[82]

Ideologiekritischer Exkurs

Die durchgängige Behauptung einer nicht in sich humanen, sondern instrumentalisierenden Realisierung sozialpolitischer Maßnahmen durch herrschende Kreise findet sich genauso in (dogmatisch-)kapitalismuskritischen Einschätzungen der »westlichen« und speziell westdeutschen Sozialpolitik und sozialen Betriebspolitik. Bereits Bismarck habe die Sozialversicherung lediglich eingeführt, um der bedrohlich wachsenden Sozialdemokratie den Wind aus den Segeln zu nehmen, und alle sozialen Leistungen des Staates und der Unternehmer hätten seither keinem anderen Zweck gedient, als die Arbeitskraft der Beschäftigten zu erhalten, Unzufriedenheit zu vermindern, Systemloyalität zu sichern und linken »systemüberwindenden« Kräften die Basis zu entziehen.[83]

Eine der historisch-gesellschaftlichen Wahrheitsfindung verpflichtete Forschung wird im Blick auf beide gesellschaftliche Systeme gut daran tun, eine Mischung von beiden Interessen am Werk zu sehen: Herrschaftsinteressen, die Sozialpolitik lediglich instrumentell betreiben – und humanitäre (z. B. gewerkschaftliche) Interessenvertretungen, denen es um das Wohlergehen der Menschen geht, die sich in ihnen organisiert haben.

Der »anklagende Diskurs«, der positive Erinnerungen an Teilaspekte der DDR negiert oder abwertet, hat aber nicht nur die Funktion, die vollzogene (Vereinigungs-)Politik zu rechtfertigen. Dieses Manöver wird im Schlußbericht z. T. durch die gegenläufigen Diskurse konterkariert.[84] Die umfassendere geschichtspolitische Dimension entfaltet er dort, wo er das Geschichtsbild und Selbstverständnis der Bundesrepublik – ohne prinzipielle Widersprüche bei den Oppositionsparteien zu finden – wesentlich neu begründet.[85]

Die Enquête-Kommissionen benennen selbst, welcher bundesrepublikanischen Werte es sich als »gesamtdeutsch« zu vergewissern gilt: Es geht um die »Vergewisserung des demokratischen Grundkonsenses«, durch »Festigung des demokratischen Selbstbewußtseins, des freiheitlichen Rechtsempfindens und des antitotalitären Konsenses«.[86]

»Der antitotalitäre Konsens« solle jenes parteiübergreifende und in der Bevölkerung »eingewurzelte« Bekenntnis zur liberalen Demokratie westlicher Prägung umfassen, durch das sich die Bundesrepublik vom Dritten Reich und von der DDR absetzte, so daß totalitäre Kräfte »niemals wieder eine politische Chance im vereinigten Deutschland haben«.[87] Garant für den Erhalt eines »demokratischen Rechtsstaates, (in dem) Menschen-, Bürger- und Sozialrechte Basis« bildeten, sind die Verinnerlichung von Institutionen und politischer Kultur westlicher Prägung, wie sie sich durch »die enge Verbindung mit/das positive Verhältnis zu den politischen Kulturen des Westens und der mit ihnen verbundenen Lebensweise« in der alten BRD »schrittweise herausgebildet« haben.[88] Die Westbindung als Staatsraison ist demnach die Abkehr vom sogenannten »deutschen Sonderweg«, vom antidemokratischen deutschen Erbe. Dieser »Gründungsmythos« wird nun für die »gesamtdeutsche Nation« reklamiert[89] – »die friedliche Revolution in der DDR hatte der Nation (in der bundesrepublikanischen Ordnung) einen neuen Impuls gegeben«.[90]

Ähnlich dem 17. Juni 1953 wird also auch die demokratische Revolution der DDR im Oktober und November 1989 als »Rekurs auf die antitotalitäre Gesinnung der Gesamtnation« erinnert, als »identitätsstiftend für das vereinigte Deutschland«, als Bestätigung der Kernstaat-These.[91]

Nicht nur der demokratische Aufbruch wird so für das vereinigte Deutschland vereinnahmt, auch die DDR mit ihrer Geschichte. Sie wird in die überwölbende Geschichte der Bundesrepublik als Teil der gesamtdeutschen Geschichte eingepaßt, aber eben nur insoweit, als die Auseinandersetzung mit ihr den Blick für die Überlegenheit des freiheitlich-demokratischen Rechtsstaats schärft.[92]

Die DDR wird dabei im »grellen Licht des Diktaturvergleichs«[93] exemplarisch vorgeführt als negatives Gegenbild der eigentlichen, nunmehr gesamtdeutschen Geschichte. Sie verkörpert sozusagen die »Sozialpathologie«[94] der gesamtdeutschen Entwicklung. Der Diktaturvergleich hat hier »wohl auch die Funktion, die DDR ... nach ihrem Ende in eine historische Distanz zu setzen, die zu Zeiten deutsch-deutscher Parallelgeschichten so nicht bestanden hat«, und zwar indem die DDR »dann als Kontrastfolie einer freiheitlich-demokratischen Grundordnung« fungiert.[95]

Die Aneignung der DDR(-Geschichte) zur Affirmation der Bundesrepublik als Gesamtnation geschieht aber nicht nur durch die Methode des Diktaturvergleichs, sondern auch durch die des »kommunikativen Beredens« im Rahmen einer institutionalisierten Vergangenheitsbearbeitung, indem also »die Landsleute in den mißverständlich sogenannten neuen Ländern (nicht) alleingelassen werden, wo es darum geht, das ihnen unter sowjetischer Herrschaft und kommunistischer Diktatur auferlegte bedrückende Kapitel deutscher Geschichte aufzuarbeiten«.[96] Die institutionelle Aufarbeitung wird dabei immer mit explizitem Bezug auf die mangelnde Aufarbeitung der NS-Vergangenheit in der Bundesrepublik der Nachkriegszeit betrieben.

Sie hat also auch eine »kompensatorische«[97], diesen historischen Fehler aufwiegende Funktion – neben der Funktion einer »volkspädagogischen Sozialismus-Prophylaxe«[98] auch die einer erneuten, nun umfassenden Katharsis, aus der die *neue* Bundesrepublik doppelt geläutert, Auschwitz als Zentralparadigma des Geschichtsbewußtseins bewahrend, hervorgeht.

Die Geschichte der geläuterten Bundesrepublik wird damit zum »Königsweg deutscher Geschichte« monumentalisiert, der sich bruchlos von 1949 bis 1990 und weiter konstruieren läßt. Das Wiedervereinigungspostulat der Grundgesetzpräambel erscheint dabei als eine Art sich selbst erfüllender Prophezeiung, legt es doch die Bundesrepublik von Anfang an darauf fest, später in der Gesamtnation aufzugehen. Innerhalb dieses, aus dem Wiedervereinigungspostulat und der Kernstaatsthese hergeleiteten »demokratischen oder nationalen Determinismus«[99] von 1949 (West) bis 1990 (Gesamtdeutschland) hat die DDR keinen legitimen Platz in der deutschen Geschichte. Ihre Entstehungsgründe werden verneint, die relative Offenheit der Entwicklungen nach 1945 sowie im Herbst 1989, ja bis zur Entscheidung, die Vereinigung nach Art. 23 und nicht nach Art. 146 des Grundgesetzes zu vollziehen, wird unterschlagen.[100] Dies negiert die DDR von der Gründung bis zur Auflösung, läßt sie verschwinden in einem bundesdeutschen »memory hole«.[101]

In ihm wird sie aufgehoben durch einen die Bundesrepublik auch für Ostdeutschland tradierenden Nationalgedanken: »Die von den Deutschen in der Nachkriegszeit vollzogene Ablehnung aller nationalistischen und national verengten Ideen (ist) ein Gebot der Vernunft. Heute kommt es darauf an, auf der Basis deutscher und europäischer Erfahrungen die Idee der Nation in einem unlösbaren Zusammenhang mit der Idee der auf Menschen-, Bürger- und Sozialrechten gegründeten Demokratie zu bringen.«[102] Der Nationalstaatsgedanke, wie ihn konservative Kräfte in den 80er Jahren für den Teilstaat konstruierten[103], wird auf einmal zu einer integrativen Idee für ganz Deutschland, die Enquête-Kommissionen zu einem geeigneten Mittel, »wertvolle geistesgeschichtliche Grundlagen unserer gemeinsamen Geschichte und Kultur wieder bewußt zu machen«.[104]

Integrierend für ein gemeinsames, bundesrepublikanisches Geschichtsbild schien der Mythos vom ungebrochenen Willen zur nationalstaatlichen Einheit. In den Plenardebatten der Schlußberichte der Enquête-Kommission beanspruchten westdeutsche Politiker fast jeder Couleur, diesen Willen umgesetzt zu haben. Ihre spätestens seit Brandt am »friedlichen Nebeneinander« ausgerichtete Deutschlandpolitik rechtfertigen sie im nachhinein als Weg zum »Sieg der besseren Ordnung«.[105] Unerwähnt bleibt die Tatsache, daß die Repräsentanten der alten Bundesrepublik völlig unvorbereitet waren auf die »friedliche Revolution« der Ostdeutschen und die tolerierende Politik Gorbatschows, die im Herbst 1989 plötzlich die Wiedervereinigung ermöglichte. Auch die Mehrzahl der DDR-Bürger wurde seit ihrer Erhebung am 17. Juni 1953 und mit dem Übergang von dem Slogan »Wir sind *das* Volk!« zu »Wir sind *ein* Volk!« zu Einheitshelden stilisiert.

Das Geschichtsbild der neuen Bundesrepublik als einer in der Überwindung zweier Diktaturen »erwachsen gewordenen« Nation wird zumindest in einem Bereich konkreter symbolischer Politik offensichtlich – dem des öffentlichen Gedenkens. In der Wahl der Gedenktage als eines geschichtspolitischen Mittels, das die tragenden Gemeinschaftsideen zum Ausdruck bringt und loyalitätssichernden Konsens stiften soll, welche die Enquête-Kommissionen vornahm, zeigt sich, durch welche Rückbezüge auf die Vergangenheit sich die neue Bundesrepublik repräsentieren soll.[106] Aus dem »offiziellen Symbolbestand« der DDR wird kein einziger zusätzlicher Gedenktag integriert – sämtliche staatstragenden Gedenktage der alten Bundesrepublik dagegen bleiben erhalten, ergänzt durch den *Tag der deutschen Einheit*, der Herstellung der staatlichen Einheit kraft Einigungsvertrag am 3. Oktober 1990.[107] Die Enquête-Kommission der 13. Legislaturperiode regt in ihren Handlungsempfehlungen an, den altbundesrepublikanischen »Einheitsfeiertag«, den in den 80er Jahren nur noch halbherzig gefeierten 17. Juni 1953, »als offiziellen Gedenktag wieder verstärkt ins öffentliche Bewußtsein zu heben«, um »an Opposition und Widerstand gegen die SED-Diktatur zu erinnern und diese als Teil der deutschen und europäischen Freiheits- und Demokratietraditionen zu würdigen«.

Der 9. Oktober, Jahrestag der Montagsdemonstrationen, wird in der Liste der neben den offiziellen Gedenktagen zu feiernden Ereignisse als geeignet genannt, »an die Oppositionsbewegung der DDR und die Überwindung der SED-Diktatur durch die Bevölkerung der DDR im Herbst 1989« zu erinnern. Der 9. November als Tag des Mauerfalls hingegen kann dagegen nach Meinung der Enquête-Kommission, da er zuerst auf die Reichsprogromnacht 1938, dann auch auf die Republikausrufung durch Scheidemann 1918 und Hitlers Marsch auf die Feldherrnhalle 1923 verweist, als »Gedenk- und Erinnerungstag an Hoffnungen, Katastrophen und Erfolge« in die deutsche Geschichte eingehen.[108]

Wenn Gedenktage auch als Instrument der Vergangenheitsbearbeitung, als »Orientierungshilfe zur kritischen Reflexion der Vergangenheit«[109] dienen, so scheint es fraglich, ob der 17. Juni, zumal er nie den Status eines offiziellen Feiertags erhielt, dies leistet, ob auf ihn das DDR-Gedenken zu beschränken ist. Der unspektakuläre 3. Oktober (1990) und auch der 9. Oktober (1989) haben bisher nicht diese mit historischer Dramatik und gesamtdeutschen Emotionen gesättigte Symbolkraft absorbieren können, die der 9. November als Tag des Mauerfalls verkörpert – der im Gegensatz zum 3. Oktober auch nicht mit Vereinigungsproblemen assoziiert wird. Insofern nimmt es nicht Wunder, daß sein umfangreich gefeierter zehnter Jahrestag beim offiziellen Festakt – im Dienste des oben beschriebenen historischen Selbstverständnisses der neuen Bundesrepublik – als »Einheitstag« inszeniert wurde, der vor allem die Verdienste der offiziellen westlichen Politik würdigte.

Fazit: Die Vergangenheitsbearbeitung der Enquête-Kommissionen als Enteignung ostdeutscher Geschichte

Die Enquête-Kommissionen zur »Überwindung der Folgen der SED-Diktatur« haben vereinigungspolitisch bedeutsame und fatale geschichtspolitische Funktionen.

Die institutionalisierte »Folgenbewältigung« der SED-Diktatur mit der entsprechenden symbolisch-moralischen Täter-Verdammung, Opfer-Entschädigung und Helden-Monumentalisierung läuft in einer stark asymmetrischen Struktur ab – sowohl was die unterschiedliche existentiell-biographische Betroffenheit durch die DDR-Vergangenheit bzw. die Vereinigung angeht als auch die unterschiedlich abgesicherten Deutungspotentiale. Die DDR-Geschichtsdarstellung nach einem durch westdeutsche Spezialdiskurse gestützten »anklagenden Diskurs« dient hier zum einen der Legitimation des konkreten vereinigungspolitischen Handelns der damals amtierenden Bundesregierung (Liquidation fast aller DDR-Einrichtungen), zum anderen der (Neu-)Begründung des alt-bundesrepublikanischen liberaldemokratischen und marktwirtschaftlichen Selbstverständnisses als vorbildlich gesamtdeutsches. Sie hat exemplarische Funktion:

– Delegitimierung der DDR als positivem Erinnerungsbezug,
– Legitimation der bundesdeutschen Verhältnisse und deren weitgehend unmodifizierte Übertragung,
– Kompensation der Fehler in der Vereinigungspolitik sowie
– konsensstiftend-pädagogische Funktion bei der Vermittlung eines neuen (westdeutschen) Geschichtsbildes.

Diese primär westdeutsche »Aneignung« der DDR-Geschichte zur Selbstrechtfertigung kommt einer »Enteignung« der DDR-Geschichte als ostdeutsche Erinnerungs- und Lebensgeschichte gleich.[110] Sie ist das Ergebnis der durch die selektiven Methoden erzielten inhaltlichen Aussagen über die DDR, die sowohl positiv erinnerte sozialkulturelle Strukturen als auch Lebenswelten negieren, und somit all jenen biografische Identität nimmt, die sich nicht als Oppositionelle oder Opfer im SED-System verstanden. Konfrontiert mit geballtem Expertenwissen fühlen sich letztere der Definitionskompetenz über ihre eigenen Biographien beraubt,[111] erst recht, »wenn die Kritik der Verhältnisse in der DDR ... als durchschaubares Legitimationsmanöver für die bundesdeutschen Verhältnisse erscheint«.[112]

Als solches hat die Vergangenheitsdarstellung der Enquête-Kommissionen durchaus auch den Charakter einer kolonialistischen Praktik, wenn man der Argumentation der Kolonialwissenschaft folgt, wonach auch der fremdgesteuerte radikale Bruch mit der Vergangenheit und Identität durch »Zerstörung des vorgefundenen soziokulturellen und historischen Erbes, Assimilation der Unterworfenen an die Werte der Eroberer, Integration der Besiegten in die eigene Geschichte der Sieger« Bestimmungselement der Kolonialisierung ist.[113]

Die beabsichtigte Integration in ein gesamtdeutsches Geschichtsbild und eine durch parlamentarische Bearbeitung angeregte persönliche Auseinandersetzung mit dem SED-System scheint nur begrenzt erfolgreich. Die Arbeit der Enquête-Kommissionen hat bei den eigentlichen Adressaten, den ehemaligen DDR-Bürgern, nicht die erhoffte Resonanz erzielt. »Die Interpretierten sind nicht interessiert«, haben sich wie dem »Tribunal zur Aufklärung und Erneuerung«, wie den Ost-West-Gesprächsgemeinschaften und Täter-Opfer-Begegnungen auch der »expertenkulturellen Einvernehmlichkeit« dieser Enquête-Kommission verweigert.[114]

In dem Maß, wie die tatsächliche Integration im Sinne chancengleicher Bürgerschaft hinter der abverlangten Integrationsleistung nachholender Sozialisation zurückbleibt, scheint es eher wahrscheinlich, daß sich viele ostdeutsche Bürger auf »Identitätshülsen der Vergangenheit« zurückziehen. Die offizielle, weithin negative Deutung von Strukturen und Institutionen der DDR-Gesellschaft, wie sie insbesondere in der Enquête-Kommission der 12. Legislaturperiode vorgenommen wurde, hat vor diesem Hintergrund ganz offensichtlich nicht die Bereitschaft gefördert, affektive Bezüge auf die eigene DDR-Lebensgeschichte in Beziehung zu setzen mit den Lebensgeschichten der aus politischen Gründen in der DDR Benachteiligten, Diskriminierten und Gemaßregelten bzw. mit der Herrschaftstechnik der DDR-Strukturen und Institutionen.[115] Es scheint, daß eine Befreiung von dem zwar zunächst selbstgewählten, nun aber als entrechtend empfundenen Vereinnahmungsprozeß vorerst nur in der Form einer spezifisch ostdeutschen DDR-Erinnerung gelingt, einer postumen, teilweise »ostalgischen« DDR-Identität, die frühere Erfahrungen der Unfreiheit zu verdrängen tendiert.

Den permanenten, vorwiegend westdeutschen Überzeichnungen der repressiven DDR-Strukturen antwortet eine verbreitete ostdeutsche Geringschätzung – im doppelten Sinn. So bewirkt die westdeutsche dominante Geschichtspolitik in Ostdeutschland das Gegenteil dessen, was sie beabsichtigt.

1 Zit. nach: »Thierse: Gauck soll im Bundestag reden«, in: Der Tagesspiegel, Berlin, vom 5. November 1999, S. 1.

2 Jens Reich: »Von den eigentlichen Helden kennen wir die Namen nicht«, in: ebd. vom 9. November 1999, S. S3.

3 Christoph Dieckmann: Freiheit für das 1:0! Die wahre Kränkung der Ostdeutschen ist die Enteignung ihrer Geschichte, in: Die Zeit, Hamburg, H. 3/1999, S. 16.

4 Jens Reich, Christoph Dieckmann, ebenda.

5 Christoph Dieckmann, ebenda.

6 Im folgenden fasse ich die beiden Enquête-Kommissionen zusammen unter der Bezeichnung: »Enquête-Kommissionen«.

7 Peter Steinbach, Zur Geschichtspolitik, in: Jürgen Kocka, Martin Sabrow (Hrsg.), Die DDR als Geschichte. Fragen – Hypothesen – Perspektiven, Berlin 1994, S. 159-169, hier S. 163.

8 Als eigenständiger Ansatz wurden geschichtspolitische Untersuchungen für

pluralistische Gesellschaften in der deutschsprachigen Forschung vor allem angeregt von Peter Steinbach, vgl. z.B. ders., Geschichte und Politik – nicht nur ein wissenschaftliches Verhältnis, in: Aus Politik und Zeitgeschichte – Beilage zur Wochenzeitung Das Parlament, Bonn (im weiteren: Aus Politik), H. B 28/2001, S. 3-7; und Edgar Wolfrum, vgl. ders., Geschichtspolitik in der Bundesrepublik Deutschland. Der Weg zur bundesrepublikanischen Erinnerung 1948-1990, Darmstadt 1999. Letzterer grenzt Geschichtspolitik (die Verwendung von Geschichtsdeutungen zur Legitimation politischer Handlungen und symbolischen Integration eines politischen Kollektivs) von Vergangenheitspolitik (legislative, exekutive und justizielle Maßnahmen zur Überwindung eines Vorgänger-Systems) ab. Die Beschäftigung mit geschichtspolitischen Phänomenen zum kollektiven oder kulturellen Gedächtnis als Gegenstand der Politik (z.B. politische Mythen als Bestandteil einer nationalen politischen Kultur) oder zu verschiedenen Formen der konkreten Erinnerungspolitik (Gedenken, Begehen) hat seit den neunziger Jahren eine breite Forschungsbasis in vielen Disziplinen.

9 Edgar Wolfrum, Geschichtspolitik in der Bundesrepublik Deutschland 1945 bis 1989, in: Aus Politik, H. 45/1998, S. 5.

10 Ebd., S. 5.

11 Rudolf Speth, Edgar Wolfrum, Einleitung: Politische Mythen – Geschichtspolitik, in: Rudolf Speth (Hrsg.), Politische Mythen und Geschichtspolitik, Berlin 1996, S. 12.

12 Ebd.

13 Jürgen Kocka, Vereinigungskrise. Zur Geschichte der Gegenwart, Göttingen 1995, S. 123; vgl. auch Matthias Rensing, Geschichte und Politik in den Reden der deutschen Bundestagspräsidenten 1949-1984, Münster/New York 1996, S. 1.

14 Deutscher Bundestag (Hrsg.): Schlußbericht der Enquête-Kommission »Überwindung der Folgen der SED-Diktatur im Prozeß der deutschen Einheit"« (13. Wahlperiode), Drucksache 13/11000 (im weiteren: BT 13/11000), S. 17 f.

15 Deutscher Bundestag (Hrsg.): Schlußbericht der Enquête-Kommission »Überwindung der Folgen der SED-Diktatur im Prozess der deutschen Einheit« (13. Wahlperiode), Drucksache 13/11000 (im weiteren: BT 13/11000), S. 17 f.

16 BT 13/11000, S. 18; BT 12/7820, S. 10; BT 13/11000, S.17.

17 Zur Veranschaulichung sei hier nur die Bezeichnung »Aufarbeitung der Geschichte und Folgen der SED-Diktatur« genannt und die Themenkomplexe: »Machtstrukturen und Entscheidungsmechanismen im SED-Staat und die Frage der Verantwortung«, »disziplinierende Praktiken« auf der einen Seite – auf der anderen: »Kirchen«, »Möglichkeiten und Formen abweichenden Verhaltens«, »Opfer der SED-Diktatur« (vgl. BT 12/7820, S. 2f).

18 BT 13/11000, S. 17; Deutscher Bundestag (Hrsg.), Materialien der Enquête-Kommission »Aufarbeitung von Geschichte und Folgen der SED-Diktatur in Deutschland« (12. Wahlperiode des Deutschen Bundestages), Baden-Baden-Frankfurt/M. 1995 (im weiteren: BT-Material und Bd.-Nr.) Eppelmann, BT-Material 1, S. 154; BT 12/7820, S. 5; Legenden, gegen die es anzugehen gilt, sind für die erste Kommission z.B. »die angebliche Steuerung der Wende durch die Stasi« oder die Stilisierung der »einstigen Opfer zu Denunzianten« im Zuge der Öffnung der Stasi-Akten (vgl. Poppe, BT-Material 1, S. 26); für

die zweite Kommission »Ansätze der Verdrängung historischer Erfahrung bis zur Legendenbildung« (vgl. BT 13/11000, S. 12).

19 Brandt, BT-Material 1, S. 32; BT-Material 1, S. 154; BT 13/11000, S. 18.

20 Jürgen Kocka, Vereinigungskrise, a.a.O., S. 123, 103.

21 Eggert, BT-Material 1, S. 77, 76.

22 Lars von Törne, Die politische Aufarbeitung der DDR-Geschichte am Beispiel der Enquête-Kommission des Bundestages »Aufarbeitung von Geschichte und Folgen der SED-Diktatur, Diplomarbeit, Freie Universität Berlin 1996, S. 12.

23 Petra Bock, Die DDR-Vergangenheit als Politikum: Von der Idee eines gesamtgesellschaftlichen Tribunals zur Institutionalisierung einer Enquête-Kommission des deutschen Bundestages«, Diplomarbeit, Freie Universität Berlin 1994, S. 24; Mitchell G. Ash, Geschichtswissenschaft, Geschichtskultur und der ostdeutsche Historikerstreit, in: Geschichte und Gesellschaft, Göttingen, H. 2/1998, S. 283-304, hier S. 289.

24 Am 12. März 1992 beschließt der Bundestag die Einsetzung mit dieser Zielsetzung, in der Überzeugung, daß »der Deutsche Bundestag als höchstes gewähltes Gremium, mit Abgeordneten aus ganz Deutschland, ... besondere Verantwortung für die Aufarbeitung dieser Geschichte« Vgl. Markus Meckel 1991, zit. nach Petra Bock, Von der Tribunal-Idee zur Enquête-Kommission. Zur Vorgeschichte der Enquête-Kommission des Bundestages »Aufarbeitung von Geschichte und Folgen der SED-Diktatur«, in: Deutschland Archiv, Köln, H. 11/1995, S. 1171-1182, hier S. 1176.

25 Vgl. hierzu detailliert: Fritz Vilmar, Soziale Liquidation oder Diskriminierung ostdeutscher Eliten. Das Beispiel der Wissenschaftler, in: ders. (Hrsg.), Zehn Jahre Vereinigungspolitik. Kritische Bilanz und reale Alternativen, Berlin 2000, S. 81-92.

26 Mitchell G. Ash, Geschichtswissenschaft, a.a.O., S. 285, Eckert zitiert nach: ebd., S. 288.

27 Jürgen Danyel, Die Historiker und die Moral, in: ebd., H. 2/1995, S. 290-303, hier S. 296.

28 Sie unterscheidet nur noch zwischen entschiedenen Oppositionellen und »Wasserträgern« des SED-Regimes. Vgl. ebd., S. 294.

29 Die der DDR und ihrer Wissenschaft alle Legitimität absprechende Strategie vs. die der politischen Devise »Wandel durch Annäherung« entsprechende Strategie, die DDR an ihrem eigenen Anspruch zu messen; vgl. ebd., S. 298.

30 Theodor W. Adorno, Erziehung zur Mündigkeit, Frankfurt/M. 1971, S. 125 bis 146.

31 Vergleichspunkt für eine nach dem Ende der DDR anzustrengende »Entstalinisierung« gilt dem Kommissionsmitglied Rainer Eckert das Instrumentarium der »Entnazifizierung« – justizielle Verurteilung und Entfernung der Verantwortlichen aus (öffentlichen) Positionen, Umerziehung, Wiedereingliederung. Da das DDR-Regime aber ungleich weniger verbrecherisch gewesen sei als das Nazi-Regime, seien heute Umerziehung und Wiedereingliederung die geeigneteren Mittel; vgl. Rainer Eckert, Vergangenheits-»Bewältigung« 1945-47 und 1989-1991: Unterschiede und Gemeinsamkeiten. Thesen zur Auseinandersetzung mit der DDR-Vergangenheit, in: Klaus Sühl (Hrsg.), Vergangenheitsbewältigung 1945 – 1989. Ein unmöglicher Vergleich?, Berlin 1994, S. 155-166, hier S. 156.

32 Wolfgang Bialas sieht sowohl im »kommunikativen Beschweigen« der NS-

Vergangenheit in der Bundesrepublik der 50er und 60er Jahre als auch im Antifaschismus der DDR-Gründungszeit einen »Abbruch der biographisch konkreten Auseinandersetzung mit der nationalsozialistischen Vergangenheit«. – Wolfgang Bialas, Historische Erinnerung und gesellschaftlicher Umbruch. Die DDR im Diktaturvergleich, in: Berliner Debatte Initial, H. 6/1998, S. 39.

33 Brandt, BT-Material 1, S. 32.

34 Wolfgang Bialas, Historische Erinnerung, a.a.O., S. 25-44, hier S. 39, 31; Bialas verweist darauf, daß nicht gesichert ist, ob mit »kommunikativem Beschweigen« oder »kommunikativem Bereden« diese Integration besser zu leisten ist, und daß sich aus dem Ende der DDR in einer innenpolitischen Implosion auch nicht die eine oder andere Strategie begründen läßt.

35 Eine umfassende sprach- und diskursanalytische Untersuchung kann hier nicht vorgenommen werden. Als Richtschnur für Struktur und Semantik der »Erzählungen« dient Konrad H. Jarausch, Die DDR denken. Narrative Strukturen und analytische Strategien, in: ebd., H. 4-5/1995, S. 9-15.

36 Hier rekurriere ich auf die an Michel Foucault angelehnte Diskursanalyse von Jürgen Link und Siegfried Jäger, der in einem thematischen Bereich zwischen in ihrer Eigensprachlichkeit kommunizierenden »Spezialdiskursen« (einer bestimmten wissenschaftlichen Disziplin, der Kirche etc.) und dem allgemeinen Diskurs unterscheidet, in den – vermittelt durch einfache allgemeingültige Bilder (Kollektivsymbole) – aber auch Fragmente der Spezialdiskurse übergehen, vgl. Siegfried Jäger: Kritische Diskursanalyse. Eine Einführung, Duisburg 1993.

37 Konrad H. Jarausch, Die DDR denken, a.a.O., S. 9.

38 Wolfgang Mischnick, BT-Material 1, S. 93; Konrad H. Jarausch, Die DDR denken, a.a.O., S. 10.

39 Armin Mitter/Stefan Wolle, Untergang auf Raten. Unbekannte Kapitel der DDR-Geschichte, München 1993.

40 So z. B. wiederholt der Abgeordnete Günther Müller in der Einsetzungsdebatte für die erste Kommission, vgl. BT-Material 1, S. 88.

41 BT 12/7820, S. 155, 156; die These, daß das SED-Regime die anfängliche Unterstützung der Bevölkerung für das »sozialistische Deutschland« schon mit der Niederschlagung des Volksaufstands 1953 für immer verwirkt hatte, vertritt auch der Sachverständige und Historiker Armin Mitter, vgl. Armin Mitter/Stefan Wolle, Untergang auf Raten, a.a.O.

42 Ralph Jessen, DDR-Geschichte und Totalitarismustheorie, in: Berliner Debatte Initial, H. 4-5/1998, S. 17-24, hier S. 17f; Gerhard Lozek, Totalitarismus – (k)ein Thema für Linke?, Berlin 1995, hier S. 11, 16.

43 So sind für Arendt totalitäre Tendenzen (Verachtung des positiven Rechts, Mißachtung individueller Freiheiten, Ideologie und Terror) überall möglich, nicht nur in einem durch totalitäre Bewegungen ermächtigten diktatorischen Staat (vgl. Gerhard Lozek, Totalitarismus, a.a.O., S 15, 16); Qualitative Unterschiede – die historische Verwurzelung des Faschismus im rassistischen Irrationalismus einerseits und des Sozialismus im humanistischen Rationalismus der Aufklärung andererseits – wurden schon in den dreißiger Jahren thematisiert (vgl. ebd., S. 11); Gerade anhand der zentralen Kategorie der terroristischen Gewalt ist der totalitäre Charakter der DDR nicht überzeugend zu belegen, fruchtbarer für die Analyse der DDR erweist sich z. B. die Totalitarismus-Theorie von Juan Linz, der fließende Übergänge zwischen

totalitären und autoritären Elementen annimmt oder Sigrid Meuschels Ansatz (sie war auch zu einer Anhörung geladen), wonach der totalitäre Charakter des SED-Sozialismus an der »Entdifferenzierung« der gesellschaftlichen Subsysteme – Politik, Recht, Ökonomie, Moral – festzumachen ist, die durch das Primat der Politik über Gesellschaft, Wirtschaft, Kultur sogar weitgehender war als in der nationalsozialistischen Diktatur (vgl. Ralph Jessen, DDR-Geschichte und Totalitarismustheorie, a.a.O., S. 18, 21); Meuschel in der Aufzeichnung der Podiumsdiskussion »Nationalsozialismus und SED-Diktatur in vergleichender Perspektive«, vom 3.5.1994, in: Ingrun Drechsler, Bernd Faulenbach, Martin Gutzeit, Markus Meckel, Herrmann Weber (Hrsg.), Getrennte Vergangenheit, gemeinsame Zukunft. Ausgewählte Dokumente der Enquête-Kommission »Aufarbeitung von Geschichte und Folgen der SED-Diktatur in Deutschland«, Bd. 4, München 1997, S. 37. Als Leittheorie für die DDR-Forschung scheint die Totalitarismustheorie wegen ihrer unterschiedlichen Ergebnisse je nach Kategorienwahl eher fraglich (vgl. Ralph Jessen, DDR-Geschichte und Totalitarismustheorie, a.a.O., S. 21).

44 Müller, Heuer, BT-Material 1, S. 89; Müller, BT-Material 1, S. 118.

45 Konrad H. Jarausch, Die DDR denken, a.a.O., S. 10.

46 Ebd., S. 11.

47 Heuer, BT-Material 1, S. 88; Sondervotum PDS/LL BT, 12/7820, S. 254, 265.

48 Minderheitenvotum, PDS/LL, BT 12/7820, S. 252 f., 262 f., 267 f.

49 Minderheitenvotum PDS/LL, BT 13/11000, S. 459; BT 12/7820, S. 252; BT-Material 1, S. 87.

50 Minderheitenvotum, PDS/LL, BT 13/11000, S. 457, 459.

51 Konrad H. Jarausch, Die DDR denken, a.a.O., S. 10.

52 Ebd., S. 11.

53 Sondervotum SPD, BT 13/11000, S. 237.

54 Sondervotum SPD, BT 13/11000, S. 712 f.

55 So zumindest die Forderung, Sondervotum SPD, BT 12/7820, S. 285.

56 Sondervotum SPD, BT 13/11000, S. 235.

57 Sondervotum SPD, BT 13/11000, S. 713 f.

58 Konrad H. Jarausch, Die DDR denken, a.a.O., S. 13.

59 Vgl. Lars von Törne, Die politische Aufarbeitung, a.a.O., S. 23 f.: In der ersten Enquête-Kommission wurde den Abgeordneten von Bündnis 90/Die Grünen das Themenfeld Opposition und Widerstand überlassen, sie verzichteten dafür (vor allem weil sie nur zu zweit waren) auf Mitarbeit bei anderen Themen, die Vertreter der Regierungskoalition demonstrierten wohl auch aus taktischen Gründen Einigkeit mit den Abgeordneten von Bündnis 90/Die Grünen: um in strittigen Fragen eine über die Regierungsparteien hinausgehende Mehrheit zu erzielen.

60 Vgl. dazu insbesondere für die PDS den apologetischen Diskurs (BT 12/7820 S. 254 f.), überhaupt nicht thematisiert wird, so auch im die »westlichen Werte« beschwörenden Sondervotum der SPD (BT 13/11000, S. 712), die Komplementär-Debatte, nämlich die wieder bei Arendt anknüpfende Frage, inwieweit totalitäre Diktaturen in der Entwicklung westlicher Gesellschaften angelegt sind und demnach die Gefahr ihrer Revitalisierung auch nicht durch Wiederherstellung demokratischer Verhältnisse gebannt werden kann (vgl. Wolfgang Bialas, Historische Erinnerung, a.a.O., S. 42 f.).

61 Konrad H. Jarausch, Die DDR denken, a.a.O., S. 11.

62 Auf eine im NS-DDR-Diktatur-Vergleich angelegte Asymmetrie für die ost-

und die westdeutsche Gesellschaft verweist Rainer Lepsius (BT-Material 9, S. 706), wonach für diese die realsozialistische, für jene die nationalsozialistische Diktatur kognitiver (und existenziell-biographischer) Bezugspunkt ist, für das vereinte Deutschland wiederum nur die nationalsozialistische normativ zentral ist (vgl. auch Wolfgang Bialas, Historische Erinnerung, a.a.O., S. 32).

63 Vgl. Eckhard Jesse, War die DDR totalitär?, in: Aus Politik, H. 40/1994, S. 12 bis 23; Wolfgang Dümcke, Das Bild der DDR in der Politikwissenschaft der Bundesrepublik nach 1990, in: Berliner Debatte Initial, H. 9/1998, S. 59-70.

64 BT 13/11000, S. 16.

65 Stefan Bollinger, Soziale Sicherheit und Sozialpolitik in der DDR – Anspruch, Wirklichkeit, Wertungen, in: Ludwig Elm, Dietmar Keller, Reinhard Mocek (Hrsg.), Ansichten zur Geschichte der DDR, Bd. XI, Bonn/Berlin 1998, S. 404 bis 426, hier S. 404.

66 Im folgenden werden in die Darstellung einfließende pejorative Wertungen und moralische Urteile kursiv gesetzt.

67 BT 13/11000, S. 127; 159 f., 153.

68 Vgl. BT 13/11000, S. 138 f., 224 f.

69 BT 13/11000, S. 138 f., 223; BT 12/7820, S. 55 f.

70 BT 13/11000, S. 141; hingewiesen sei hier noch auf das sprachliche Mittel des Vernunftappells.

71 BT 13/11000, S. 221 f., 161 f.

72 BT 13/11000, S. 221 f., 162.

73 Vgl. zur abwägenden Würdigung dieser Einrichtungen z.B. »Helle Panke« zur Förderung von Politik, Bildung und Kultur e.V. (Hrsg.), Blick zurück ohne Zorn? Bedeutung soziokultureller Einrichtungen der DDR für gesellschaftliche Alternativentwürfe heute. Materialien eines wissenschaftlichen Kolloquiums am 2. November 2000, Berlin 2001; Jörg Roesler, Die Brigaden – Produktionseinheit und sozialistische Gemeinschaft, in: Ludwig Elm, Dietmar Keller, Reinhard Mocek (Hrsg.), Ansichten zur Geschichte der DDR, Bd. VII, Bonn/Berlin 1997, S. 185-224.

74 Vgl. Ingeborg Nahnsen, Die Gefährdung sozialpolitischer Gestaltungsspielräume durch die Diskreditierung sozialpolitischer Muster als SED-spezifisch, in: Mitteilungsblätter des Forschungsinstituts für Gesellschaftspolitik und beratende Sozialwissenschaft e.V., H. 49/1991, S. 45-71; zu den maßgebenden sozialpolitischen Initiativen auch von SPD und CDU in der DDR-Frühphase vgl. Gerhard Tietze, Sozialpolitik und Arbeitsschutz in der DDR, in: »Helle Panke« (Hrsg.): Blick zurück ohne Zorn?, a.a.O., S. 49-58.

75 Vgl. zu diesem Begriff der »Aufhebung« Stefan Bollinger/Fritz Vilmar, »Aufhebung« der soziokulturellen Einrichtungen der DDR. Zwischenbilanz eines Forschungsprojekts, in: Fritz Vilmar (Hrsg.), Zehn Jahre Vereinigungspolitik, Berlin 2000, S. 237.

76 BT 13/11000, S. 178, 127, 163 ff.

77 Erhard Crome: DDR-Perzeptionen. Kontext und Zugangsmuster, in: Berliner Debatte Initial, H. 2-3/1998, S. 45-58, hier S. 46.

78 BT 13/11000, S. 128, 127.

79 BT 13/11000, S. 242 f., 143, 171.

80 Wolfgang Bialas, Historische Erinnerung, a.a.O., S. 34.

81 BT 13/11000, S. 225 »Sozialpolitische Sofortmaßnahmen im Zuge des Einigungsprozesses« S. 227 »Soforthilfe«, »Sofortprogramm«.

82 Vgl. BT 13/11000, S. 225 ff.: positiv hervorgehoben wird die Ersetzung u.a. gerade jener DDR-Strukturen durch bundesdeutsche, die – wie oben dargestellt – kritischer Überprüfung bedurft hätten: Auflösung der Einheitsversicherung in Sozial-/Renten-/Arbeitslosenversicherung,, Schließung der Polikliniken und Privatisierung der Apotheken, Arbeitsmarktentwicklung vor allem in Form einer »Entlastung des Arbeitsmarktes (durch Weiterbildung, ABM, Kurzarbeit, Vorruhestand) um zwei Millionen Personen«, Mitbestimmungsrechte der Arbeitnehmer u.ä.

83 Ein prototypisches und prominentes Beispiel für solche Abwertung systemimmanenter Reformkonzepte ist der Aufsatz von Elmar Altvater aus dem Jahre 1970: Die Mitbestimmung – ein Herrschaftsinstrument, in: Lothar Romain, Gotthart Schwarz (Hg.), Abschied von der autoritären Demokratie?, München 1970, S. 147 ff.; hier: S. 160; 164. »In einer Situation akuter Gefährdung des kapitalistischen Herrschaftssystems werden die Gewerkschaften in der Leitungshierarchie an Entscheidungen beteiligt, um das System langfristig zu retten ... Mitbestimmung wird also gefordert,... um den Kapitalismus ... zu stützen, seine Effizienz als Herrschaftssystem zu erhöhen.«

84 Vgl. z.B. SPD-Votum zu wirtschaftspolitischen Maßnahmen der Bundesregierung BT 13/11000, S. 271-315, zu sozialpolitischen S. 232-242.

85 Wolfgang Bialas, Historische Erinnerung, a.a.O., S. 34.

86 Eppelmann, BT 12/7820, S. 5, BT 13/11000, S. 17, 679 f.

87 Eppelmann, BT 12/7820, S. 5.

88 »Verfassungsstaat, parlamentarische Demokratie, Pluralismus der Parteien und gesellschaftlichen Kräfte, bürgerschaftliches Engagement, postnationaler Verfassungspatriotismus, selbstverständliche Offenheit«. SPD-Votum, BT 12/7820, S. 284; SPD-Votum BT 1/11000, S. 711, 713 f.; Mehrheitsvotum BT 12/7820, S. 157.

89 Edgar Wolfrum, Geschichtspolitik, a.a.O., S. 8, 14.

90 SPD-Votum, BT 12/7820, S. 284.

91 Edgar Wolfrum, Geschichtspolitik, a.a.O., S. 7; BT 12/7820, S. 282; die in den fünfziger Jahren postulierte Kernstaat-These besagte, daß die liberale Demokratie westlicher Prägung, die das Grundgesetz in der Präambel auch den Deutschen in Ostdeutschland vorbehielt, dort eine Magnetwirkung entfalten werde und bei einer »Wiedervereinigung in Frieden und Freiheit« auch für die Deutschen in Ostdeutschland gelte.

92 SPD-Votum, BT 12/7820, S. 282.

93 Wolfgang Bialas, Historische Erinnerung, a.a.O., S. 34.

94 Erhard Crome, DDR-Perzeptionen, a.a.O., S. 47.

95 Wolfgang Bialas, Historische Erinnerung, a.a.O., S. 34.

96 Brandt, BT-Material 1, S. 32.

97 Wolfgang Bialas, Historische Erinnerung, a.a.O., S. 40.

98 Erhard Crome, DDR-Perzeptionen, a.a.O., S. 49.

99 Ebd., S. 50.

100 Ebd.

101 Bei Orwell werden alle »unerwünschten« Erinnerungen, Gedächtnisfragmente, die nicht mit dem offiziellen historischen Gedächtnis übereinstimmen, in ein »Gedächtnis-Loch« abgesaugt. Vgl. George Orwell, 1984. Berlin 1999, hier S. 228.

102 SPD-Votum, BT 12/7820, S. 156, Mehrheitsvotum BT 12/7820, S. 155.

103 U. a. mit dem Bau zweier Museen zur deutschen Geschichte wird die Na-

tionalstaatstradition wiederbelebt, durch Rekurs auf Gemeinsamkeiten der nationalen Geschichte soll der angeblich verlustig gegangene politische Konsens wiederhergestellt werden. Vgl. Hans Mommsen: Geschichte und politische Legitimation in der Bundesrepublik: Zum Dilemma gesteuerter historischer Konsensbildung, in: Landeszentrale für politische Bildung Nordrhein-Westfalen (Hrsg.): Streitfall deutsche Geschichte. Essen 1988, hier S. 228 ff.

104 Eggert, BT-Material 1, S. 75.

105 Vgl. Willy Brandt, »daß Wirkungen von dieser (Entspannungs- und Annäherungs-)Politik in nicht unwesentlichem Maße zur Überwindung der kommunistischen Regime ... beigetragen haben.« BT-Material 1, S. 35, Helmut Kohl: »Zu den wichtigsten Gründen, die ihren Ursprung in unserem Land hatten, gehörte, daß bis zum Fall der Mauer viele Millionen Landsleute aus der damaligen DDR zu Besuch in die Bundesrepublik kommen und erleben konnten, daß die ganze SED-Propaganda über die Verhältnisse in der Bundesrepublik verlogen und falsch war, und daß sie neue Hoffnung geschöpft haben ... auf die Einheit unseres Vaterlandes« – BT-Material 1, S. 40.

106 Ich gehe hier nur auf die Gedenktage ein, nicht auf die in den Kommissions-Berichten weitaus ausführlicher diskutierte Gestaltung nationaler Gedenkstätten; zur geschichtspolitischen Funktion der Gedenktage vgl. Dietmar Schiller. Politische Gedenktage in Deutschland. Zum Verhältnis von öffentlicher Erinnerung und politischer Kultur, in: Aus Politik, H. 25/1993, S. 32-39.

107 Ebd., S. 38.

108 BT 13/11000, S. 553-555.

109 Dietmar Schiller. Politische Gedenktage, a.a.O., S. 39.

110 Wolfgang Bialas, Historische Erinnerung, a.a.O., S. 25, 29.

111 Jürgen Fuchs, BT-Material 9, S. 701.

112 Hans Misselwitz, BT-Material 9, S. 654.

113 So das Urteil von Urs Schoettli: Grenzsituation – nach dem großen Kollaps. Zentralasien nach dem Ende der Sowjetunion, in: Neue Züricher Zeitung, vom 11./12. Mai. 1996, S. 16, zit. nach. Fritz Vilmar: Zum Begriff der »Strukturellen Kolonialisierung«, in: ders. (Hrsg.): Zehn Jahre Vereinigungspolitik, a.a.O., S. 21-31, hier S. 27. Einige ostdeutsche, in das bundesrepublikanische Parteiensystem integrierte Abgeordnete haben sich allerdings für diese westdeutsch dominierte Geschichtspolitik engagiert.

114 Wolfgang Bialas, Historische Erinnerung, a.a.O., S. 27, 31.

115 Ebd., S. 25, 27, 40.

Mitchell. G Ash, Geschichtswissenschaft, Geschichtskultur und der ostdeutsche Historikerstreit, in: Geschichte und Gesellschaft, Göttingen 1998, S. 283-304

Aleida Assmann, Ute Frevert, Geschichtsvergessenheit Geschichtsversessenheit. Vom Umgang mit deutschen Vergangenheiten nach 1945, Stuttgart 1999

Wolfgang Bialas, Historische Erinnerung und gesellschaftlicher Umbruch. Die DDR im Diktaturvergleich, in: Berliner Debatte Initial, H. 6/1998, S. 25-44

Petra Bock, Von der Tribunal-Idee zur Enquête-Kommission. Zur Vorgeschichte der Enquête-Kommission des Bundestages »Aufarbeitung von Geschichte und Folgen der SED-Diktatur«, in: Deutschland Archiv, Köln, H. 11/1995, S. 1171 bis 1182

Jochen Cerny, Erkunden oder aufarbeiten? Un/Arten des Umgangs mit deutscher Zeitgeschichte, in: Utopie kreativ, Berlin, H. 47/48 (1994), S. 13-27

Erhard Crome, DDR-Perzeptionen. Kontext und Zugangsmuster, in: Berliner Debatte Initial, H. 2-3/1998, S. 45-58

Jürgen Danyel, Die Historiker und die Moral, in: Geschichte und Gesellschaft, Göttingen, H. 2/1995, S. 290-303

Deutscher Bundestag (Hrsg.), Materialien der Enquête-Kommission »Aufarbeitung von Geschichte und Folgen der SED-Diktatur in Deutschland« (12. Wahlperiode des Deutschen Bundestages), Baden-Baden-Frankfurt/M. 1995

Deutscher Bundestag (Hrsg.), Materialien der Enquête-Kommission »Überwindung der Folgen der SED-Diktatur im Prozeß der deutschen Einheit«. 13. Wahlperiode des Deutschen Bundestages), Baden-Baden-Frankfurt/M. 1999

Dieckmann, Christoph, Freiheit für das 1:0! Die wahre Kränkung der Ostdeutschen ist die Enteignung ihrer Geschichte, in: Die Zeit, Hamburg, H. 3/1999, S. 16

Ingrun Drechsler, Bernd Faulenbach, Martin Gutzeit, Markus Meckel, Herrmann Weber (Hrsg.), Getrennte Vergangenheit, gemeinsame Zukunft. Ausgewählte Dokumente der Enquête-Kommission »Aufarbeitung von Geschichte und Folgen der SED-Diktatur in Deutschland«, Bd. 4, München 1997

Wolfgang Dümke, Das Bild der DDR in der Politikwissenschaft seit 1990, in: Berliner Debatte Initial, H. 2-3/1998, S. 59-70

Jürgen Habermas, Vom öffentlichen Gebrauch der Historie. Warum einen »Demokratiepreis« für Daniel Goldhagen, in: Blätter für deutsche und internationale Politik, Bonn, H. 4/1997, S. 408-416

Konrad H. Jarausch, Die DDR denken. Narrative Strukturen und analytische Strategien, in: Berliner Debatte Initial, H. 4-5/1995, S. 9-15

Eckhard Jesse, War die DDR totalitär?, in: Aus Politik und Zeitgeschichte – Beilage zur Wochenzeitung Das Parlament, Bonn, H. B 40/1994, S. 12-23

Ralph Jessen, DDR-Geschichte und Totalitarismustheorie, in: Berliner Debatte Initial, H. 4-5/1998, S. 17-24

Jürgen Kocka, Vereinigungskrise. Zur Geschichte der Gegenwart, Göttingen 1995

Gerhard Lozek, Totalitarismus – (k)ein Thema für Linke?, Berlin 1995

Hans Mommsen, Geschichte und politische Legitimation in der BRD. Zum Dilemma gesteuerter historischer Konsensbildung, in: Landeszentrale für politische Bildung Nordrheinwestfalen (Hrsg.), Streitfall deutsche Geschichte, Essen 1988, S. 255-236

Ingeborg Nahnsen, Die Gefährdung sozialpolitischer Gestaltungsspielräume durch die Diskreditierung sozialpolitischer Muster als SED-spezifisch, in: Mitteilungsblätter des Forschungsinstituts für Gesellschaftspolitik und beratende Sozialwissenschaft e.V., H. 49/1991, S. 45-71

Dietmar Schiller, Politische Gedenktage in Deutschland. Zum Verhältnis von öffentlicher Erinnerung und politischer Kultur, in: Aus Politik und Zeitgeschichte – Beilage zur Wochenzeitung Das Parlament, Bonn, H. B 25/1993, S. 32-39

Rudolf Speth (Hrsg.), Politische Mythen und Geschichtspolitik, Berlin 1996

Peter Steinbach, Zur Geschichtspolitik, in: Jürgen Kocka, Martin Sabrow (Hrsg.), Die DDR als Geschichte. Fragen – Hypothesen – Perspektiven, Berlin 1994, S. 159-169

Klaus Sühl (Hrsg.), Vergangenheitsbewältigung 1945 – 1989. Ein unmöglicher Vergleich?, Berlin 1994

Fritz Vilmar, Zum Begriff der »Strukturellen Kolonialisierung«, in: ders. (Hrsg.), Zehn Jahre Vereinigungspolitik. Kritische Bilanz und humane Alternativen, Berlin 2000, S. 21-31Manfred Wilke, Die deutsche Einheit und die Geschichtspolitik des Bundestages, in: Deutschland Archiv, Opladen, H. 4/1997, S.606-631

Edgar Wolfrum, Geschichtspolitik in der Bundesrepublik Deutschland 1945-1989, in: Aus Politik und Zeitgeschichte – Beilage zur Wochenzeitung Das Parlament, Bonn, H. B 45/1998, S. 3-15

Ders., Geschichtspolitik in der Bundesrepublik Deutschland. Der Weg zur bundesrepublikanischen Erinnerung 1948-1990, Darmstadt 1999

Stefan Bollinger

Sozial-kulturelle Einrichtungen der DDR im Widerstreit. Ein Literaturbericht

Man mag es kaum glauben, ein Staat, der über vierzig Jahre zwischen Elbe und Oder existierte und der nach seinem überraschenden, radikalen Ende Hunderte Historiker, Politikwissenschaftler und Soziologen beschäftigte, der müßte doch wie ein offenes Buch vor seinen Betrachtern liegen. Fast alle Archive sind heute mit den Dokumenten der DDR zugänglich, ungeachtet sonst üblicher Sperrfristen. Tausende Interviews mit den Bürgern dieses Landes wurden von Wissenschaftlern geführt, es gibt Bücher und Filme, die sich mit dem Leben der besonderen Spezies des Ostdeutschen beschäftigen. Und doch bleibt dieses Land für den Beobachter, der dort nicht gelebt hat, immer noch in vielen Fragen undurchsichtig, viele soziale und kulturelle Einrichtungen sind unbekannt oder – schlimmer – nur als Karikatur präsent.

Die Mehrheit der Ostdeutschen dagegen entwickelt eine für westliche Beobachter kaum nachvollziehbare Identifikation mit der untergegangenen DDR-Gesellschaft, die nicht auf Nostalgie reduzierbar ist.[1]

Vernachlässigung der sozial-kulturellen Leistungen …

Die prominenteste ostdeutsche Publizistin, Daniela Dahn, mahnt an: Der »antikapitalistische Teil der DDR-Vergangenheit gilt unter den herrschenden Meinungsmachern als das eigentliche Unrecht, während viele im Osten meinen: Daß die Dominanz des Kapitals beseitigt war, bedarf keiner Entschuldigung. Der Fehler bestand vielmehr darin, die Vorzüge westlicher Effizienz und Transparenz gleich mit abzuschaffen. Wie man das eine tun und das andere lassen kann – in diesem Spannungsfeld lägen lohnende Forschungsthemen für staatlich geförderte Wissenschaftler.

Solche Themenstellungen würden den Ostdeutschen, denen immer bescheinigt wird, sie hätten die größere Bürde der Nachkriegsgeschichte tragen müssen, die tröstende Gewißheit geben, daß ihr Gesellschaftsexperiment, also ihr Leben, nicht gänzlich umsonst war. Diese nun mal gemachten, auch erlittenen Erfahrungen nicht auszuwerten wäre Ignoranz gegenüber der Geschichte. Bislang sind aber DDR-Themen, die womöglich nicht nur negative Aspekte ans Tageslicht brächten, in der staatlich geförderten Forschung tabuisiert. Zu solchen Themen könnten gehören:

– Auswirkungen von Volkseigentum auf zwischenmenschliche Beziehungen
– Auswirkungen von genossenschaftlichem Eigentum auf die Lebensweise auf dem Lande
– Die Abwesenheit von Privateigentum an Grund und Boden und eines Immobilienmarktes und ihr Einfluß auf Wohnungspolitik und die Architektur in Stadtzentren
– Folgen von Vollbeschäftigung der Frauen auf ihre Identität und auf die Beziehungen in den Familien
– Erfahrungen mit dem Gesundheitswesen der DDR und seiner einheitlichen Krankenversicherung
– Reaktionen auf die Abschaffung des § 218
– Der Umgang mit einem Familiengesetzbuch, das in vielen Entwicklungsländern als vorbildlich galt und dort teilweise übernommen wurde
– Allgemein verständlich formulierte Gesetze und die Verlagerung von Zivilprozessen auf gewerkschaftliche Konfliktkommissionen
– Die Auswirkungen von atheistischer Erziehung auf Moral (z. B. auf Sexualmoral)
– Wertvorstellungen unter den Bedingungen eingeschränkter Konkurrenz. Wenn Zeit nicht Geld ist
– Einflüsse osteuropäischer Mentalität und Kultur. Geselligkeit, Datschenwesen
– Das Kollektiv als Zweitfamilie. Zwischen Intrigen und Solidarität, Gängelung und Hilfsbereitschaft
– Die notgedrungene Sabotage des Konsumdenkens. Die Zweitrangigkeit von Geld als eigentliches Kapital.

Doch von all solchen Studien hört man nichts. Kommunismusforschung ist ausschließlich antikommunistische Forschung.«[2]

Wenn diese Fehlstellen und bewußten Fehlinterpretationen beklagt werden und das hier vorliegende Buch (sowie der Ergänzungsband) alternative Sichten ermöglichen will, dann müssen auch der Zustand und die Defizite der DDR-Forschung nach dem Untergang ihres Subjekts genauer bestimmt werden.

Recht breit sind die politischen Grundzüge des ostdeutschen Staates beschrieben, wobei meist totalitarismustheoretische Betrachtungen die Diskussion bestimmen.[3] Die berechtigte Kritik an den repressiven Zügen des Staats reduziert zugleich den gesellschaftlichen Alternativversuch zu einem auszutilgenden Irrweg deutscher Geschichte. Wer dessen humanitäre Utopien ernstnehmen will, der hat sich in dieser Sichtweise der Unfreiheit verschrieben.[4]

Das widerspiegelt sich nicht allein in den Berichten der Enquête-Kommissionen des Deutschen Bundestages,[5] sondern auch in vielen daraus abgeleiteten Publikationen, so in einem verbreiteten Sozialismus-Lexikon unter Leitung des damaligen Vorsitzenden der Enquête-Kommission, Reiner Eppelmann.[6]

Aber auch die Arbeiten der Autoren des Forschungsverbundes SED-Staat sind von dieser Herangehensweise bestimmt.[7] Deren zum Teil informative, faktengesättigte Untersuchungen können sich nicht frei machen von einer pauschalen Abwertung auch der diskussionswürdigen Konzepte der DDR-Gesellschaft. Für wen die Geschichte der DDR nur ein »Untergang auf Raten«[8] war, der wird in dieser Gesellschaft nichts Bewahrenswertes finden. Diese Darstellungen finden ihre Fortsetzung in der Publizistik und nicht zuletzt in den für die Orientierung der nachwachsenden Generationen wesentlichen Schulbüchern.[9]

Nach dem Ende des Staatssozialismus, damit auch der DDR, feierte der platte Antikommunismus des Kalten Krieges – sozusagen post mortem – noch einmal unfröhliche Urständ.[10] Diese Feindbild-Produktion schien schon überwunden – sie war vor dem Hintergrund der neuen Ostpolitik seit den 60er Jahren in der alten Bundesrepublik differenzierteren Einsichten gewichen.[11] Auf einmal schien es unter den Vorzeichen der immer noch wankenden Entspannung, daß der andere deutsche Staat aus seinem eigenen Selbstverständnis, seinem Alternativanspruch wahrgenommen werden konnte. Nicht mehr Feindbilder sollten etwa die DDR- und Ostforschung bestimmen, sondern eine systemimmanente Kritik, die jedoch genug Platz offen ließ, das realsozialistische Experiment an seinen eigenen Idealen zu messen.

Aus diesem Forschungsansatz entstanden auch heute noch lesenswerte Publikationen, die ein weit differenzierteres Bild der DDR zeichnen, als dies nach ihrem Ende möglich scheint.[12] Aber dieser Ansatz geriet nach dem Zusammenbruch der DDR unter scharfe Kritik, weil ihren theoretischen Vertretern eine bewußte (gar Stasi-gelenkte) oder zumindest unbewußte Komplizenschaft mit den undemokratischen Machthabern der DDR unterstellt wurde. Das (ja: jedes) sozialistische Experiment wurde in dieser dominierenden Lesart als von Anfang an verhängnisvoll und freiheitsfeindlich angesehen.[13]

Obendrein ist die Aufarbeitung der DDR- und Realsozialismusgeschichte auch noch unter den Vorzeichen einer nunmehr erfolgreich auch in der Bundesrepublik sich etablierenden neoliberalen Wirtschafts- und Sozialpolitik zu sehen.[14] Damit stehen alle sozialstaatlichen Eingriffe zur Herstellung von mehr Gerechtigkeit unter Generalverdacht. Allein das freie Spiel der Marktkräfte soll es richten. Die bundesdeutsche Erfolgsgeschichte der »sozialen Marktwirtschaft« wird so ebenso zu Makulatur wie die viel weitergehenden sozialdemokratischen und gewerkschaftlichen Reformansätze in der alten Bundesrepublik der 70er Jahre. Gar (reform-)sozialistische Modelle (zum Beispiel die polytechnische Didaktik oder die Agrargenossenschaften oder auch die Polikliniken) stehen völlig außer jeder Diskussion. Dabei wird übrigens allein vom bundesdeutschen (nicht zuletzt föderalstaatlichen) Erfahrungshorizont ausgegangen. Andere westeuropäische Erfahrungen wie etwa die weitgehende Verstaatlichung sozialer Dienste (z. B. in Schweden oder Großbritannien) oder die Ganztagsschule in Frankreich[15] werden überhaupt nicht als Vergleichsmaßstab akzeptiert.

... im Gegensatz zur ostdeutschen Erinnerung

Die stärkere Sozialpflichtigkeit der DDR findet sich aber im kollektiven Gedächtnis vieler Ostdeutscher wieder, wie diverse Umfrageergebnisse und Intensivbefragungen zeigen.[16] In diesem Meinungsumschwung, was DDR-Errungenschaften betrifft, ist ein nach dem ersten Wendeschock erneuertes Selbstbewußtsein vieler Ostdeutscher erkennbar, die in der Totalkritik der DDR auch eine Zerstörung ihrer eigenen Biografien festmachen. Rolf Reißig spricht als ostdeutscher Politikwissenschaftler in diesem Kontext bewußt von einem »sozial«-»demokratischen« Wertehaushalt der Ostdeutschen, was weniger ihren politischen und Parteipräferenzen geschuldet ist als vielmehr ihrer Stellung zu sozialstaatlicher Gestaltung der Lebensverhältnisse.[17]

Die westdeutsche Literaturwissenschaftlerin Aleida Assmann verweist auf unterschiedliche Gedächtnisformen: das kommunikative Gedächtnis der Individuen und Generationen, die keineswegs einsam und rein privat seien; das kollektive Gedächtnis im Spannungsverhältnis von Siegern und Verlierern, von Opfern und Tätern und das kulturelle Gedächtnis der Institutionen, Medien und Deutungen. Bei Individuen und auch sozialen oder anderen Gruppen wirken diese Gedächtnisse differenziert, so daß politisch gewünschte Gedächtnis-Selektionen nicht unbedingt funktionieren. Zudem: »Das *Sieger*- wie das *Verlierergedächtnis*, die beide zu einer starken affektiven Versetzung von Geschichtsdaten neigen, immunisieren gegen alternative Wahrnehmungen von Geschichte.[18]

So ist es auch heute zu beobachten. Westdeutschen Sozialwissenschaftlern fällt es schwer, diese gegensätzliche Gedächtnis-Grundlage zu verstehen. Trotzdem geben sie bei allem Ausschnittcharakter oft wesentliche Erfahrungen von DDR-Bürgern mit ihrer Gesellschaft wieder: eine starke Fixierung auf Arbeit als sozialen Bezugspunkt; eine eher auf das Kollektiv ausgerichtete soziale Beziehungserwartung; ein hohes Maß an Selbstbewußtsein der Frauen; Erinnerungen an soziale Aufstiegschancen früher sozial benachteiligter Schichten.

Sie zeigen die Lernfähigkeit der Befragten in der Transformation, das Einstellen auf die neuen Lebenssituationen, bei einigen auch das Engagement in den Gewerkschaften.

Die Wende selbst wurde unterschiedlich aufgenommen, auch wenn zur DDR nicht wenig Kritik geäußert wurde. Reformen und Freiheitsgewinn wurden als notwendig angesehen. Viele setzten ihre Hoffnungen auf die Idee eines Dritten Weges; die Einheit kam unerwartet. Die Enttäuschung über die Resultate des Einigungsprozesses und deren Auswirkungen auf das eigene Leben ist unverkennbar.[19]

Angesichts dieser Vorurteile und des Fehlens einer aktuellen Literatur ergibt sich für den nüchternen Betrachter der sozial-kulturellen Einrichtungen der DDR eine dreifache Herausforderung: Das notwendige Ausgraben und Wiedererinnern derartiger Einrichtungen in der DDR; ihre Entkleidung von den ideologischen Idealisierungen der SED und schließlich ihre nüchterne Wertung hinsichtlich ihrer Schwachpunkte wie auch ihrer tatsächlichen Leistungen und ihrer möglichen Beispielwirkung unter heutigen Bedingungen.

Es gibt einige Monographien[20] aus der DDR, die für ein Auffinden und Beschreiben dieser Einrichtungen heranzuziehen sind. Das verwendete statistische Material unterlag allerdings in besonderer Weise der Manipulation, so daß hier zweckmäßigerweise allein das letzte Statistische Jahrbuch der DDR[21] als verläßlich herangezogen werden kann, wobei auf dessen Grundlage ältere Statistiken durchaus einer kritischen Prüfung unterzogen werden können.[22]

Hervorzuheben ist eine durch das Institut für Soziologie und Sozialpolitik der Akademie der Wissenschaften 1989/90 durchgeführte sehr sorgfältige Bestandsaufnahme der DDR-Gesellschaft in einem »DDR-Sozialreport«[23], der in seinen Gewichtungen Leistungen wie Schwachstellen schonungslos offenlegte.

Eine nähere Sichtung ergibt, daß die überschaubare Literatur trotzdem realistische Ansätze enthält, wenn auf einige Untersuchungen kritischer westdeutscher Sozialwissenschaftler und ausgewählte Projekte ost-westdeutscher Wissenschaftskooperation zurückgegriffen wird, die bezeichnenderweise jedoch oftmals kaum oder überhaupt nicht öffentlich gefördert wurden (und werden).

Das betrifft für den hier interessierenden Zusammenhang zum einen Studien zur Sozialstruktur der DDR, die auch wesentliche Aussagen zu Fragen der sozialen Gleichheit und den Bildungs- wie Aufstiegsmöglichkeiten oder der Rolle der Frau in der Gesellschaft enthalten.[24] Das betrifft aber auch faktenreiche Darstellungen zum Funktionieren der DDR, ihres politischen Systems und der Gesellschaft in ihrer Gesamtheit wie auf einzelnen Politikfeldern.[25]

Auffällig bei vielen Untersuchungen ist der problematische oder gar fehlende Vergleich mit anderen Gesellschaften und ihren Strukturen. Oft erscheint die DDR als abgelegene Insel, die in ihrer Entwicklung nur aus sich selbst heraus zu erklären ist. Höchstens wird die Sowjetunion als Vormund und Vormacht mehr oder minder für alle Irrwege der DDR verantwortlich gemacht[26] und die Bundesrepublik als der heimliche und tatsächlich einzige Bezugspunkt der Sehnsüchte der Bürger[27] dargestellt.

Dabei ist der Rückgriff auf die wiederbelebte Totalitarismustheorie und infolgedessen der Vergleich mit dem Nationalsozialismus schnell zur Hand. Mit Recht wurde dies kritisiert, eine Gleichsetzung beider Systeme abgelehnt, aber auch die Vergleichbarkeit problematisiert. Hier ist auf einen von Hans Günter Hockerts herausgegebenen Sammelband zu verweisen, der einen sinnvolleren komparatistischen Zugang durch Verknüpfung des Diktaturenvergleichs mit einem Ost-West-Vergleich gefunden hat.[28] Dieses Vorgehen ist weit differenzierter, auch wenn ein Messen an anderen Staaten und Systemen nur am Rande erfolgt.

Hervorgehoben wird die relative Eigenständigkeit der DDR-Sozialpolitik gegenüber der östlichen Führungsmacht. Nicht »Sowjetisierung«, sondern das Aufgreifen deutscher Traditionsbestände und Konzepte der Weimarer Republik, eingeordnet in einen neuen Kontext, ließen Ideen der Arbeiterbewegung (auch der sozialdemokratischen) Wirklichkeit werden.[29]

Berechtigt wird darauf verwiesen, daß viele in der DDR umgesetzte Ideen durchaus auch in anderen Ländern praktiziert wurden – z. B. das verstaatlichte National Health System und das National Minimum als Mindestrente in Großbritannien. Bemerkenswert ist die Einsicht: »Ein allein auf die deutsche Arena zentrierter Blickwinkel hat also ... Tücken. Denn er hält nach 1933 nur die westdeutsche Meßlatte als eine demokratische bereit.

Aber nicht alles, was von der westdeutschen Norm abweicht, ist diktaturspezifisch, wie umgekehrt auch nicht alles Westdeutsche demokratiespezifisch ist.«[30] Trotzdem wird auch in diesem Buch die bundesdeutsche Lösung als »Königsweg« bilanziert.

Bei allen kritisch anzumerkenden Einschränkungen ist ein solches komparatistisches, nicht allein auf Westdeutschland als Vorbild fixiertes Vorgehen am ehesten dazu angetan, Fakten, Leistungen wie Grenzen von sozial-kulturellen Einrichtungen in der DDR herauszuarbeiten und sie zu würdigen. Bemerkenswerterweise sind solche weit gefaßten Untersuchungen bei einer Reihe kritischer Publikationen von Frauenforscherinnen aus Ost und West zu finden, die ausgehend von einem Unbehagen über die westdeutschen und nun gesamtdeutschen Fortschritte auf diesem Gebiet sehr genau abwägen, was in der DDR vorhanden war, und die auch Verluste im Prozeß der Einheit konstatieren.[31]

Ähnlich ragen Vergleiche im Kulturbereich im weitesten Sinne heraus, die die spannungsvollen Verhältnisse und Bezüge der beiden deutschen Kultur- und Kunstwelten zu einander in Bezug setzen. So unternahm »Die Zeit« 1999 einen entsprechenden Versuch in einer Serie über Kunst im geteilten Deutschland, die den bezeichnenden Kurztitel »Feindkultur« trägt.[32]

Ähnlichkeiten und korrespondierende Momente enthüllen auch vergleichende Untersuchungen zur Architektur beider deutscher Staaten, ohne jedoch die sozialistische Eigenständigkeit von DDR-Entwicklungen einer Gesellschaft jenseits von Profitorientierung zu leugnen, selbstredend auch massive politische Einflußnahme aufzeigend.[33]

Auch die Ansätze eines Ost-West-Kunst-Vergleichs im Vilmarschen Artikel in diesem Sammelband zur adäquateren Einschätzung der ostdeutschen Malerei gehen in diese Richtung.

Die Fürsorgediktatur

Der eingangs beklagte Mangel an Studien zur gesellschaftlichen (nicht zuletzt: alltäglichen) Situation in der DDR – statt bloßer Fixierung auf die SED-Diktatur – wird in der letzten Zeit hier und da aufgearbeitet. Autoren setzen vermehrt »am Widerspruch zwischen dem Diktaturcharakter des SED-Regimes und den Erfahrungen relativer Normalität des alltäglichen Lebens in der DDR an«.[34]

So wollen Thomas Lindenberger und Mitautoren, daß »nicht die Geschichte der DDR, sondern der in der DDR lebenden Menschen

… in den Mittelpunkt gerückt werden (soll). Diese Betrachtungsweise fragt nach dem Sinn, den das Leben in der DDR hatte, den Menschen ihm jeweils beimaßen und zu geben suchten.«[35]

Dabei fällt es auch diesen Autoren schwer, mit dem Phänomen DDR-Gesellschaft umzugehen. Ein SED-Regime soll eine Gesellschaft kontrolliert, geprägt und ausgehalten haben? Angesichts der Befunde der Politikgeschichte mit ihrem Nachweis von Repression und Indoktrination ein Ding der Unmöglichkeit. Verlegenheitslösungen bestimmen seit Jahren den historischen und politischen Diskurs. Von der *durchherrschten Gesellschaft* spricht Jürgen Kocka, um den durchgängigen politischen Zugriff der SED-Führung auf alle gesellschaftlichen Bereiche zu veranschaulichen.[36] Es wird daran erinnert, daß die DDR im Vergleich zu anderen wohl eher eine »kommode Diktatur«[37] war oder auf das Konzept einer Erziehungsdiktatur verwiesen. Konrad H. Jarausch hat den diesbezüglich wohl treffenden Gedanken von der *Fürsorgediktatur* in die Diskussion eingeführt.[38]

Alle verbindet eine Betonung des Politischen, eines von der SED und ihrer Führung durchgesetzten Anspruchs auf Herrschaft und Gesellschaftsgestaltung bis hin zum letzten Individuum.

Nun ist sicher jede Gesellschaft durch politische Strukturen des Staates, der Parteien und Verbände charakterisiert, die die Zivilgesellschaft zumindest beeinflussen. Und natürlich unterscheiden sich westliche Gesellschaften dadurch, daß hier die Wirtschaftsmechanismen, nur scheinbar politikfern, die Geschicke der gesamten Gesellschaft beeinflussen – und, wie seit der Globalisierungsdiskussion zunehmend offenbar wurde, keineswegs nur indirekt und fern jeder politischen Absicht.

Mit dem Aufzeigen von Grenzen der Diktatur wird von der Möglichkeit ausgegangen, daß die Menschen ihrem Leben einen Eigen-Sinn entgegen oder zumindest in Differenz zum System mit seinen Herrschaftsmechanismen geben. (In unseren Sammelbänden wird das exemplarisch in den Studien über die ostdeutschen Maler und den DDR-Rock verdeutlicht.)

Das Problem all dieser Überlegungen zu Grenzen der Diktatur ist der Verzicht auf eine differenziert-kritische Sicht auf die Diktatur selbst und die sie ausführenden Eliten. Denn im Unterschied zu anderen Diktaturen vertrat die sozialistische der DDR eben doch humanistische Ideale der Arbeiterbewegung, allerdings mit der wesentlichen Strukturschwäche der mangelnden Demokratie, der einseitigen Sicht allein auf soziale Menschenrechte, der Überzeugung, daß für das Verwirklichen der großen Ideale letztlich alle Mittel recht seien.

Ebenso zweifelhaft ist die Reduzierung der sozialpolitischen Aktivitäten der SED-Führung auf rein machtpolitische Überlegungen.[39] Wenn ein ansonsten sehr anregender Aufsatz zum industriellen Fischfang in der DDR unter der Prämisse steht, daß eine der Schlußfolgerungen aus dem 17. Juni 1953 darin bestand, »der sozialen Unzufriedenheit in der Bevölkerung mit einer ›fürsorglichen‹ Konsumpolitik zu begegnen«[40], so stimmt das natürlich. Aber das ist eben nur die halbe Wahrheit. Oder ist eine sich sozialistisch verstehende Macht nicht von ihrem Selbstverständnis her gehalten, diejenigen, die sie vertreten und führen will, gut zu versorgen?[41]

Gerade unter diesen Vorzeichen sind breiter angelegte Arbeiten zum Alltag in der DDR besonders geeignet, wesentliche Aspekte dieser Gesellschaft genauer zu erfassen.[42] Wobei naturgemäß auch hier jene Arbeiten wenig zur Erhellung beitragen, die von totalitarismustheoretischen und zusammenbruchsorientierten Ansätzen ausgehen.[43]

Erklärungsversuche der DDR-Gesellschaft aus ihrem inneren Zusammenhang heraus erweisen sich dagegen als anregend.[44]

Bei der Vorbereitung auf die Arbeit an dem vorliegenden Buch stießen die Herausgeber auf eine alte Arbeit von Walter Möller und Fritz Vilmar. 1972 suchten diese eine Friedenspolitik in Europa zu begründen und banden deren Erfolg an Gesellschaftsreformen in West und Ost. Als eine wesentliche Bedingung für die Überwindung von Feindbildern und das erfolgreiche Miteinanderarbeiten anstelle der Konfrontationspolitik forderten sie eine Darstellungsweise, »in der alle positiven, konstruktiv neuen Strukturen und Normen von Einrichtungen der DDR voll zur Geltung kommen und als produktive Herausforderung zu den entsprechenden gesellschaftlichen Strukturen in der BRD in Beziehung gebracht werden«.[45] Sie wollten für eine faire, friedenspolitisch wirksame Information über die beiden Gesellschaftssysteme eine vierfache Brechung der einzelnen Darstellungen gesichert wissen: durch einen Experten der DDR, eine kritische Stimme der östlichen Diskussion, ein Votum eines konservativ eingestellten Fachmanns aus der Bundesrepublik und ein weiteres durch einen sozialkritisch bzw. sozialistisch eingestellten westlichen Fachmann.[46]

Trotz manch positiver Ansätze der DDR-Forschung der 70er und 80er Jahre fand genau dieses Herangehen letztlich weder vor noch erst recht nach Wende und Ende des ostdeutschen Staates statt. Die in diesem Buch vorgestellten Überlegungen und Untersuchungen sollten Ansätze sein für ein Zusammenwachsen beider deutscher Seiten, aber auch für die möglicherweise auch in der alten und nun vereinten Bundesrepublik erforderlichen gesellschaftlichen Reformen.

Und es ist daran zu erinnern, daß im friedlichen Umbruch des Herbstes 1989 genau ein solcher Versuch mit der Arbeit des Zentralen Runden Tisches[47] und seines von allen politischen Kräften getragenen Verfassungsentwurfs[48] unternommen wurde.

Aber weder die Bewahrung einer eigenständigen DDR noch ein gleichberechtigtes Zusammengehen der DDR mit der BRD war aufgrund der Furcht vieler DDR-Bürger vor neuen Experimenten und der westdeutschen Dominanz möglich.

1 Siehe u.a. Thomas Ahbe, Ostalgie als Selbstermächtigung. Zur produktiven Stabilisierung ostdeutscher Identität, in: Deutschland-Archiv, Köln bzw. Opladen (im: weiteren: DA), H. 2/1996, S. 614-619; ders., Ostalgie als Laienpraxis. Einordnung, Bedingungen, Funktion, in: Berliner Debatte Initial (im weiteren: Initial), H. 3/1999, S. 87-97; Thomas Koch, Eine Nation – zwei politische Kulturen?, in: DA, H. 4/1998, S. 624-628; ders., Wohin treibt der Osten? Parteienwettbewerb und Deutungsmacht in vermeintlichem Niemandsland, in: ebd., H. 3/1999, S. 440-451; Rolf Reißig, Die Ostdeutschen – zehn Jahre nach der Wende. Einstellungen – Wertemuster – Identitätsbildungen, in: Fritz Vilmar (Hrsg.), Zehn Jahre Vereinigungspolitik. Kritische Bilanz und humane Alternativen, Berlin 2000, S. 51-69.

2 Daniela Dahn, Vereintes Land – geteilte Freude. Über das Gefühl der Ostdeutschen, sich für ihre Identität entschuldigen zu müssen, in: Frankfurter Rundschau vom 2. Oktober 2001; ausführlich in dem Beitrag der Autorin in Willy-Brandt-Kreis (Hrsg.), Zur Lage der Nation. Leitgedanken für eine Politik der Berliner Republik, Berlin 2001.

3 Siehe u.v.a. Jürgen Weber, Die DDR – eine totalitäre Diktatur von Anfang an: zur Einleitung, in: ders. (Hg.), Der SED-Staat: Neues über eine vergangene Diktatur, München 1994; Wolfgang-Uwe Friedrich (Hrsg.), Die totalitäre Herrschaft der SED. Wirklichkeit und Nachwirkungen, München 1998.

4 Nachdrücklich haben dies Stéphane Courtois in seinem Einleitungsbeitrag »Die Verbrechen des Kommunismus« und die in der deutschen Ausgabe zusätzlich aufgenommen Beiträge von Ehrhardt Neubert und Joachim Gauck in: Stéphane Courtois u.a. (Hrsg.), Das Schwarzbuch des Kommunismus. Unterdrückung, Verbrechen und Terror, München-Zürich 1999 demonstriert. Vgl. zum Ansatz u.a. auch Joachim Fest, Der zerstörte Traum. Vom Ende des utopischen Zeitalters. Berlin 1991; Hans Maier (Hrsg.), Wege in die Gewalt. Die modernen politischen Religionen, Frankfurt/M. 2000.

5 Zur Arbeit der Enquête-Komission siehe den Beitrag von Amelie Kutter im vorliegenden Band. Zu unterscheiden von den politisch motivierten Berichten sind die vielen gesammelten Studien und Zeitzeugenschaften, deren Auswahl natürlich auch durch die politisch bestimmenden Kräfte beeinflußt ist, die aber in der Mehrzahl wissenschaftlichen Kriterien gerecht werden. Vgl. Deutscher Bundestag (Hrsg.), Materialien der Enquête-Kommission Aufarbeitung von Geschichte und Folgen der SED-Diktatur in Deutschland (12. Wahlperiode des Deutschen Bundestages), Baden-Baden-Frankfurt/M. 1995; Deutscher Bundestag (Hrsg.), Materialien der Enquête-Kommission Überwindung der Folgen der SED-Diktatur im Prozeß der deutschen Einheit (13. Wahlperiode des Deutschen Bundestages), Baden-Baden-Frankfurt/M. 1999.

6 Siehe Rainer Eppelmann, Horst Möller, Günter Nooke, Dorothee Wilms (Hg.), Lexikon des DDR-Sozialismus. Das Staats- und Gesellschaftssystem der Deutschen Demokratischen Republik, Paderborn-München-Wien-Zürich 1996.

7 Siehe Klaus Schroeder (Hrsg.), Geschichte und Transformation des SED-Staates. Beiträge und Analysen, Berlin 1994; Klaus Schroeder unter Mitarbeit von Steffen Alisch, Der SED-Staat. Partei, Staat und Gesellschaft 1949-1990, München-Wien 1998; Klaus Schroeder, Der Preis der Einheit. Eine Bilanz, München-Wien 2000.

8 Siehe Armin Mitter, Stefan Wolle, Untergang auf Raten. Unbekannte Kapitel der DDR-Geschichte, München 1993.

9 Siehe u.a. Heike Christina Mätzing, Die sozialistische Vergangenheit in deutschen Schulbüchern – zum Umgang mit einem schwierigen Thema, in: Isabelle de Keghel, Robert Maier (Hrsg.), Auf den Kehrrichthaufen der Geschichte? Der Umgang mit der sozialistischen Vergangenheit, Hannover 1999, S. 35-50; Gerhard Neuner, Eine Fußnote der Geschichte? Das DDR-Bild in heutigen Schulbüchern, in: Utopie kreativ, Berlin, H. 108 (1999), S. 31-40; ders., Objektivität in Geschichtslehrbüchern? DDR-Geschichte in Lehrwerken der neuen Generation, in: ebd., Sonderheft (2000), S. 67-79.

10 Siehe kritisch dazu u.a. Wolfgang Dümcke, Das Bild der DDR in der Politikwissenschaft der Bundesrepublik nach 1990, in: Initial, H. 2-3/1998, S. 59 bis 70; Lothar Steinbach, DDR-Historie zwischen Wissenschaftlichkeit und Politik. Anmerkungen zu unterschiedlichen Forschungsansätzen und kontroversen Bewertungen, in: Aus Politik und Zeitgeschichte – Beilage zu Das Parlament, Bonn (im weiteren: Aus Politik), H. B 45/98, S. 31-44; Christoph Kleßmann, Der schwierige gesamtdeutsche Umgang mit der DDR-Geschichte, in: ebd., H. B 30-31/2001, S. 3-5.

11 Siehe zeitgenössisch stellvertretend für diese neue Art von Literatur über die DDR: Marion Gräfin Dönhoff, Rudolf Walter Leonhardt, Theo Sommer, Reise in ein fernes Land. Bericht über Kultur, Wirtschaft und Politik in der DDR. Hamburg 1964, 4. Aufl.

12 Siehe Karl-Heinz Eckhardt, Die DDR im Systemvergleich. Didaktisches Sachbuch zum Verständnis von Plan- und Marktwirtschaft. Erläuterungen – Materialien – Arbeitsvorschläge, Reinbek bei Hamburg 1981; Helga Michalsky, Sozialpolitik im Systemvergleich – Bundesrepublik Deutschland und DDR, in: SOWI – Sozialwissenschaftliche Informationen für Unterricht und Studium, Stuttgart, H. 3/1982, S. 89-96; Hartmut Zimmermann (Wissenschaftliche Leitung unter Mitarbeit von Horst Ulrich und Michael Fehlauer), DDR-Handbuch, Bd. 1 A-L/Bd. 2 M-Z, Köln 1985, 3., überarb. Aufl.; Werner Weidenfeld, Hartmut Zimmermann (Hrsg.), Deutschland-Handbuch. Eine doppelte Bilanz 1949-1989, München-Wien 1989; Landeszentrale für politische Bildung Baden Württemberg (Hrsg.), Politische Kultur in der DDR. Redaktion: Hans-Georg Wehling. Stuttgart-Berlin-Köln 1989.

13 Exemplarisch für diese Debatte: Klaus Schroeder, Jochen Staadt, Der diskrete Charme des Status quo: DDR-Forschung in der Ära der Entspannungspolitik, in: Leviathan, Opladen, H. 1/1993, S. 24-63; Wolf-Dieter Narr, Lernen aus dem Zusammenbruch der DDR. Ergänzende Notate zum Artikel von Klaus Schroeder und Jochen Staadt, in: ebd., H. 1/1993, S. 64-68; Klaus Schroeder, Jochen Staadt, Die Kunst des Aussitzens, in: Klaus Schroeder (Hrsg.), Geschichte und Transformation des SED-Staates. Beiträge und Analysen, Berlin 1994, S. 347-354; Rüdiger Thomas, Leistungen und Defizite der DDR- und vergleichenden Deutschlandforschung, in: Heiner Timmermann (Hrsg.), DDR-Forschung. Bilanz und Perspektiven, Berlin 1995, S. 13-28; Jens Hacker, Leistungen und Defizite der DDR- und vergleichenden Deutschlandforschung. Eine kritische Reflektion, in: ebd., S. 29-40; Klaus Schroeder, Jochen Staadt, Zeitgeschichte in Deutschland vor und nach 1989, in: Aus Politik, H. B 26/97, S. 15-29.

14 Schon unmittelbar zu Zeiten des Wahlkampfes in der Noch-DDR wurde diese mit einschlägigen Publikationen überschwemmt. Siehe z.B. Volkhard Laitenberger, Friederike Enders, Gegenübergestellt: Soziale Marktwirtschaft und sozialistische Errungenschaften, Melle 1990. Dagegen blieben differenzierte

konservative Aufklärungsversuche eher randständig, auch wenn sie von Politikern der neuen politischen Kräfte getragen wurden, z.B.: Lutz Wicke, Lothar de Maizière, Thomas de Maizière, Öko-Soziale Marktwirtschaft für Ost und West. Der Weg aus Wirtschafts- und Umweltkrise, München o.J. (1990).

15 Siehe z.B. Hartmut Kaelble, Die Gesellschaft der DDR im internationalen Vergleich, in: ders., Jürgen Kocka, Hartmut Zwahr (Hrsg.), Sozialgeschichte der DDR, Stuttgart 1994, S. 559-579; vgl. auch Mechthild Veil, Ideologische Tabus und Traditionslinien. Deutschland und Frankreich im Vergleich/Mechthild Veil über die unterschiedlichen sozialpolitischen Modelle der beiden Staaten, in: Frankfurter Rundschau vom 9. März 2000.

16 Siehe Gunnar Winkler, Ostidentität – ein Sichfinden im Gestern und Heute?, in: Sozialreport. Daten und Fakten zur sozialen Lage in den neuen Bundesländern. Hrsg. vom Sozialwissenschaftlichen Forschungszentrum Berlin-Brandenburg e.V./Hans-Böckler-Stiftung, Berlin, I. Quartal 1997, S. 4; siehe auch Reinhard Liebscher, Gunnar Winkler, Werte und Wertewandel, in: ebd. H. III. Quartal 1996, S. 3-8; Siehe Jürgen Hofmann, Erhard Weckesser, Identitätswandel in den neuen Bundesländern, in: ebd. H. I. Quartal 1996, S. 8/9; siehe auch Jürgen Hofmann, Zwischen Hoffnung und Ernüchterung: Über ostdeutsche Erfahrungen mit der deutschen Einheit und der Gesellschaft der Bundesrepublik, in: Utopie kreativ, Berlin, H. 43/44 (1994), S. 48-63; Detlef Eckert, Jürgen Hofmann, Helmut Meier, Zwischen Anschluß und Ankunft. Identitätskonflikte und Jürgen Hofmann, Identitätssuche der Ostdeutschen auf dem Weg zum Bundesbürger. Hrsg. Brandenburger Verein für politische Bildung Rosa Luxemburg e.V., Potsdam 1992; Rolf Reißig, Die gespaltene Vereinigungsgesellschaft. Bilanz und Perspektiven der Transformation Ostdeutschlands und der deutschen Vereinigung, Berlin 2000, S. 89; vgl. auch ders., Die Ostdeutschen – zehn Jahre nach der Wende. Einstellungen – Wertemuster – Identitätsbildungen, in: Fritz Vilmar (Hrsg.), Zehn Jahre Vereinigungspolitik. a.a.O., S. 51-69; Hans Steußloff, Zur Identität der Ostdeutschen. Merkmale und Tendenzen eines Phänomens, hefte zur ddr-geschichte, H. 66, Berlin 2000; siehe auch Jürgen Hofmann, Identifikation und kritische Distanz. Ostdeutsche Meinungsbilder zur DDR im Spiegel der Untersuchungsreihe ident 1990 bis 1999, in: Jenaer Forum für Bildung und Wissenschaft e.V. (Hrsg.), Das lange, kurze Leben der DDR. Protokoll der Tagung Das lange Leben der DDR. Makel und Fußnote der Geschichte des 20. Jahrhunderts, Jena 2000, S. 21-38.

17 Siehe Rolf Reißig, Die gespaltene Vereinigungsgesellschaft, a.a.O., S. 89; vgl. auch ders.: Die Ostdeutschen – zehn Jahre nach der Wende. Einstellungen – Wertemuster – Identitätsbildungen. In: Fritz Vilmar (Hrsg.), Zehn Jahre Vereinigungspolitik. a.a.O., S. 51-69.

18 Aleida Assmann, Ute Frevert, Geschichtsvergessenheit – Geschichtsversessenheit. Vom Umgang mit deutschen Vergangenheiten nach 1945, Stuttgart 1999, S. 42.

19 Siehe z.B. Rainer Zoll, (Hrsg. unter Mitarbeit von Thomas Rausch), Ostdeutsche Biographien. Lebenswelt im Umbruch, Frankfurt/M. 1999; vgl. auch schon unmittelbar vor der Wende geführte Interviews: Lutz Niethammer, Alexander von Plato, Dorothee Wierling, Die volkseigene Erfahrung. Eine Archäologie des Lebens in der Industrieprovinz der DDR – 30 biographische Eröffnungen, Berlin 1991.

20 Siehe Gunnar Winkler (Hrsg.), Lexikon der Sozialpolitik, Berlin 1987; Günter

Manz, Gunnar Winkler (Hrsg.), Sozialpolitik, Berlin 1988, 2. erw. Aufl.; Gunnar Winkler (Hrsg.), Geschichte der Sozialpolitik der DDR 1945-1985, Berlin 1989; vgl. aus heutiger Sicht kritisch und selbstkritisch: Günter Manz, Ekkehard Sachse, Gunnar Winkler (Hrsg.), Sozialpolitik in der DDR. Ziele und Wirklichkeit, Berlin 2001.

21 Siehe Statistisches Amt der DDR (Hrsg.): Statistisches Jahrbuch '90 der Deutschen Demokratischen Republik. Berlin 1990.

22 Bemerkenswert ist die schwindende Aussagekraft der gesamtdeutschen sozialwissenschaftlich aufbereiteten Statistik des Datenreports, die in regelmäßigen Abständen als Gemeinschaftswerk von Statistischem Bundesamt, Wissenschaftszentrum Berlin und dem Mannheimer Zentrum für Umfragen, Methoden und Analysen erscheint. Siehe z.B. Statistisches Bundesamt (Hrsg.) in Zusammenarbeit mit dem Wissenschaftszentrum Berlin für Sozialforschung und dem Zentrum für Umfragen, Methoden und Analysen, Mannheim, Datenreport 1992. Zahlen und Fakten über die Bundesrepublik Deutschland, Bonn 1992; dies. (Hrsg.), Datenreport 1994, Bonn 1994; dies. (Hrsg.), Datenreport 1997, Bonn 1997; dies. (Hrsg.), Datenreport 1999, Bonn 1999.

23 Siehe Gunnar Winkler (Hrsg.), Sozialreport '90. Daten und Fakten zur sozialen Lage in der DDR, Berlin 1990 (Dieser Sozialreport wurde vom Herausgeber in den folgenden Jahren für Ostdeutschland weitergeführt und widerspiegelt die Probleme des Transformationsprozesses Ostdeutschlands.); ders. (Hrsg.): Frauenreport '90, Berlin 1990, 2., unveränd. Aufl.

24 Siehe u.a. Frank Adler, Das Bermuda-Dreieck des Realsozialismus: Machtmonopolisierung – Entsubjektivierung – Nivellierung. Rückblicke auf die Gesellschafts- und Sozialstruktur der DDR und ihre Erosion, in: BISS public, Berlin, H. 2/1991, S. 5-46; ders., Ansätze zur Rekonstruktion der Sozialstruktur des DDR-Realsozialismus, in: Berliner Journal für Soziologie, Berlin, H. 1/1991, S. 157-175; Ingrid Lötsch, Manfred Lötsch, Gesellschaftsentwicklung zwischen Nivellierung und Elitebildung, in: Michael Thomas (Hrsg.), Abbruch und Aufbau. Sozialwissenschaften im Transformationsprozeß. Erfahrungen – Ansätze – Analysen, Berlin 1992, S. 93-108; Lutz Niethammer, Erfahrungen und Strukturen. Prolegomena zu einer Geschichte der Gesellschaft der DDR, in: Hartmut Kaelble, Jürgen Kocka, Hartmut Zwahr (Hrsg.), Sozialgeschichte der DDR, a.a.O., S. 95-115; Heike Solga, Die Etablierung einer Klassengesellschaft in der DDR: Anspruch und Wirklichkeit der Postulate sozialer Gleichheit, in: Johannes Huinink, Karl Ulrich Mayer, Martin Diewald, Heike Solga, Annemette Sörensen, Heike Trappe, Kollektiv und Eigensinn. Lebensverläufe in der DDR und danach, Berlin 1995, S. 45-88; Rainer Geißler, Die Sozialstruktur Deutschlands. Zur gesellschaftlichen Entwicklung mit einer Zwischenbilanz zur Vereinigung. Mit einem Beitrag von Thomas Meyer, Opladen 1996, 2. neubearb. und erw. Aufl.; Siegfried Grundmann, Zur Sozialstruktur der DDR, in: Evemarie Badstübner (Hrsg.), Befremdlich anders. Leben in der DDR, Berlin 2000, 2. Aufl., S. 20-62.

25 Siehe Andreas Herbst, Gerd-Rüdiger Stephan, Jürgen Winkler (Hg.), Die SED. Geschichte – Organisation – Politik. Ein Handbuch. In Zusammenarbeit mit Christine Krauss und Detlef Nakath (Gesamtredaktion), Berlin 1997.

26 Zu einer differenzierten Sicht der sowjetischen Einflußnahme auf DDR-Politik und -Gesellschaft vgl. u.a. Konrad Jarausch, Hannes Siegrist (Hg.), Amerikanisierung und Sowjetisierung in Deutschland 1945-1970, Frankfurt/M.-New York 1997; Jörg Roesler, Der Handlungsspielraum der DDR-Führung gegen-

über der UdSSR. Zu einem Schlüsselproblem des Verständnisses der DDR-Geschichte, in: Zeitschrift für Geschichtswissenschaft, Berlin, H. 4/1993, S. 293-304.

27 Siehe Stefan Wolle, Die heile Welt der Diktatur. Alltag und Herrschaft in der DDR 1971-1989, Berlin 1998.

28 Siehe Hans Günter Hockerts (Hrsg.), Drei Wege deutscher Sozialstaatlichkeit. NS-Diktatur, Bundesrepublik und DDR im Vergleich, München 1998; bereits früher hat sich Hockerts kritisch zu den Möglichkeiten eines positiven Umgangs mit der DDR geäußert: ders., Grundlinien und soziale Folgen der Sozialpolitik in der DDR, in: Hartmut Kaelble, Jürgen Kocka, Hartmut Zwahr (Hrsg.), Sozialgeschichte der DDR, a.a.O., S. 519-544; ders., Soziale Errungenschaften? Zum sozialpolitischen Legitimationsanspruch der zweiten deutschen Diktatur, in: Jürgen Kocka, Hans-Jürgen Puhle, Klaus Tenfelde (Hrsg.), Von der Arbeiterbewegung zum modernen Sozialstaat. Festschrift für Gerhard A. Ritter, München-New Providence-London-Paris 1994, S. 790-804.

29 Ebd., S. 9

30 Hans Günter Hockerets, Einführung, in ebd., S. 16

31 Siehe z.B. Kerstin Bast, Ilona Ostner, Ehe und Familie in der Sozialpolitik der DDR und BRD – ein Vergleich, in: Winfried Schmähl (Hrsg.), Sozialpolitik im Prozeß der deutschen Vereinigung, Frankfurt/M.-München 1992, S. 228-270; Gunilla-Friederike Budde (Hrsg.), Frauen arbeiten. Weibliche Erwerbstätigkeit in Ost- und Westdeutschland nach 1945, Göttingen 1997; dies., Tüchtige Traktoristinnen und schicke Stenotypistinnen. Frauenbilder in den deutschen Nachkriegsgesellschaften – Tendenzen der Sowjetisierung und Amerikanisierung?, in: Konrad Jarausch, Hannes Siegrist (Hg.), Amerikanisierung und Sowjetisierung in Deutschland 1945-1970, Frankfurt/M.-New York 1997, S. 242-273; Gisela Helwig, Hildegard Maria Nickel (Hrsg.), Frauen in Deutschland 1945-1992, Berlin 1993; Annemette Sörensen, Heike Trappe, Frauen und Männer: Gleichberechtigung – Gleichstellung – Gleichheit, in: Johannes Huinink, Karl Ulrich Mayer, Martin Diewald/Heike Solga, Annemette Sörensen, Heike Trappe, Kollektiv und Eigensinn, a.a.O., S. 189-222.

32 Siehe Fritz J. Raddatz, Das denunzierte Wort. Verbot, Verrat, Verfolgung: Wie Macht und Ideologie das Schreiben vergifteten, in: Die Zeit, Hamburg, H. 42/1999, S. 18-21; ders., Eiserner Vorhang, kalte Zeit. Dreck werden immer die anderen, in: ebd., H. 43/1999, S. 63-68; Enno Patalas, Die zerrissene Leinwand. Zweimal Kino deutsch, 1945 bis heute, in: ebd., H. 44/1999, S. 61 bis 65; Hans Platschek, Gerahmte Dogmen. Deutsche Bilder, von 1945 bis heute, oder: Wie hätte Adolf Hitler nach dem Krieg gemalt?, in: ebd., H. 45/ 1999, S. 65-69; Manfred Sack, Deutschland im Bau. Architektur und Städtebau nach 1945: Stalinallee, Stahlbeton, Plattenbau, Postmoderne, in: ebd., H. 46/1999, S. 49-56.

33 Siehe z.B. Werner Durth, Von der Auflösung der Städte zur Architektur des Wiederaufbaus, in: Gabi Dolff-Bonekämper, Hiltrud Kier (Hrsg.), Städtebau und Staatsbau im 20. Jahrhundert, München-Berlin 1996, S. 17-38; Thomas Topfstedt, Die nachholende Moderne. Architektur und Städtebau in der DDR während der 50er und 60er Jahre, in: ebd., S. 39-54.

34 Konrad H. Jarausch, Christoph Kleßmann, Vorwort zu den Sammelbänden Herrschaftsstrukturen und Erfahrungsdimensionen der DDR-Geschichte, in: Thomas Lindenberger (Hg.), Herrschaft und Eigen-Sinn in der Diktatur. Studien zur Gesellschaftsgeschichte der DDR, Köln-Weimar-Wien 1999, S. 11.

35 Thomas Lindenberger, Die Diktatur in Grenzen. Zur Einleitung, in: ebd., S. 18; vgl. ders., Alltagsgeschichte und ihr möglicher Beitrag zu einer Gesellschaftsgeschichte der DDR, in: Richard Bessel, Ralph Jessen (Hrsg.), Die Grenzen der Diktatur. Staat und Gesellschaft in der DDR, Göttingen 1996, S. 298-325.
36 Siehe Jürgen Kocka, Eine durchherrschte Gesellschaft, in: Hartmut Kaelble, Jürgen Kocka, Hartmut Zwahr (Hrsg.), Sozialgeschichte der DDR, a.a.O., S. 547-553.
37 Siehe Wolfgang Engler, Kommode Diktatur oder totalitäres System? Die DDR im Kreuzverhör der Enquête-Kommission, in: Soziologische Revue, München, H. 4/1996, S. 443-449.
38 Siehe Konrad H. Jarausch, Realer Sozialismus als Fürsorgediktatur. Zur begrifflichen Einordnung der DDR, in: Aus Politik, H. B 20/98, S. 33-46.
39 Typisch für diesen Ansatz bei gleichzeitiger Negierung sozialer Ansätze in der DDR in vielen Beiträgen siehe die im Auftrag des Bundesministeriums des Innern erstellten Sammelbände: Eberhard Kuhrt in Verbindung mit Hannsjörg F. Buck und Gunter Holzweißig (Hrsg.), Am Ende des realen Sozialismus. Beiträge zu einer Bestandsaufnahme der DDR-Wirklichkeit in den 80er Jahren, Bd. 1 – Die SED-Herrschaft und ihr Zusammenbruch, Bd. 2 – Die wirtschaftliche und ökologische Situation der DDR in den 80er Jahren, Opladen 1996; dies., Die Endzeit der DDR-Wirtschaft – Analysen zur Wirtschafts-, Sozial- und Umweltpolitik, Opladen 1999.
40 Burghard Ciesla, Eine sich selbst versorgende Konsumgesellschaft? Industrieller Fischfang, Fischverarbeitung und Fischwarenkonsum in der DDR, in: Thomas Lindenberger (Hg.), Herrschaft und Eigen-Sinn in der Diktatur, a.a. O., S. 205.
41 Siehe Thomas Lindenberger, Die Diktatur in Grenzen. Zur Einleitung, a.a.O., S. 34.
42 Siehe Evemarie Badstübner (Hrsg.), Befremdlich anders, a.a.O.; vgl. auch Jörn Schüttrumpf, Alltag in der DDR – Beobachtungen, in: Dietmar Keller, Hans Modrow, Herbert Wolf (Hrsg.), Ansichten zur Geschichte der DDR, Bd. III, Eggersdorf-Bonn-Berlin 1994, S. 257-282; Ludwig Elm, Dietmar Keller, Reinhard Mocek (Hrsg.), Ansichten zur Geschichte der DDR, Bd. VII und VIII, Eggersdorf 1997.
43 Exemplarisch siehe Stefan Wolle, Die heile Welt der Diktatur, a.a.O.
44 Siehe Wolfgang Engler, Die Ostdeutschen. Kunde von einem verlorenen Land, Berlin 1999.
45 Walter Möller, Fritz Vilmar, Sozialistische Friedenspolitik für Europa. Kein Frieden ohne Gesellschaftsreform in West und Ost, Reinbek bei Hamburg 1972, S. 137.
46 Siehe ebd., S. 138.
47 Siehe u.a. Bernd Gehrke, Wolfgang Rüddenklau (Hrsg.), ... das war doch nicht unsere Alternative. DDR-Oppositionelle zehn Jahre nach der Wende. Münster 1999; André Hahn, Der Runde Tisch. Das Volk und die Macht – Politische Kultur im letzten Jahr der DDR, Berlin 1998; Uwe Thaysen (Hrsg.), Der zentrale Runde Tisch der DDR, Opladen/Wiesbaden 1999
48 Siehe Entwurf Verfassung der Deutschen Demokratischen Republik, Arbeitsgruppe Neue Verfassung der DDR des Runden Tisches, Berlin 1990.

II. Signifikante Beispiele

Elviera Thiedemann

Das polytechnische Prinzip im Bildungswesen der DDR

Pädagogische Konzepte und Versuche zu einer Arbeitslehre gab es schon in den 20er Jahren. Aber erst seit Ende der 50er Jahre kamen in fast allen Industriestaaten intensive bildungspolitische Debatten in Gang, die die Beziehung zwischen Schule und Arbeitswelt zum Gegenstand hatten. Dabei waren die realsozialistischen Länder führend, in besonderer Weise die DDR, wo eine eigene Konzeption entwickelt und verfolgt wurde, die im Rahmen des RGW als beispielhaft galt und auch bei Erziehungswissenschaftlern und Arbeitgeberverbänden in der Altbundesrepublik auf großes Interesse stieß.[1]

1958 hatte man in der DDR begonnen, das polytechnische Prinzip[2] sowie im erweiterten Sinne die Verbindung von Schule und Leben im Bildungswesen zu verankern. Dieser Ansatz reichte zurück bis in die sich entwickelnde Arbeiterbewegung des 19. Jahrhunderts sowie zu den reformpädagogischen Bestrebungen in der Weimarer Republik,[3] welche die Vereinigung der Erziehung mit der materiellen Produktion – in ganz unterschiedlicher Weise – thematisiert hatten.

1946 unterzeichneten die Länder- und Provinzialpräsidenten in der SBZ das Gesetz zur Demokratisierung der deutschen Schule,[4] das bereits die grundsätzlichen neuen Ziele enthielt. In dem Programm ging es zum einen um die Überwindung der geistigen und der schlimmsten materiellen Folgen der NS-Zeit und des Krieges, zum anderen aber auch um die Beseitigung gravierender Mängel des existierenden Schulsystems, die von Reformpädagogen schon lange vor 1933 gefordert worden war, z. B. die Abschaffung der frühzeitigen Trennung der allgemeinbildenden Schule in Lehranstalten für unterschiedliche soziale Schichten sowie die Beseitigung des alten Beamten- und Laufbahnsystems.

Das wichtigste Anliegen dieser Reform bestand darin, den Kindern aus allen sozialen Schichten gleiche Chancen beim Erwerb allgemeiner und beruflicher Bildung und damit auch den Zugang zu verantwortlichen Positionen des Staates und der Wirtschaft zu sichern.[5] So begann folgerichtig die gezielte Förderung von bisher benachteiligten Kindern und jungen Erwachsenen aus Arbeiter- und Bauernfamilien, die erst Anfang der 70er Jahre schrittweise wieder beendet werden konnte.[6]

Ab 1946 erfolgte die Einrichtung von Vorstudienanstalten, die nach Gründung der DDR[7] zu Arbeiter- und Bauern-Fakultäten (ABF) umgewandelt wurden.[8] Dort absolvierten junge Menschen, denen der Zugang zum klassischen Gymnasium früher verschlossen geblieben wäre, Vorkurse zur Hochschulvorbereitung.[9]

Die ABF hatten bis Mitte der 60er Jahre ihre historische Funktion im wesentlichen erfüllt und wurden bis auf zwei geschlossen. In der ABF Halle bereiteten sich nunmehr Studenten auf ihr Auslandsstudium vor sowie Werktätige auf ihre Arbeit im Ausland. Die ABF Freiberg hingegen widmete sich weiterhin der allgemeinen Hochschulvorbereitung.

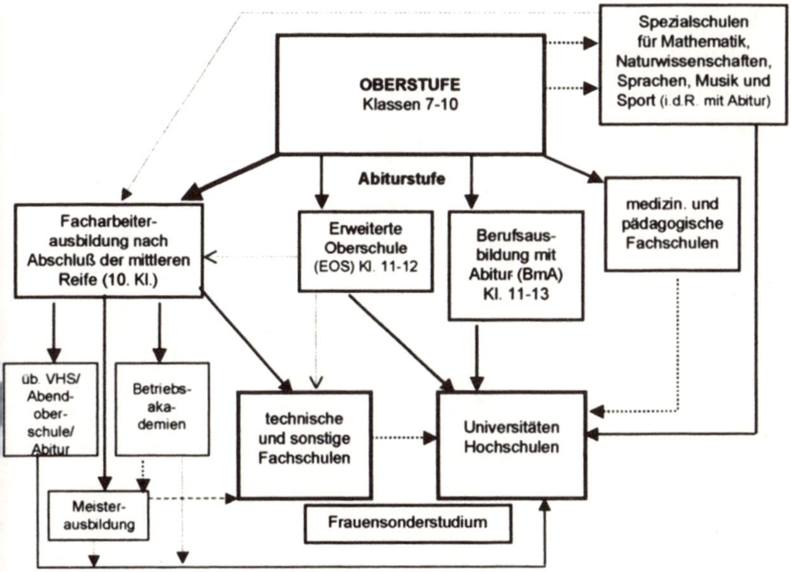

In der Auseinandersetzung nicht zuletzt mit den sowjetischen Schulmodellen war man sich in der DDR der Andersartigkeit der eigenen Situation bewußt. Walter Ulbricht wies zwar nachdrücklich auf die unterschiedliche Entwicklung in den sozialistischen Staaten hin, hob aber gleichzeitig bestimmte allgemeingültige Prinzipien hervor. Als Kerngedanken stellte er für die DDR ebenfalls die Verbindung von körperlicher und geistiger Arbeit heraus. Darauf basierend wurde noch 1958 der polytechnische Unterricht als selbständige Fächerdisziplin eingeführt. Und zwar nicht mehr nur sporadisch und auf bestimmte Schülergruppen beschränkt, wie es das auch in einigen früheren Schulformen schon gegeben hatte, sondern – beginnend in der Vorschulerziehung – als durchgängiges Prinzip für alle Schüler der Polytechnischen Oberschulen (POS), der Erweiterten Oberschulen (EOS), der Spezial- und weiterführenden Bildungsgänge sowie in der Berufsbildung und im Studium.

Zur Grundlage für die Berufsausbildung zum Facharbeiter wurde der Abschluß der (damaligen) zehnklassigen Mittelschule erklärt. In der DDR wurde sowohl an der Trennung von Schule und Berufsausbildung als auch an der Notwendigkeit einer besonderen Schulstufe zur Hochschulvorbereitung festgehalten. Die Zehnklassenschule blieb die Grundlage für jede weiterführende Bildung und mußte daher vor allem eine Schule für die künftigen Facharbeiter sein. Das machte auch noch einmal deutlich, wie wichtig eine gesonderte Abiturstufe und die gleichzeitige Sicherung ihres gehobenen Niveaus war. Der erfolgreiche Abschluß der neuen Zehnklassenschule eröffnete nun allen Facharbeitern den nahtlosen Übergang in die höheren Fachschulen. Vorkurse und Volkshochschulen blieben ihnen auch künftig als ergänzende Wege zur Hochschulvorbereitung.

Mit dem Gesetz über die Gestaltung des einheitlichen sozialistischen Bildungssystems von 1965 fand – über mehrere Zwischenstufen – die Einführung der Zehnklassenschule in der DDR zur allgemeinbildenden Schule für alle Kinder ihren Abschluß. Damit einher ging die Einführung der zehnjährigen Schulpflicht und der Anspruch, allseitig entwickelte sozialistische Persönlichkeiten auszubilden.[10]

Parallel dazu traten Bildungsstrukturen außer Kraft, die bis dahin zu einer vorzeitigen Selektierung verschiedener Schülergruppen sowie (bei Besuch der achtklassigen Volksschule) zu einem frühzeitigen Übergang in die Berufsausbildung geführt hatten.[11]

Alle Grundschulen in größeren Orten wurden schrittweise zu POS[12] mit Fachunterrichtssystemen ausgebaut, die letzten Zwergschulen in ländlichen Räumen geschlossen[13] und die Schüler mit Schulbussen zu Zentralschulen in benachbarte Orte gebracht. Mittels einheitlicher Lehrpläne, die nicht nur einen annähernd gleichen Wissensstand, sondern auch eine Durchlässigkeit in alle weiterführenden Bildungsgänge garantierten, und der weitgehend gleichen Ausstattung der Stadt- und Landschulen mit Lehr- und Unterrichtsmitteln konnten Unterschiede im Bildungsprozeß zwischen Stadt und Land immer mehr abgebaut werden.

Die schon erwähnte allmähliche Rücknahme der besonderen Förderung von Arbeiter- und Bauernkindern bis Mitte der 70er Jahre erfolgte in erster Linie, weil diese schulpolitische Aufgabenstellung – einschließlich der strukturellen Rahmenbedingungen – nun durchgesetzt war. Die Jahrgänge, die bis dahin das Bildungssystem durchlaufen hatten, besaßen einen wesentlich höheren Bildungsstand als die Gleichaltrigen ein Vierteljahrhundert zuvor. Das traf in besonderem Maße auf die allgemeine und berufliche Bildung von Frauen zu.[14]

Die Arbeiter- und Bauernkinder der Nachkriegsgeneration waren inzwischen selbst in Führungspositionen aufgerückt, zur Funktionselite geworden und verliehen ihren Kindern damit den Status I [Intelligenzfamilie]. Dies hätte nach der gültigen Förderungsrichtlinie jedoch bedeutet, sie hinter jene Kinder, welche nunmehr aus Arbeiter- und Bauern-Familien kamen, zurückzustellen. Das ließ sich aber kaum begründen, denn die Bevölkerung hatte mittlerweile einen ausgewogenen Bildungsstand erreicht. Besonders die Schicht der Intelligenz war aufgrund der zahlreichen Studienmöglichkeiten erheblich angewachsen.[15]

Dieses Ergebnis der Schulreform stand scheinbar im Widerspruch zum Arbeiter- und Bauern-Staat und verstärkte bei einigen Mitgliedern der Partei- und Staatsführung sogar eine latent vorhandene Intelligenzfeindlichkeit. So definierte man die technische Intelligenz, die in betrieblichen Zusammenhängen tätig war, einfach um und rechnete sie im weitesten Sinne der Arbeiterklasse zu, wodurch deren Kinder wieder auf die gleiche Förderebene wie die anderen Kinder gehoben wurden.[16]

Wirkliche Intelligenzfamilien, aus bürgerlichem Milieu, gab es anteilig nur wenige (Ärzte, Wissenschaftler, Lehrer, Apotheker, Künstler, Theologen). Bei ihnen setzte man zugleich voraus, daß ihre Kinder durch bessere Wohnverhältnisse, Hausbibliotheken und ein reiches geistig-kulturelles Familienleben gegenüber Kindern aus anderen Elternhäusern ohnehin privilegiert waren. Dies traf auf sie zwar nicht pauschal zu, aber zumindest wesentlich häufiger als auf die neue Intelligenz.

In den 70er Jahren war das Prinzip, alle Kinder *des Volkes* gleichermaßen zu fördern, in den Mittelpunkt gerückt worden.[17] Daher spielte die soziale Herkunft für die Auswahl zu weiterführender Bildung auch nicht mehr die ausschlaggebende Rolle. Außer den entsprechenden Leistungen wurden nun andere, vor allem ökonomische und politische Faktoren sowie die Begrenzung der Immatrikulationszahlen an den Hoch- und Fachschulen immer wichtiger.

Das bedeutete jedoch nicht, daß Kinder, die die geforderten Kriterien[18] nicht ausreichend erfüllten oder aufgrund der Zugangsbegrenzung am Übergang zur EOS[19] gehindert wurden, ein für allemal von weiterführenden Bildungsgängen ausgeschlossen blieben. Neben dem direkten Weg, der über die Erweiterte Oberschule (EOS) zum Abitur führte, gab es im Laufe der Zeit eine Vielzahl anderer Zugänge. Daß diese in hohem Maße genutzt wurden, zeigte sich an der Fülle der Hoch- und Fachschulabschlüsse in der DDR, die Ende der 60er Jahre im Ingenieurbereich das Zwei- bis Dreifache des Jahrgangsdurchschnitts der BRD betrugen.[20] Dies brachte jedoch hinsichtlich des qualifikations- und fachgerechten Einsatzes der Absolventen zunehmend Probleme mit sich und führte aus ökonomischen Erwägungen dazu, die Studienplätze wieder zu reduzieren.

Für die Einführung und Ausgestaltung des polytechnischen Unterrichts boten die volkseigenen Betriebe der Industrie, des Handels und anderer Bereiche, später die Landwirtschaftlichen Produktionsgenossenschaften (LPG) sowie die Produktionsgenossenschaften des Handwerks und Gewerbes (PGH) gute Voraussetzungen. Da vor allem die volkseigenen Betriebe an staatliche Anordnungen gebunden waren, konnten ihnen Aufgaben im Bildungswesen übertragen werden, wie es früher nicht möglich gewesen wäre und in westdeutschen Versuchen nicht möglich war, z. B. in Form der theoretischen und praktischen Berufsausbildung. Und speziell die Entwicklung der polytechnischen Bildung und Erziehung konnte sich auf sie stützen. Größere Betriebe der Region errichteten Polytechnische Zentren[21] und gewährleisteten dort oft einen anspruchsvollen polytechnischen Unterricht sowie einen reibungslosen Übergang in die Berufsausbildung – ohne ihr bereits einen Teil vorwegzunehmen.

Die Berufsausbildung erfolgte in der Regel erst nach Abschluß der 10. Klasse, einesteils in Betriebs- oder kommunalen Berufsschulen und anderenteils in Produktions-, Handwerks- oder Dienstleistungsbetrieben.

Diese Entwicklung beeinflußte nicht nur den Charakter des Bildungswesens, sondern führte auch im geistig-kulturellen Leben der Kommunen sowie in den gesellschaftlichen Kommunikationsprozessen zu gravierenden Veränderungen und ließ nie die Frage nach der Gleichwertigkeit von beruflicher und allgemeiner Bildung relevant werden. Diese hatte sich sowohl als soziales als auch als rechtliches Problem spätestens in den 60er Jahren überlebt.

Die Fächerdisziplinen des polytechnischen Unterrichts

Genaugenommen setzten Vorbereitungen auf den polytechnischen Unterricht schon in der Vorschulerziehung ein. Im Kindergarten wurde nach Erziehungsplänen gearbeitet, die vom Ministerium für Volksbildung, Referat Vorschulerziehung herausgegeben wurden. Oberstes Erziehungsziel war die *allseitige und harmonisch entwickelte sozialistische Persönlichkeit.* Das bedeutete u. a., den Kindern unter Berücksichtigung ihrer individuellen Besonderheiten bis zur Einschulung auf verschiedenen Gebieten elementares Wissen und wichtige Techniken[22] zu vermitteln, auf denen in der Schule aufgebaut werden konnte. Dem Alter angemessen sollten den Kindern auch einfache gesellschaftliche Zusammenhänge und Ereignisse nahegebracht werden.

Im Zusammenhang mit dem Internationalen Frauentag und dem 1. Mai befragten die Kinder z. B. ihre Eltern nach ihren beruflichen Tätigkeiten und beobachteten technische Angestellte des Kindergartens bei deren Arbeit. Sie stellten fest, welche Tätigkeiten etwa der Hausmeister, die Reinigungs- oder die Küchenkräfte verrichteten, welche Verantwortung sie dabei hatten und wie viel Mühe und Anstrengung mit der Erfüllung der Arbeitsaufgaben verbunden waren. Daraus leiteten die Erzieherinnen gemeinsam mit den Kindern Schlußfolgerungen ab, mit welchen Verhaltensweisen die Tätigkeit der Mitarbeiter unterstützt und geachtet werden kann.

Der polytechnische Unterricht umfaßte von Klasse 1 bis 12 sechs Unterrichtsfächer. Mit dem Eintritt in die POS nahmen die Schüler zunächst an der Tätigkeit im Schulgarten- und Werkunterricht teil, wofür die Schule selbst die notwendigen materiellen, personellen und finanziellen Bedingungen zu schaffen hatte. Im Schulgartenunterricht erlangten die Schüler der Klassen 1 bis 4 erste Arbeitsfertigkeiten, -kenntnisse und -gewohnheiten beim Anbau von in unseren Breiten typischen Kulturpflanzen. Sie wurden u. a. befähigt, Beete anzulegen, diese nach einem sinnvollen Anbauplan zu bepflanzen, sie zu pflegen, zu düngen, zu gießen, abzuernten und für den Winter vorzubereiten. Die Schüler lernten, welche Geräte für welche Tätigkeiten wie zu verwenden sind, was beim Umgang mit Saatgut zu beachten ist und wie ein Komposthaufen angelegt wird. In einer Reihe von Schulen entstanden auch Gewächshäuser, wodurch sich noch weitere Lern- und Arbeitsfelder für die Schüler eröffneten.

Bei gesellschaftlich nützlicher Tätigkeit in der Natur gewannen die Schüler erste ökologische (Er-)Kenntnisse.

Nach der Ernte wurden die Früchte vermarktet, d. h. in kommunalen Läden oder auch bei Festen in der Region verkauft. Der Erlös wurde z. T. zur Anschaffung von Saat- und Pflanzgut, neuer Gartengeräte oder zur Verbesserung des Schulgartens eingesetzt. Zum anderen erhielten alle Klassen 1 bis 4 und Schülergruppen höherer Klassenstufen,[23] die im Schulgarten gearbeitet hatten, Prämien für die Klassenkasse, die für Wanderfahrten oder andere Veranstaltungen verwendet werden konnten. In ertragreichen Jahren mit überdurchschnittlichem Umsatz konnten aus dem Erlös zusätzlich Vorhaben der Schule unterstützt oder Einzelprämien für besondere Leistungen vergeben werden.

Im Werkunterricht wurden den Schülern der 1. bis 6. Klassen in eigens dafür ausgestatteten Werkräumen elementare Kenntnisse und

Fertigkeiten der Werkstoffbearbeitung vermittelt. Schüler der 1. Klassen arbeiteten vor allem mit Papier und Pappe, später kamen Elemente der Holzbearbeitung hinzu, die sich im Schwierigkeitsgrad bis Klasse 6 entsprechend steigerten. Des weiteren die Arbeit mit technischen Baukastensystemen, wodurch die Schüler zum Erkennen und Lösen einfacher technisch-konstruktiver Probleme befähigt werden sollten. Bei der Arbeit im Werkunterricht wurde generell auf die Herstellung nützlicher Gegenstände geachtet, welche die Kinder zu Hause selbst benutzen konnten und die sich auch bei Solidaritätsveranstaltungen oder Festen gut verkaufen ließen. Neben den Einnahmen, die beim Verkauf erzielt wurden, erhielten die Schüler gleichzeitig Anerkennung für ihre Leistungen.

Der polytechnische Unterricht der Klassen 7 bis 12 wurde von mehr als 5.000 Betrieben der Industrie, des Bauwesens sowie der Land-, Forst- und Nahrungsgüterwirtschaft getragen. Er konzentrierte sich in rund 2.400 Einrichtungen der Polytechnik, wo für Schüler aus mehr als 6.000 Schulen (einschließlich Erweiterte Oberschulen und Sonderschulen) Voraussetzungen für den theoretischen und praktischen Unterricht geschaffen waren. Die beteiligten Betriebe oder Ausbildungsgemeinschaften trugen die Gesamtkosten für den polytechnischen Unterricht, außer Lohnkosten für die Fachlehrer Polytechnik, Schülerfahrtkosten und zentral gestellte Unterrichtsmittel. Genossenschaften sowie kooperative Einrichtungen der Land-, Forst- und Nahrungsgüterwirtschaft bekamen staatliche Zuschüsse.

Die Schüler der Klassen 7 bis 12 hatten während des ganzen Schuljahres an einem Tag der Woche polytechnischen Unterricht. Es wechselten sich *Produktive Arbeit* (PA) und theoretischer Unterricht ab. Letzterer umfaßte das Fach *Einführung in die sozialistische Produktion* (ESP), welches der Vermittlung grundlegender verfahrens- und produktionstechnischer Kenntnisse diente, unter Einbeziehung volkswirtschaftlicher und betriebsökonomischer Aspekte. In Klasse 7 lag der Schwerpunkt auf Fertigungsverfahren, in Klasse 8 auf Maschinenkunde, in den Klassen 9 und 10 auf der Einführung in die Produktion in Industrie, Bauwesen und Landwirtschaft sowie Elektrotechnik und Automatisierung der Produktion.

Zum theoretischen Unterricht zählte in den 7. und 8. Klassen auch das Fach *Technisches Zeichnen* (TZ), in dem die Schüler vor allem in

Form unterschiedlicher Übungen und durch Bezug zur technischen Umwelt grundlegende Fähigkeiten und Fertigkeiten im Umgang mit technischen Zeichnungen erwarben (z. B. das Lesen von Bauzeichnungen). In den 9. und 10. Klassen wurde Technikunterricht erteilt, der ab 1986 eine informationstechnische Grundbildung einschloß (Informatikunterricht). Dies resultierte aus einem Ministerratsbeschluß von 1985, der die Konsequenzen aus der Entwicklung der Informatik/Informationsverarbeitungstechnik für das ganze Bildungswesen aufzeigte. Bildungsstufenabgestimmt wurden Maßnahmen festgelegt, die eine durchgängige informationstechnische Bildung vom allgemeinbildenden Schulwesen bis zur Hochschule sichern sollten. Neben der Einführung neuer Lehrpläne für die Fächer Mathematik, Physik und polytechnischer Unterricht, die diese Trends stärker berücksichtigten, begann ab 1986 die schrittweise Ausstattung der Schulen mit Kleincomputertechnik. Dafür wurden Haushaltmittel des Bildungswesens zur Verfügung gestellt. Die Ausstattung der polytechnischen Zentren erfolgte durch Mittel der beteiligten Betriebe. Zur Wendezeit war dieser Prozeß gerade in Gang gekommen.

In Klasse 9 absolvierten die Schüler einen Grundkurs Informatik mit einem Umfang von 30 Stunden. Er diente der Vorbereitung auf den Umgang mit Computern und der Nutzung des Computers als Unterrichtsmittel. Im Rahmen des Informatikunterrichts sollten aber auch Tätigkeitsmöglichkeiten an realer informationsverarbeitender Technik in Betrieben und Einrichtungen erschlossen und während der produktiven Arbeit wahrgenommen werden (Arbeitsbereich Informationsverarbeitung und Rechentechnik). Es wurde angestrebt, den Lernprozeß durch die Einführung von fakultativen Kursen Informationsverarbeitung und Rechentechnik und Informatik mit je 110 Stunden zu unterstützen. In den Klassen 11 und 12, wo der polytechnische Unterricht (nach Rahmenprogrammen) als wissenschaftlich-praktische Arbeit in Form von Arbeitsgruppen und Betriebspraktika fortgesetzt wurde, sollte eine vertiefende Ausbildung in diesen Schwerpunkten erfolgen.

Der Informatikunterricht wurde in der 2. Hälfte der 80er Jahre an den POS, EOS und den Sonderschulen begonnen. Die Lehrpläne hatten aber zunächst Richtliniencharakter und wurden nur dort verbindlich, wo die materiellen und personellen Voraussetzungen in den Betrieben und Einrichtungen geschaffen werden konnten.[24]

Im Fach Produktive Arbeit (PA) erlernten die Schüler der Klassen 7 und 8 in eigens dafür eingerichteten Lehrkabinetten in den Polytechnischen Zentren einige grundlegende Tätigkeiten der Metallbearbeitung. Diese Lehrkabinette befanden sich außerhalb der Produktionshallen und waren nur mit den im Unterricht benötigten Maschinen und Werkzeugen ausgestattet. Die hergestellten Gegenstände hatten nichts mit der Produktion des jeweiligen Betriebes zu tun und konnten in seinen Zusammenhängen auch nicht genutzt werden.

In den Klassen 9 und 10 erfolgte die praktische Tätigkeit in betrieblichen Zusammenhängen und Produktionsabläufen. Bis Mitte der 60er Jahre hatte man versucht, die Schüler in solche Betriebe einzubinden, die dem angestrebten Berufsziel am nächsten standen. Diese Form bewährte sich aber nicht, so daß Berufswünsche bei der Auswahl und Einrichtung von Schülerarbeitsplätzen ab Mitte der 60er Jahre in der Produktiven Arbeit (PA) keine Beachtung mehr fanden. Die Schüler arbeiteten seitdem in Betrieben, zu denen die jeweiligen Schulen *Patenschaftsbeziehungen* hatten, in der Regel in Brigaden und innerhalb solcher Produktionsabläufe, die sich in bezug auf den Arbeitsschutz für Schüler eigneten. Sie waren – nach Möglichkeit – auch an der Herstellung, Gütekontrolle und Verpackung von Konsumgütern beteiligt, die in den Export gingen.

Das war selbstverständlich mit einem bestimmten Anforderungsniveau verbunden hinsichtlich der Menge und der Erfüllung feststehender Gütekriterien (in Anlehnung an qualitative und quantitative Facharbeitervorgaben), die sich bewerten ließen. Denn die Erfüllung der Gütekriterien – das wurde den Schülern immer wieder bewußt gemacht – hatte neben innovativen Entwicklungen maßgeblichen Einfluß auf das Ansehen des Betriebes innerhalb der DDR-Wirtschaft bzw. im Rahmen des RGW und besonders auf die Auftragslage aus dem nicht-sozialistischen Wirtschaftsgebiet (NSW). Diese Zusammenhänge erforderten großes Vertrauen den Schülern gegenüber und verantwortungsbewußtes Handeln seitens der mit der Durchführung der Produktiven Arbeit betrauten Ausbilder sowie seitens der Schüler an ihren betrieblichen Arbeitsplätzen.[25]

Von Kritikern der polytechnischen Bildung wird der Einwand erhoben, die Schüler seien während der Produktiven Arbeit ausgebeutet worden, die Betriebe hätten auf Kosten der Schüler Gewinn gemacht.

Dieses Argument greift schon deshalb nicht, weil die Einrichtung und Ausgestaltung der polytechnischen Kabinette, der Unterrichtsräume für den ESP- und TZ-Unterricht, der Schülerarbeitsplätze sowie der Computerkabinette weit mehr Kosten verursachten, als die Produktive Arbeit der 9. und 10. Klassen (alle 14 Tage fünf Stunden je Schüler und Klasse) jemals an Ertrag einbrachte.

Außerdem hätte es dem inhaltlichen Anliegen der Polytechnik widersprochen, die Schüler z. B. ausschließlich Aufräumungs- und Reinigungsarbeiten im Betriebsgelände verrichten zu lassen, sie sozusagen nur *irgendwie* zu beschäftigen. Der Anteil der Produktiven Arbeit an der Persönlichkeitsentwicklung der Schüler wuchs nachweislich mit der Qualität der Schülerarbeitsplätze. Das war das entscheidende Kriterium.[26]

Von der internationalen Kritik wurde besonders anerkannt, daß in der DDR mit der Polytechnik ein selbständiges Fach geschaffen wurde, das einerseits theoretische Technologie einschließlich ihrer ökonomischen Dimension zum Inhalt hatte und andererseits die Didaktisierung der produktiven Arbeit ermöglichte. Damit wurde es dem didaktischen Modell der allgemeinbildenden Schule angepaßt und gleichzeitig eine bemerkenswerte inhaltliche und schulstrukturelle Kohärenz hergestellt, wie es in der Bundesrepublik in keinem Schulversuch auch nur in Ansätzen der Fall war.

Die Realisierungsprobleme des polytechnischen Unterrichts in der DDR bestanden in den 80er Jahren in monotonen Arbeitsplätzen (an denen es wenig neue technische Probleme zu lösen gab) und an der geringen Effizienz der Berufsorientierungsfunktion. Auch wurden die betrieblichen Erfahrungen der Schüler im Fachunterricht zu wenig genutzt, was ja die andere Seite der Einheit von Schule und Produktion darstellen sollte.

Dieser Aspekt wird von Kritikern auf die didaktische Perfektion des DDR-Lehrplanwerks zurückgeführt. Die Lehrer der naturwissenschaftlichen Fächer hätten die Logik der Produktion nicht in den

Unterricht einbeziehen können, weil dadurch die Lehrplanstruktur zerstört worden wäre.

Diese Auffassung kann ich nicht teilen, denn die Lehrpläne sahen ausdrücklich inhaltliche Schwerpunkte vor, die solche Verbindungen ermöglichten. Nach meinen Erfahrungen als Direktorin einer POS entstand dieses Defizit vor allem aufgrund ungenügender Kenntnis der betrieblichen Zusammenhänge und Probleme seitens der betreffenden Fachkollegen, weil nur wenige von ihnen die Möglichkeiten der Zusammenarbeit mit dem Patenbetrieb wirklich nutzten.

Ein neues Problem entwickelte sich mit der Aufnahme informationstechnologischer Schwerpunkte in die neuen Lehrpläne. Es bestand die reale Gefahr der Verschulung der Produktiven Arbeit sowie des Loslösens der Schülerarbeit vom Produktionsprozeß und damit auch einer neuen technischen Entfremdung, die ja gerade durch die polytechnische Bildung aufgehoben werden sollte. Fachdidaktiker beschäftigten sich intensiv mit diesen Fragestellungen und gelangten zu der Auffassung, daß es auf lange Sicht zur Ausarbeitung völlig neuartiger Integrationsbeziehungen zwischen der Produktiven Arbeit, dem ESP-Unterricht und dem Computergrundkurs kommen muß.[27] Damit war jedoch nicht die Loslösung des Informatikunterrichts vom übrigen polytechnischen Unterricht gemeint.

Ähnlich gelagerten Problemen, die aus dem Einsatz der Mikroelektronik in der Produktion resultierten, begegnete man mit dem Festhalten am Wert traditioneller praktischer Arbeit. Die Auffassung, daß grundlegende handwerkliche Fähigkeiten und ein funktionelles Verständnis traditioneller Werkzeuge und Maschinen, aber auch klassische erzieherische Schwerpunkte, z. B. Genauigkeit, die Voraussetzung für die Meisterung moderner Technik bilden, ermöglichte eine Synthese von traditioneller Arbeit und modernen Technologien.

Die materielle Sicherstellung des polytechnischen Unterrichts und die spezifische Ausbildung entsprechenden pädagogischen Personals stellten in der DDR im Gegensatz zur BRD kaum ein Problem dar, da zur Idee der Verbindung von Schule und Produktion ein gesellschaftlicher Konsens bestand.

Die Bedeutung der Patenschaftsbeziehungen zwischen Schulen und Betrieben

Die DDR-Bildungspolitik betrachtete Bildung und Erziehung als Einheit und zugleich als gesamtgesellschaftliches Anliegen. Ausgehend von diesem Grundsatz reduzierte sie den polytechnischen Unterricht nicht nur auf seine Lernaspekte, sondern sah im Zusammenwirken der Schule mit allen gesellschaftlichen Kräften die Voraussetzung für die Entwicklung des einzelnen und zugleich eine große Chance, individuelle Möglichkeiten und gesellschaftliche Erfordernisse in Übereinstimmung zu bringen.

Dieser Ansatz lag dem Bestreben zugrunde, der Arbeiterklasse – in Gestalt der in Betrieben, Einrichtungen und Genossenschaften tätigen Menschen – mehr Möglichkeiten direkter Einflußnahme auf den Bildungs- und Erziehungsprozeß zu gewähren. In den 50er und 60er Jahren beschränkte sich die Zusammenarbeit vorwiegend auf materielle Unterstützungsleistungen für die Schule. Parallel zur immer besseren Ausgestaltung des polytechnischen Unterrichts entwickelten sich jedoch Patenschaftsbeziehungen zu Betrieben sowie zu Genossenschaften in der Land-, Forst- und Nahrungsgüterwirtschaft als effizienteste Form der Zusammenarbeit. In einem Patenschaftsvertrag wurde vereinbart, was sowohl der Betrieb als auch die Schule eigenständig in den Bildungs- und Erziehungsprozeß einbringen wollten. Dieser Vertrag wurde in der Regel von Betriebs- und Schuldirektoren sowie Vertretern der jeweiligen Partei- und Gewerkschaftsleitungen gemeinsam ausgearbeitet und unterzeichnet. Er war in seiner aktuellen Form jeweils für ein Schuljahr gültig. Auf einer solchen Basis ließen sich

– Absprachen über die Schaffung und Ausstattung von Schülerarbeitsplätzen für den polytechnischen Unterricht und für die individuelle Ferienarbeit der Schüler der 9. und 10. Klassen,

– die personelle Absicherung des polytechnischen Unterrichts,

– die Koordinierung der betrieblichen Abläufe und Erfordernisse mit dem Gesamtstundenplan der Schule,

– das Festlegen von Bewertungskriterien u. a. relativ unkompliziert regeln. Zudem blieb der ständige Kontakt zwischen Betrieb und Schule während des ganzen Schuljahres bestehen. Er wurde zwischen den Direktoren von Betrieb und Schule, zwischen Ausbildern und Schulleitung bzw. Klassenleitern und Fachlehrern sowie zwischen den Partei- und Gewerkschaftsleitungen regelmäßig gepflegt.

Die Betriebe erhofften sich von ihrem Engagement natürlich auch, aus der Schülerschaft Facharbeiternachwuchs zu gewinnen. Die Überlegung war: Je attraktiver und interessanter die Schülerarbeitsplätze, umso größer die Zahl potentieller Interessenten.

In den 70er und 80er Jahren gewann aber neben all den positiven Effekten ein negativer Aspekt an Bedeutung. An sich sollte die Arbeit in der Produktion auch ideologisch im Sinne einer Hochschätzung der sozialistischen Produktionsweise genutzt werden. Dieses Erziehungsziel ließ sich jedoch schwer umsetzen, weil die Schüler hautnah die Defizite der DDR-Wirtschaft erleben mußten, z. B. fehlende Materiallieferungen, die die Nichtauslastung der Arbeitszeit zur Folge hatten. Das bewirkte wiederum eine wachsende Gleichgültigkeit der Werktätigen, vor allem, wenn ihr Problemlösepotential unberücksichtigt blieb und sie sich in diesen Prozessen ohnmächtig fühlten. Diese Erlebnisse hinterließen nachhaltigere Eindrücke als jeder Versuch einer Ideologisierung, weil die Schüler immer stärker in Widerspruch zum theoretischen Konstrukt der Stabilität und Leistungskraft der DDR gerieten.

Intensiv war oft die Zusammenarbeit zwischen den Klassen und ihren Patenbrigaden. Diese interessierten sich für die Lernarbeit der Schüler, prämierten zu bestimmten Anlässen besondere Leistungen oder Leistungsverbesserungen. Sie unterstützten die LehrerInnen und HorterzieherInnen in der außerunterrichtlichen Arbeit und bei Klassenfahrten. Die Schüler bedankten sich bei ihren Paten mit kulturellen Programmen und Glückwünschen zu gesellschaftlichen und betrieblichen Höhepunkten. Diese Form der Kooperation wirkte sich positiv aus. Wenn eine Brigade sehr aktiv war, hatten die Lehrer und Erzieher tatsächlich tatkräftige Helfer an ihrer Seite, die eigenständig bestimmte Aufgaben übernahmen und zuverlässig ausführten[29]. Außerdem wurden bestimmte Kritiken in Bezug auf Verhalten oder Lerneinstellung – zumindest bis Klasse 8 – von den Schülern oft viel ernster genommen als vom schulischen Personal.

Ich erinnere mich selbst sehr gern an meine erste Begegnung mit einer Patenbrigade Anfang der 70er Jahre. Ich hatte damals eine 1. Klasse übernommen, als mich wenige Tage nach Schuljahresbeginn ein Lokführer ansprach, ob wir Interesse an einer Patenbrigade bei der Bahn hätten. Da ich mit den Betrieben der Region noch nicht so vertraut war, empfand ich dieses Angebot als Glücksfall, so mußte ich nicht mehr suchen. Die Brigade bestand aus etwa zehn Lokführern, die in anstrengendem Schichtdienst tätig waren. Doch jeder dieser Männer zeigte sich auf seine eigene Art sehr aktiv. Regelmäßig – manchmal sogar nach der Nachtschicht – kamen Mitglieder der Brigade in den Unterricht hospitieren. Sie verfolgten sehr aufmerksam das Unterrichtsgeschehen, machten sich Notizen über Mitarbeit, Verhalten, Arbeitsweise sowie die Heftführung und werteten ihre Beobachtungen hinterher mit den Schülern aus, sprachen an, was ihnen schon gut gelang, aber auch, was kritikwürdig war. Niemals waren diese Auswertungen beleidigend oder demütigend, immer individuell anspornend. Ich hätte es nicht besser machen können.

Das außerordentlich Positive an dieser Art von Patenschaft war, daß jede neue Hospitation an den Resultaten der vorangegangenen anknüpfte und in den Gesprächen mit den Kindern versucht wurde, eine positive Entwicklung aufzuzeigen, an der sich alle freuen konnten. Selbst wenn die Kinder aufgefordert waren, zu sich selbst Stellung zu nehmen, entstand keine Situation, in der ein Problemschüler niedergemacht wurde. Daß diese Art und Weise bei den Kindern sehr gut ankam, zeigte sich daran, daß sie es kaum erwarten konnten bis zum nächsten Besuch eines Mitglieds der Patenbrigade. War der große Tag herangerückt – in der Regel einmal monatlich – hatten sie schon ihre Hefte zur Einsicht bereitgelegt und begrüßten den Paten mit großem Hallo. Die Kinder wiederum bereiteten gern kleine Kulturprogramme vor, die sie vor allem zur Weihnachtszeit, aber auch zu anderen Anlässen vor den Eisenbahnerfamilien aufführten.

Die Lokführer unterstützten uns bei Wandertagen sowie bei Pionierveranstaltungen und sie prämierten zum Halbjahres- und Schuljahresende nicht die Klassenbesten, die ohnehin oft Belobigungen im Klassenkollektiv erfuhren, sondern diejenigen Schüler, die sich am meisten angestrengt hatten, um sich in einem bestimmten Fach zu verbessern oder ihr Verhalten zu verändern oder die sich ihren Mitschülern gegenüber besonders hilfsbereit und in der außerunterrichtlichen Tätigkeit besonders einsatzbereit gezeigt hatten. Sie berichteten den Kindern von ihrer Arbeit als Lokführer, darüber, was von ihrem Verhalten, ihrer Arbeitsweise, ihrem Engagement in der täglichen Arbeit abhing und zeigten ihnen ihre Arbeitsplätze. Dazu gehörte auch das Mitfahren auf der Lok. Die Brigade betreute die Klasse über ein ganzes Jahrzehnt, bis zum Ende ihrer Schulzeit, übernahm natürlich mit zunehmenden Alter der Schüler andere Aufgaben, half z. B. bei der Erfüllung von Forschungsaufgaben im Rahmen von Pionieraufträgen, unterstützte bei FDJ-Objekten.

Und was sich im Laufe der Jahre natürlich auch sehr positiv auswirkte, waren die Freifahrten bei der Bahn, die bei Klassenfahrten innerhalb der DDR von uns in Anspruch genommen werden konnten.

Ich denke noch heute mit Hochachtung an die Männer dieser Patenbrigade, die in ihrer Freizeit so engagiert und selbstverständlich ihren ganz spezifischen Beitrag für die Bildung und Erziehung meiner Schüler leisteten.

Die Patenschaftsbeziehungen verliefen jedoch nicht immer und überall so intensiv und hatten derart nachhaltige positive Wirkungen auf die Schüler. Leider machten sich vor allem in den 80er Jahren

Tendenzen breit, die den Sinn der Patenschaftsarbeit auf den Kopf stellten. Der Abschluß eines Patenschaftsvertrages wurde in den Betrieben zur Voraussetzung für den Kampf um den Titel Kollektiv der sozialistischen Arbeit erhoben – um die Patenschaftsarbeit zu intensivieren. Wenn die Brigademitglieder jedoch keine weiteren Motivationen für die Patenschaftsarbeit hatten, waren die Brigaden keine Hilfe, sondern eher eine Last für die jeweiligen Klassenleiter, weil diese ständig selbst die Initiative ergreifen mußten, um der Patenschaftsarbeit etwas Leben einzuhauchen. Letztlich profitierten auch die Schüler kaum davon, weil sie spürten, daß seitens ihrer Paten wenig Interesse und Engagement vorhanden waren.

Die Verbindung von Schule und Leben als übergreifendes Prinzip der Polytechnik

Die Verbindung von Schule und Leben blieb nicht auf die Patenschaftsarbeit mit den Betrieben und Brigaden beschränkt, sondern reichte in kommunale und regionale Zusammenhänge hinein.

Jährlich zum Schuljahresbeginn wurden in ländlichen Regionen Verträge zwischen Landwirtschaftlichen Produktionsgenossenschaften (LPG) und den im Einzugsgebiet ansässigen Schulen geschlossen, die den Einsatz der Schüler (und Lehrer) in der Kartoffelernte regelten. Die Kartoffelernte) erstreckte sich meist von Mitte September bis in die erste Oktoberdekade. Als Erntehelfer angesprochen waren Schüler der 7. bis 10. Klassen. Lehrer sollten als Betreuer die Schüler beaufsichtigen. Diese Einsätze mußten mit dem Stundenplan und der außerunterrichtlichen Tätigkeit der Schüler sowie mit den Verpflichtungen der Lehrer in Übereinstimmung gebracht werden. Die Schüler erhielten entsprechend ihrer Leistungen eine finanzielle Vergütung, die Pädagogen ein Betreuerentgelt.

An der Schule, an der ich tätig war, hatte der stellvertretende Direktor für außerunterrichtliche Tätigkeit die Aufgabe, Schüler und Lehrer für den Kartoffeleinsatz zu gewinnen. Er erstellte einen Wochenplan, in den sich Interessenten eintragen konnten und er koordinierte die Einsätze. Während der vertraglich vereinbarten Erntezeit erschien täglich nach dem Unterricht ein Bus der LPG und holte die Erntehelfer ab. Sie wurden bis zum jeweiligen Feld gefahren und dort zur Arbeit eingeteilt. Die Schüler sammelten die Kartoffeln in 10-Kilo-Körbe und bekamen vom Abträger für jeden vollen Korb eine Plastemarke. Sie entsprach einem Geldwert von 20 bis 30 Pfennigen, je nachdem, wie groß die Feldfrüchte waren.[30] Der Einsatz dauerte ca. 3 bis 3,5 Stunden und wurde von einer längeren Pause unterbrochen, in der die Teilnehmer belegte Brote und Getränke bekamen. Am Ende des Einsatzes wurden die Erntehelfer mit dem Bus vom Feld abgeholt, zum LPG-Büro gefahren, wo die Abrechnung der Marken und die Auszahlung des Entgeltes erfolgte. Anschließend brachte man die Teilnehmer nach Hause.

Welchen Effekt hatten diese Einsätze? Natürlich halfen sie in erster Linie der LPG beim Bergen der Ernte. Darüber hinaus verschafften sie jedoch Schülern und Lehrern ganz neue Erfahrungen. Neben dem Taschengeld, was sie sich verdienen konnten, lernten sie die schwere körperliche Arbeit der in der Landwirtschaft tätigen Menschen kennen und achten. Außerdem machte es auch viel Spaß, während der Arbeit mit seinen Freunden und Mitschülern über alles mögliche zu reden sowie die Lehrer von einer anderen Seite kennenzulernen (umgekehrt ebenso).[31]

In unserem Schulhaus hing eine Tafel, an der die Ergebnisse der Kartoffelernte ausgewertet wurden. Täglich aktualisiert, konnte jeder daran ablesen, wer am Vortag die meisten Körbe gesammelt hatte, welche Menge Kartoffeln am jeweiligen Tag im Durchschnitt pro Kopf und von der ganzen Gruppe gesammelt worden war. Diese öffentliche, auch namentliche Auswertung spornte stark an, am nächsten Tag noch besser zu sein als die Besten an den vorangegangenen Tagen.

Nach Abschluß der Ernteeinsätze bekamen wir als Schule von der LPG ein Dankschreiben für unsere zuverlässige Unterstützung und Einsatzbereitschaft. Dieses wurde vor dem Appell verlesen. Außerdem verdeutlichten wir anhand unserer Wettbewerbsübersicht, welchen volkswirtschaftlichen Nutzen unser Kartoffeleinsatz gebracht hatte. Und es beeindruckte die Schüler durchaus, wenn sie hörten, daß ihr Einsatz den Bedarf unseres ganzen Ortes deckte. Verstärkt wurde dieser Eindruck noch dadurch, daß die Kartoffeln von dieser LPG tatsächlich in unsere Konsumverkaufsstellen gelangten.

Innerhalb der Kommune gab es weitere Ansatzpunkte, sinnvolle Verbindungen zwischen Schule und Leben herzustellen. Das waren einmal die Sekundärrohstoffsammlungen (Flaschen/Gläser, Altpapier/Pappe, Alttextilien), die von der Schule in Absprache mit der örtlichen SERO-Erfassungsstelle organisiert wurden und an der alle Klassen beteiligt waren. Zum anderen das Sammeln und Sortieren von Weichplaste,[32] die von der Bevölkerung in große Netzbehälter vor Verkaufstellen gebracht wurde. Diese Arbeit erfolgte monatlich und wurde von den Pioniergruppen jeweils im Wechsel durchgeführt. Der Erlös der Plastesammlungen floß unmittelbar den beteiligten Gruppen zu, der Erlös aus den großen Schulsammlungen wurde für die Prämierung der besten Einzelsammler und der aktivsten Klassen verwendet sowie für Vorhaben der Pionierfreundschaft und der FDJ – Grundorganisation.

Weiterhin wurden in Absprache mit dem Bürgermeister bzw. mit der Ständigen Kommission Volksbildung gesellschaftlich nützliche

Tätigkeiten innerhalb des Schulgeländes und der Kommune an die FDJler als FDJ-Objekte übergeben. Bei der Realisierung halfen auch Eltern, Mitglieder von Patenbrigaden und Lehrer (z. B. bei der Erneuerung der 100-m-Bahn für den Sportunterricht oder bei der Beschilderung von Wanderwegen). Diese Schulaktivitäten ordneten sich ein in den kommunalen Wettbewerb »Schöner unsere Städte und Gemeinden – Mach mit!«.

Angestrebt wurde auch die Einbeziehung von Jugendlichen in die Arbeit der ständigen Kommissionen der örtlichen Volksvertretung (z. B. Bauwesen, Verkehrssicherheit, Jugend und Sport), um Interesse an der ehrenamtlichen Tätigkeit zu wecken. Allerdings fanden diese Angebote bei Jugendlichen wenig Anklang, weil der Ablauf der Kommissionssitzungen sie eher abstieß als ansprach und sie nicht wirklich aktiv werden konnten.[33]

In jeder Kommune gab es ehrenamtliche gesellschaftliche Gerichte – Schiedskommissionen – die jeweils im Rahmen der Kommunalwahlen gewählt wurden und sich mit geringfügigen Rechtsverletzungen sowie einfachen zivilrechtlichen Problemen auseinandersetzten. Sie verhandelten manchmal auch Delikte, an denen SchülerInnen unserer Schule beteiligt waren.

Ein Schüler der 9. Klasse fuhr mit seinem Fahrrad auf dem Fußweg nach Hause und brachte durch Unachtsamkeit eine über 80jährige Frau zu Fall. Sie erlitt einen komplizierten Beinbruch und mußte längere Zeit im Krankenhaus behandelt werden. Der Schüler hatte den Unfall natürlich nicht beabsichtigt, war aber auch nicht schuldlos an diesem Geschehen. Noch während die Frau im Krankenhaus lag, wurde der Fall vor der Schiedskommission verhandelt. Geladen waren außer dem betreffenden Schüler dessen Eltern, der Direktor der Schule, ein Mitglied der Kommission Familienerziehung des Elternbeirates, der Bürgermeister sowie ein Mitglied der Ständigen Kommission Verkehrssicherheit. Der Schüler wurde zunächst aufgefordert, den Unfallhergang noch einmal zu schildern und sein eigenes Verhalten einzuschätzen. Er tat das sehr selbstkritisch und es war ihm sichtlich unangenehm, vor dem geladenen Personenkreis sprechen zu müssen – obwohl er sonst durchaus nicht auf den Mund gefallen war. Er betonte am Ende seiner Bemerkungen, daß es ihm leid tue, der Frau einen Schaden zugefügt zu haben. Er sei auch schon (mit seinen Eltern) im Krankenhaus gewesen und habe sich bei ihr entschuldigt.

Nachdem sich einige Gäste kurz zum Bericht des Schülers geäußert hatten, wurde beraten, wie der Schaden wieder gut gemacht werden könne. Der Schüler hatte sich offenbar schon Gedanken gemacht. Er schlug vor, der Frau seine Hilfe anzubieten, wenn sie aus dem Krankenhaus zurückkäme. Er wolle ihr einkaufen und täglich die Kohlen aus dem Keller tragen, bis sie wieder in der Lage sei, das selbst zu tun.

Dieser Vorschlag wurde von der Schiedskommission akzeptiert und im Protokoll festgehalten. Dann wurde besprochen, wie die Realisierung der Verpflichtung kontrolliert werden sollte. An die Ständige Kommission Verkehrssicherheit ging zudem die Auflage, noch einmal zu prüfen, wie die Fußwege eventuell sicherer gemacht werden könnten. In der Schule waren kurz nach dem Unfall in allen Klassen bereits Belehrungen über verkehrsgerechtes Verhalten erfolgt.
Der Schüler hat seine Verpflichtungen in der Folgezeit gewissenhaft erfüllt. Dazu trug die Unterstützung durch seine Eltern ebenso bei wie sein Wissen um die gesellschaftliche Relevanz und die regelmäßige Kontrolle der Wiedergutmachung.

An den von mir angeführten Beispielen aus betrieblichen und gesellschaftlichen Zusammenhängen wird deutlich, daß die enge Verbindung zwischen Theorie und Praxis, Schule und Leben nicht nur den Wissenshorizont erweiterte, sondern nachhaltige Wirkungen für die Persönlichkeitsentwicklung hatte. Dies gilt für den Stellenwert des Einzelnen und seine Mitverantwortung in der Gesellschaft. Aber es gilt nicht zuletzt auch für seine Kenntnis und kritische Beurteilung des Betriebs- und Wirtschaftssystems, von dem die meisten Menschen, besonders junge Menschen hierzulande kaum eine Ahnung haben.

In der DDR dagegen führte die polytechnische Integration der Heranwachsenden nicht nur zu betrieblichen Kenntnissen, sondern – ungewollt! – auch zu einer zunehmend skeptischen Beurteilung des realsozialistischen Wirtschaftssystems, da die polytechnische Didaktik ungewollt über die gravierenden Defizite des Produktionsablaufs in der DDR aufklärte.

Diese Erfahrungen, die wichtige Voraussetzungen für demokratisches Verhalten in einer Gesellschaft sind, lassen sich wie folgt zusammenfassen:

1. Der Einzelne kann nicht für sich allein existieren, er ist auf andere Menschen im gesellschaftlichen Zusammenhang angewiesen.

2. Der Wert eines Menschen wird nicht allein durch seine formale Ausbildung und seine berufliche Tätigkeit begründet, sondern drückt sich in seinen besonderen Fähigkeiten, in dem nur ihm eigenen Umgang mit anderen Menschen und in seinem Engagement für die Gesellschaft aus.

3. Jeder Mensch leistet entsprechend seinen Fähigkeiten an seinem Platz für andere Menschen Bedeutsames, deshalb gebührt ihm Achtung vor seiner individuellen Lebensleistung.

Darüber hinaus bewirkte der polytechnische Unterricht – im Zusammenwirken mit einer stärkeren Vereinheitlichung und Entdifferenzierung der Bildungsstrukturen – auch Beachtliches hinsichtlich der Bildungschancen für Schüler aus unteren sozialen Schichten.[34] Denn historische und sprachliche Lerninhalte sind (besonders in Gymnasien) vom kulturellen und sprachlichen Milieu der unteren sozialen Schichten weiter entfernt als bei Kindern anderer sozialer Herkunft, naturwissenschaftlich-technische und praktische Lerninhalte kommen ihren Bildungsvoraussetzungen jedoch näher.

Mit der Einführung der Polytechnik wurden daher für Kinder aus unteren Schichten auch Bildungsbarrieren beseitigt und Wege zu weiterführender Bildung geöffnet,[35] in Form des polytechnischen Unterrichts, der Berufsausbildung mit Abitur (BmA), der Ingenieurausbildung im Anschluß an einen Facharbeiterabschluß oder der Vorkurse an Universitäten nach dem Abschluß der mittleren Reife sowie nach einem Facharbeiterabschluß zur Vorbereitung auf ein Hochschulstudium. Diese Entwicklung bewirkte, daß

– die Gruppe der Hochqualifizierten (Akademiker) unter den Erwerbstätigen in beiden deutschen Teil-Gesellschaften in etwa dem gleichen Umfang gewachsen ist (1965 noch jeweils 3 Prozent; 1986: 8 Prozent in der DDR; 1987: 7 Prozent in der BRD),

– die Gruppe mit gehobenem Qualifikationsniveau (Fachschul- und Meisterausbildung) in der DDR erheblich stärker anwuchs als in der BRD (1986: DDR 18 Prozent, 1987: BRD 11 Prozent),

– die Gruppe der Un- und Angelernten in der DDR wesentlich stärker schrumpfte als in der Bundesrepublik (1985: BRD 25 Prozent, 1986: DDR 14 Prozent der Erwerbstätigen)[36]

– somit auch insgesamt ein höheres allgemeines Qualifikationsniveau der Bevölkerung erreicht wurde als in der BRD.[37]

Diese Fakten machen deutlich, daß auch die gesamtdeutsche Gesellschaft und die – aus vielen Gründen dringend notwendige – Reform ihres Bildungssystems, wenn es ihr wirklich ernst ist mit der freien Entfaltung und der demokratischen Mitwirkung aller ihrer Individuen, in Zukunft die vielfältigen Erfahrungen, die bei der polytechnischen Bildung und Erziehung in der DDR gesammelt wurden, nicht ignorieren sollte.

Das beträfe insbesondere einen gesellschaftlichen Konsens darüber, daß ein in betrieblichen Zusammenhängen stattfindender Unterricht den Schülern aller Schularten der Sekundarstufe I und II die Möglichkeit geben muß, sich mit Problemen der Arbeitswelt – in einem weiteren Sinne –, der Technik- und der Wirtschaftsentwicklung auseinanderzusetzen, dabei spezifische Einsichten zu gewinnen (z. B. zu ökologischen Problemen, Fragen der Einkommensgerechtigkeit, der Mitbestimmung wie auch des Missbrauchs der Technik und neuer Technologien, zu sozialen Auswirkungen technischer Entwicklungen) sowie soziale und personale Kompetenzen zu entwickeln, die heute und in Zukunft in der modernen Arbeitswelt unverzichtbar sind.

Steckengebliebene Ansätze in Westdeutschland

Eine erneute ernsthafte Diskussion des polytechnischen Bildungsprinzips und seiner sehr konsequenten und – zumindest teilweise – durchaus erfolgreichen Realisierung in der DDR wäre aus meiner Sicht höchst wünschenswert. Eine solche Wiederaufnahme der Debatte ist nicht allzu schwierig, da dieses arbeitsorientierte Bildungsprinzip in der alten Bundesrepublik keineswegs etwas völlig Neues und Fremdartiges darstellt. Es existiert auch hier – aber entweder nur (noch) in wenig seriösen Ansätzen oder aber als Ruine der Bildungsreform.

Der Begriff *Polytechnik* wurde aus politischen und gesellschaftstheoretischen Gründen in der alten Bundesrepublik vermieden und tauchte nur in Hessen in der Verbindung *Polytechnik/Arbeitslehre* auf, wo er eine bildungstheoretische Grundposition kennzeichnete. Die Umsetzung und Ausgestaltung hatte jedoch wenig mit dem zu tun, was in der DDR unter *polytechnischem Unterricht* zu verstehen war.

Arbeitslehre wurde Anfang der 60er Jahre von Heinrich Abel in die Diskussion gebracht – als Bezeichnung für eine Lehre von der technisch-materiellen Welt, die 1964 Eingang in die Empfehlungen zum Aufbau der Hauptschule fand, welche aber erst 1969 von der Kultusministerkonferenz (KMK) verabschiedet wurden. Das neue Fach sollte manuelles Tun und reflektierendes Denken in zwar unterrichtlichen, aber schon produktionsähnlichen Situationen miteinander verbinden. Nach 1969 wurde in fast allen Bundesländern ein solcher Lernbereich *Arbeitslehre* in den Fächerkanon der Hauptschulen eingeführt.

1966 ließ der Deutsche Bildungsrat Empfehlungen zur Einführung von Schulversuchen mit Gesamtschulen erarbeiten, wo auch die Arbeitslehre eine nicht unwesentliche Rolle spielen sollte. Die gesellschaftspolitischen Intentionen der Gesamtschule schienen dafür besonders geeignet. Doch diese Empfehlungen blieben auf das Experimentalprogramm beschränkt.

In den 70er Jahren mehrten sich die Stimmen, die eine Einführung in die Arbeitswelt für alle Schulformen der Sekundarstufe I forderten. Seit Beginn der 80er Jahre gab es einen Konsens zwischen Ingenieur- und Arbeitgeberverbänden sowie den Gewerkschaften, daß Technik und Arbeit in allen Schularten Unterrichtsgegenstand werden müsse. Auf Initiative der Berliner Schulsenatorin Laurien wurde 1984 mit der Arbeit an KMK-Empfehlungen begonnen, die das Lernfeld Arbeitslehre in der Sekundarstufe verankern sollten. Daran waren alle Bundesländer beteiligt. Das 1987 in der KMK vorgelegte Arbeitsergebnis besagte, daß nicht ein verbindliches Fach empfohlen wurde, sondern in den einzelnen Ländern unterschiedliche Organisationsformen möglich sein konnten. Aber der Lernbereich sollte in den Pflichtunterricht integriert werden. Zwei Bundesländer verweigerten dieser Vorlage die volle Zustimmung. Das hatte zur Folge, daß dieses Papier nur im Range unverbindlicher Materialien verabschiedet und den Ländern als Diskussionsgrundlage zur Verfügung gestellt wurde.

Trotz des ausdrücklichen Wunsches des wirtschaftlichen Umfeldes gelang es bis Ende der 80er Jahre nicht, die Arbeitslehre auf alle Schultypen der Sekundarstufe I auszudehnen. Vor allem die Vertreter der Gymnasien leisteten hier hartnäckigen Widerstand.

In zehn Bundesländern entwickelte sich in den Hauptschulen eine Vielzahl unterschiedlicher Varianten des Lernbereichs Arbeitslehre, die in den Pflichtstundenzahlen schwankten, sowohl kooperative Modelle als auch teilintegrierte Lösungen hervorbrachten, im Pflicht- oder Wahlpflichtbereich angesiedelt und damit insgesamt untereinander schwer vergleichbar waren. In Hessen existierten darüber hinaus Richtlinien für die Gesamtheit der Sekundarstufe I, die jedoch nur bis Klasse 6 die Einordnung in den Pflichtbereich vorsahen. Am weitesten reichte der Lehrplan für den Lernbereich Arbeit/Technik/Wirtschaft in Bremen, der seit Anfang der 80er Jahre für alle Hauptschulen, Realschulen und Gymnasien galt. Nach 1987 sollte dort ein eigenständiges Fach Arbeitslehre für die Gesamtheit der Sekundarstufe I geschaffen werden, das eine Grundbildung für alle vermitteln soll.

Grundsätzlich verblieb in allen beteiligten Bundesländern der Unterricht im Schulbereich – bis auf die Betriebspraktika, die sich die Schüler der 9. und 10. Klassen individuell organisierten. Sie umfaßten einen geschlossenen Zeitraum von ca. 2 Wochen(!), einmal im Schuljahr.[38]

Ein Konsens darüber, daß Probleme der Technik und Arbeit Unterrichtsgegenstand werden müßten, gab es (laut Oskar Anweiler) seit Anfang der 80er Jahre auch in der BRD zumindest zwischen Ingenieur- und Arbeitgeberverbänden sowie den Gewerkschaften. Offensichtlich hat aber ein sehr rigides Verständnis von funktionaler Autonomie der Schulen selbst nicht unwesentlich dazu beigetragen, entsprechende Entwicklungen zu verhindern.

Als Fazit ist festzustellen: Schule kann nur bestehen in bezug auf und in der konstruktiven Auseinandersetzung und Kooperation *mit* anderen gesellschaftlichen Partnern und Bereichen. Alles andere ist Selbstzweck.

Daß das Wirtschaftssystem privatwirtschaftlich organisiert ist, weltanschaulicher Pluralismus herrscht und föderale Strukturen bestehen, erschwert sicher den Prozeß der Konsensfindung, macht ihn aber nicht unmöglich. Wenn die KMK-Empfehlungen aus dem Jahre 1969 – die in ihren Grundzügen verbindlichen Charakter haben – aussagen, daß Einsichten, Kenntnisse und Fertigkeiten im technisch-wirtschaftlichen und gesellschaftlichen Bereich vermittelt werden sollen, die heute notwendige Bestandteile der Grundbildung jeden Bürgers sind, können davon keine Schülergruppen (Gymnasiasten) ausgenommen werden. Denn auch sie haben ein Vorverständnis einer arbeitsteiligen Wirtschaftswelt nötig, in die sie später eingebunden sein werden.

Solange aber eine Bandbreite an Auslegungen von verbindlichen Zielen und Inhalten in den einzelnen Bundesländern möglich ist, die kaum erkennen läßt, was die Zielstellungen in Bayern mit jenen in

Hessen zu tun haben, dann stellt sich schon die Frage, wie ernst Bildungspolitiker in der alten Bundesrepublik (die heute auch die Rückwärtsentwicklung in der neuen bestimmen) das anerkannte polytechnische Prinzip nehmen.

Dann ergeben sich Probleme der Finanzierung und der materiellen Ausgestaltung sowie der fachlichen Qualifizierung des pädagogischen Personals fast zwangsläufig. Sie tun ein übriges dazu, daß die polytechnische Didaktik vorläufig als Ruine in der deutschen Bildungslandschaft stehen bleibt.

1 Vgl. Oskar Anweiler, Bildungspolitik und Bildungsforschung im geteilten Deutschland. Kein objektiver Rückblick, in: Gisela Helwig (Hrsg.), Rückblicke auf die DDR, Köln 1995, S. 97-103

2 Kernstück des polytechnischen Prinzips ist die Verbindung von Theorie und praktischer Arbeit bzw. zwischen Schule und Arbeitswelt. Aber allgemeiner gilt für dieses Prinzip: eine umfassende Allgemeinbildung, in der Mathematik, Naturwissenschaften und volkswirtschaftliche Themen einen hohen Stellenwert haben.

3 Hier sei neben Kerschensteiner, Gaudig, Litt u. a. der Bund Entschiedener Schulreformer erwähnt, der sich für eine Arbeitsschule einsetzte, die dem Aufstieg aller produktiven Menschen dienen und die »Verkopfungsmaschinerie« des überkommenen Berechtigungssystems sowie die starren Schulmethoden zur »Veruntertanung« überwinden sollte. Er setzte sich in seinen Bundestagungen bis 1933 mit verschiedenen Themen schöpferisch auseinander, z. B. Der neue Lehrer – Großstadt und Erziehung – Beruf, Mensch, Erziehung – Frauenbildung und Kultur – Jugend, Erziehung und Politik – Das Kleinkind, seine Not und seine Erziehung, in: Berufsbildung – Zeitschrift für das berufliche Bildungswesen, Berlin-Leipzig, H. 1/1949, S. 12.

4 Vgl. Geißler Wiegmann (1995), S. 213 ff., 6. Entwurf des Gesetzes zur Demokratisierung, Obwohl dieses Gesetz nicht durch die Länderparlamente beschlossen worden war, hatte es Gesetzeskraft aufgrund des SMAD [Sowjetische Militäradministration in Deutschland]-Befehls Nr. 110 vom 25. Oktober 1945, der den Landes- und Provinzialverwaltungen das Recht verlieh, Verordnungen mit Gesetzeskraft zu erlassen.

5 Prof. Paul Oestreich, fortschrittlicher Kulturpolitiker und Pädagoge, Initiator und Nestor des Bundes Entschiedener Schulreformer, wurde Ende 1948 aus der Schulverwaltung von Berlin-Zehlendorf entlassen, weil er das Schulgesetz für Großberlin vom November 1947 – vom Stadtparlament beschlossen und von der Stadtkommandantur genehmigt – und damit auch sein Leitbild von einer elastischen Einheitsschule mit Kern- und Kursunterricht umsetzen wollte. Wiedererstarkte reaktionäre Kräfte verhinderten, daß Oestreich an der Schulreform im Westteil Berlins mitwirken konnte. Dieser Vorgang zog eine Reihe öffentlicher Proteste nach sich, u. a. versammelten sich am 7. Januar 1949 Tausende Lehrer, Eltern und Schüler zu einer Massenkundgebung in und vor dem Friedrichstadtpalast (in: Berufsbildung – Zeitschrift für das berufliche Bildungswesen, a.a.O., H. 1/1949, S.12/13).

6 Bis dahin waren besonders zu fördernde Kinder im Klassenbuch mit einem roten A [Arbeiterfamilie] oder B [Bauernfamilie] gekennzeichnet worden. Der

Sinn dieser Maßnahme bestand darin, daß alle in der Klasse tätigen Fachlehrer diese Kinder namentlich kennen und entsprechend beachten sollten.

7 Am 7. Oktober 1949.

8 Die Arbeiter-und-Bauern-Fakultäten wurden den Hochschulen und Universitäten als gleichberechtigte Fakultäten angegliedert. Sie stellten eine Neuheit in der Geschichte der Hochschulen dar, weil sie die Absolventen nicht zum Abschluß, sondern zum Beginn eines Studiums führten. Die anfangs dreijährige Vorstudienzeit reduzierte sich bis Mitte der 60er Jahre zunächst auf zwei Jahre, dann auf ein Jahr, was einesteils aufgrund der wirtschaftlichen Erfordernisse nötig und andererseits aufgrund der inzwischen solideren allgemeinen Bildung der Absolventen ohne erhebliche Qualitätseinbußen auch möglich war.

9 Nach Steinmetz (1971) betrug z. B. im Jahre 1948 an der damaligen Technischen Hochschule Dresden der Anteil der Studierenden aus Arbeiter- und Bauernfamilien fast 49 Prozent (zitiert von W. Wolter, H. Körner, Entwicklung und Struktur des Bildungswesens der DDR – Aspekte der Gleichwertigkeit allgemeiner und beruflicher Bildung – Teil I, QUEM report, Schriften zur beruflichen Weiterbildung in den neuen Ländern, Heft 26, Hrsg. Arbeitsgemeinschaft QUEM, Berlin 1994, S. 21). Anweiler u. a. nennen für das Jahr 1958 – bezogen auf alle Universitäten und Hochschulen der DDR – 53 Prozent Studierende aus Arbeiter- und Bauernfamilien (Oskar Anweiler u.a.: Vergleich von Bildung und Erziehung in der Bundesrepublik Deutschland und in der Deutschen Demokratischen Republik, in: Materialien zur Lage der Nation, Hrsg. vom Bundesministerium für innerdeutsche Beziehungen, Köln 1990, S. 91).

10 Diese bald zum stehenden Begriff sich entwickelnde Bestimmung umfaßte neben allgemeinen humanistischen Anforderungen u. a. auch die Liebe zum sozialistischen Staat sowie die Verbundenheit mit anderen sozialistischen Staaten und die Solidarität mit unterdrückten Völkern in der Welt, die volle Entfaltung einer reichen Individualität, das Streben nach bestmöglichen Lernergebnissen und deren Einsatz zur Stärkung des sozialistischen Staates, was gleichzeitig als persönlicher Beitrag zur Verbesserung des allgemeinen und geistig-kulturellen Lebensniveaus in der DDR gewertet wurde. Diese (unrealistische) Zielstellung sollte im Zusammenwirken von Elternhaus, Schule und anderen gesellschaftlichen Partnern verwirklicht werden. Vgl. Akademie der Pädagogischen Wissenschaften (Hrsg.), Das Bildungswesen der Deutschen Demokratischen Republik, Berlin 1979, S. 13 ff.

11 Dieser Bildungsgang bot den betreffenden Schülern – schon aufgrund ihrer sozialen Lage, aber auch wegen der begrenzten Lerninhalte – keine Chancen, höhere Allgemeinbildung nachträglich zu erwerben und Studiengänge zu absolvieren.

12 Zehnklassige allgemeinbildende polytechnische Oberschulen, in denen Schüler der 1.-10. Klassen unter einem Dach unterrichtet wurden. Der Hort, den fast ausschließlich Schüler der 1.-4. Klassen besuchten, war integrativer Bestandteil der POS.

13 Mit Zwergschulen waren in erster Linie die einklassigen Landschulen gemeint. Von den im Jahre 1946 existierenden 4.114 Zwergschulen gab es in der DDR 1961 keine einzige mehr; vgl. Akademie der Pädagogischen Wissenschaften (Hrsg.), Das Bildungswesen, a.a.O., S. 50.

14 Bei der Volkszählung von 1971 besaßen 37 Prozent aller erwerbstätigen Frauen einen Facharbeiter- oder Meisterabschluß, 1985 waren es bereits 58,9 Prozent. 1971 hatten 9,9 Prozent einen Fach- oder Hochschulabschluß, 1985 waren es 22,6 Prozent. Das bedeutet, daß der Anteil der un- oder angelernten

Frauen an den weiblichen Erwerbstätigen im o.g. Zeitraum, also innerhalb dieser 14 Jahre, von 53,1 Prozent auf 18,5 Prozent gesunken ist. Das war vor allem ein Ergebnis von Frauenförderungsplänen, die seit 1952 in den Betrieben eingeführt wurden, und des Frauensonderstudiums ab 1963 sowie der gesetzlichen Regelungen zur Einrichtung von Frauensonderklassen an Fach- (1967) und Hochschulen (1969).Vgl. Gisela Helwig, Frau und Familie. Bundesrepublik Deutschland – DDR, Köln 1987, S. 43.

15 1965 kamen z. B. auf 70.000 Facharbeiterabschlüsse allein im Direktstudium an Fachschulen fast 11.000 Zulassungen zu technischen und naturwissenschaftlichen Studiengängen (nach W. Wolter, H. Körner, Entwicklung und Struktur des Bildungswesens der DDR, a.a.O.).

16 Bei der Zurechnung der technischen Intelligenz zur Arbeiterklasse spielte noch ein weiterer wichtiger Aspekt eine Rolle. Die SED achtete bei der Aufnahme von neuen Mitgliedern streng auf die Einhaltung eines exakten Schlüssels, der nur einen geringen Mitgliederanteil aus der Schicht der Intelligenz vorsah. Arbeiter ließen sich schwer für die SED gewinnen, dafür gab es überdurchschnittlich hohe Antragszahlen aus der Schicht der Intelligenz. Mit der Zuordnung der technischen Intelligenz zur Arbeiterklasse konnte man sowohl deren Anträgen entsprechen als auch den Arbeiteranteil erfüllen. In ähnlicher Weise wurde mit Offizieren der NVA, der Volkspolizei und mit politischen Funktionären verfahren sowie mit anderen Akademikern, die irgendwann einmal in der Produktion tätig gewesen waren.

17 Ab diesem Zeitraum ging es auch stärker um die Individualentwicklung und Modelle des differenzierten Unterrichts. Entgegen der in den fünfziger und sechziger Jahren vertretenen Auffassung, daß jeder alles werden könne, wenn nur die gesellschaftlichen Rahmenbedingungen dafür gegeben sind, führte eine nüchterne Bestandsaufnahme in den siebziger Jahren dazu, die unterschiedlichen individuellen Voraussetzungen sowie die milieuspezifischen sozio-kulturellen Prägungen zu akzeptieren und jeglicher individueller Förderung zugrunde zu legen. Anfang der achtziger Jahre fanden Diskussionen und Untersuchungen zur optimalen Entwicklung der Schüler statt, was vor allem bedeutete, individuelle Voraussetzungen und äußere Bedingungen im Bildungs- und Erziehungsprozeß gleichermaßen zu berücksichtigen und diese im Interesse des Einzelnen und der Gesellschaft bestmöglich in Übereinstimmung zu bringen. Diese Schwerpunktsetzung zielte zwar stärker als zuvor auf eine optimale Förderung von Hochbegabten, aber die besondere Förderung leistungsschwacher Schüler (aufgrund sozialer oder/und individueller Bedingungen) wurde zu keinem Zeitpunkt aufgegeben.

18 Diese Kriterien waren: 1. fachliche Leistungen, 2. die soziale Herkunft und 3. politisches Engagement (politische und gesellschaftliche Aktivität und die Bereitschaft zur aktiven Verteidigung des Sozialismus). Für die Anwendung dieser Kriterien bestanden während der Zulassungsverfahren Ermessensspielräume, so daß sie den jeweiligen politischen und ökonomischen Gegebenheiten angepaßt werden konnten, aber nicht mußten.

19 Zweijähriger höherer Bildungsgang nach Abschluß der POS zum Erwerb des Abiturs (bis 1979 war der Übergang in die EOS nach Beendigung der 8. Klasse erfolgt).

20 Nach W. Wolter, H. Körner, Entwicklung und Struktur des Bildungswesens der DDR, a.a.O., S. 40 ff.

21 Polytechnisches Zentrum: Lernort für die produktive Arbeit der 7. und 8. Klas-

sen, der zwar in Betrieben angesiedelt, und dennoch von der realen Produktion getrennt war. Diese originale, auf Heinz Frankiewicz zurückgehende, DDR-spezifische Lösung, ermöglichte neben der Nähe zur Produktion mit den entsprechenden sozialen Kontakten eine umfassende pädagogische Betreuung, ohne direkt in den Produktionsablauf einzugreifen. Im Polytechnischen Zentrum konnten auch die theoretischen Fächer erteilt werden, so daß der gesamte polytechnische Unterricht der Oberstufe außerhalb der Schule stattfand. Vgl. Hörner (1990): Polytechnischer Unterricht in der DDR und Arbeitslehre in der Bundesrepublik Deutschland, in: Oskar Anweiler u.a., Vergleich von Bildung und Erziehung, a.a.O., S. 218 ff.

22 Z. B. eine Mengenvorstellung von 1 bis 10 erarbeiten, kleine Gedichte und Lieder erlernen, Unterscheidung von Farben, Umgang mit Stiften, Malfarben und Modelliermasse, richtige Benutzung der Schere u.a. Ebenso wichtig war, durch entsprechende Übungen die Konzentrationsfähigkeit bis zur Einschulung zu erhöhen, was im Rahmen der regelmäßigen thematischen Beschäftigungen erfolgte, die innerhalb des Tages einen Zeitraum von 15 Minuten bei den 3- bis 4jährigen bis etwa 30-40 Minuten bei den 6- bis 7jährigen Kindern beanspruchte. Spiel und Sport trugen zur Gesunderhaltung bei sowie zur Vorbereitung auf den Sportunterricht.

23 Das waren Schüler der Klassen 5-10, die sich während ihrer Freizeit im Schulgarten (z. B. in Arbeitsgemeinschaften Junge Gärtner) betätigten und durch ihre Arbeit den Schulgartenunterricht unterstützten.

24 Eine zufriedenstellende Ausstattung gab es Ende der achtziger Jahre nur in den Spezialschulen (je Computerkabinett 6 Kleincomputer, 1 PC und 1-2 Drucker), in den EOS sollte eine analoge Ausstattung 1990 abgeschlossen sein. Im Bereich der Berufsbildung wurden bis 1987 400 Computerkabinette eingerichtet. In den POS erfolgte die Erprobung der Grundlagenausbildung Informatik zunächst in 80 polytechnischen Kabinetten, die jeweils mit 7 Schülergeräten und 1 Lehrergerät ausgestattet waren. Der 1989 neu auf den Markt gekommene Bildungscomputer sollte die bis dahin bestehenden Hardwareprobleme lösen, die einer Implementierung der Technik hinderlich waren (geringe Speicherkapazität, mangelhafte Kompatibilität der Software).

25 Doch nicht jeder Schülerarbeitsplatz war attraktiv und abwechslungsreich. So führten die realen Gegebenheiten in der Produktion auch zur Ernüchterung in Bezug auf bestimmte Facharbeiterberufe, die mit monotonen Arbeitsabläufen verbunden waren. Die Lehrlingsquote bei produktiven Facharbeiterberufen konnte deshalb auch nicht oder nur partiell wie ursprünglich angestrebt erfüllt werden. Vor allem Mädchen hielten mehrheitlich an Verwaltungsberufen fest.

26 Hörner (1990) erwähnt nicht nur die Beliebtheit der Produktiven Arbeit als Abwechslung zum Schulalltag, sondern auch den Ernstcharakter der Produktion, der von den meisten Schülern als Aufwertung ihrer Persönlichkeit erfahren wird. In: Oskar Anweiler u.a., Vergleich von Bildung und Erziehung, a.a.O., S. 222.

27 Heinz Frankiewicz, Günther Loos, Grundlagen der Informationsverarbeitung und informationsverarbeitender Technik im polytechnischen Unterricht, in: Pädagogische Forschung, 28. Jg., 1978, S. 53.

28 Daß die Berufsorientierung und -wahl nicht die erhofften Ergebnisse brachte, lag weniger an der Ausgestaltung der Schülerarbeitsplätze, sondern vor allem an den realen Arbeitsplätzen, die in verschiedenen betrieblichen Bereichen nicht nur als interessante, sondern auch als monotone, wenig anspruchsvolle Tätigkeiten von den Schülern wahrgenommen wurden.

29 Z. B. sprachen Vertreter der Betriebsleitung vor Schülern über die Rolle ihres Betriebes in der Gemeinde, über Vertragsabschlüsse mit Zulieferern und Abnehmern sowie über die Verantwortung des Betriebes gegenüber der Gesellschaft. Die Betriebsgewerkschaftsleitung berichtete u. a. über die Anstrengungen der Werktätigen des Betriebes zur Erfüllung des Volkswirtschaftsplanes, über die betriebliche Gesundheitsvorsorge für jeden Werktätigen, über die Vorbereitung der Betriebsferienlager oder die Betreuung der Veteranen des Betriebes. Es war auch üblich, mit den Schülern an Hand von Brigadetagebüchern über Formen gemeinsamen Arbeitens, Lernens und Lebens zu diskutieren.

30 Auf den betreffenden Feldern war aufgrund der geringen Größe oder Hanglage der Einsatz von moderner Technik kaum möglich. Manchmal wurde auch im Anschluß an die maschinelle Ernte per Hand noch einmal nachgelesen. Die Vergütung der Nachlese war dann höher.

31 Die Lehrer waren ausschließlich als Betreuer eingeplant. Aber sie fanden es meist nicht gut, am Feldrand zu stehen und den Schüler bei der Arbeit nur zuzuschauen. So arbeiteten sie fast immer mit den Schülern gemeinsam und manchmal auch mit ihnen um die Wette.

32 Z. B. Joghurtbehälter, Behälter für Wasch- und Spülmittel u.ä.

33 Das lag oft daran, daß man sich im Rat vorab nicht richtig überlegt hatte, wie die Schüler eigentlich einbezogen werden sollten. Manchmal mangelte es den beauftragten Kontaktpersonen an minimalem pädagogischem Geschick. Am negativsten wirkte jedoch der Ablauf der Kommissionssitzungen, dem die Jugendlichen (in der Regel) überhaupt nichts abgewinnen konnten.

34 In der DDR: nur in Arbeiter- und Bauernklasse differenziert.

35 Vgl. Rainer Geißler (1990): Entwicklung der Sozialstruktur und Bildungswesen, in: Oskar Anweiler u.a., Vergleich von Bildung und Erziehung, a.a.O., S. 99.

36 Ebd., S. 101/102.

37 Ebd., S. 99, 109.

38 Hörner, a.a.O. S. 225 ff.

Weiterführende Literatur

Akademie der Pädagogischen Wissenschaften (Hrsg.), Das Bildungswesen der Deutschen Demokratischen Republik, Berlin 1979

Akademie der Pädagogischen Wissenschaften der DDR, Institut für Pädagogische Psychologie (Hrsg.), Psychologische Grundlagen der Persönlichkeitsentwicklung im pädagogischen Prozess, 3. Auflage, Berlin 1982

Oskar Anweiler u. a., Vergleich von Bildung und Erziehung in der Bundesrepublik Deutschland und in der Deutschen Demokratischen Republik, in: Materialien zur Lage der Nation, Hrsg. vom Bundesministerium für innerdeutsche Beziehungen, Köln 1990

Autorenkollektiv, Schule in der Diskussion. Überlegungen von Pädagogen der Humboldt-Universität, Berlin 1990

D. Benner, H. Merkens, F. Schmidt (Hrsg.), Bildung und Schule im Transformationsprozess von SBZ, DDR und neuen Ländern, Berlin 1996

Hans Döbert, Das Bildungswesen der DDR in Stichworten. Inhaltliche und administrative Sachverhalte und ihre Rechtsgrundlagen, Berlin 1995

Edgar Drefenstedt, Optimale Entwicklung jedes Schülers und die Qualität des Unterrichts, Berlin 1984

Heinz Frankiewicz, Günther Loos, Grundlagen der Informationsverarbeitung und informationsverarbeitender Technik im polytechnischen Unterricht, in: Pädagogische Forschung, 28. Jg., 1987, S. 44-55

Heinz Frankiewicz u. a., Handbuch Produktive Arbeit der Schüler, 2. Auflage, Berlin 1988

Gisela Helwig, Jugend und Familie in der DDR. Leitbild und Alltag im Widerspruch, Köln 1984

Gisela Helwig, Frau und Familie. Bundesrepublik Deutschland – DDR, Köln 1987

Gisela Helwig (Hrsg.), Schule in der DDR, Köln 1988

Gisela Helwig (Hrsg.), Rückblicke auf die DDR, Köln 1995

D. Hoffmann, H. Döbert, G. Geißler (Hrsg.), Die unterdrückte Bilanz. Zum Verhältnis von Erziehungswissenschaft und Bildungspolitik am Ende der DDR, Weinheim 1999

Hans Joas, Martin Kohli (Hrsg.), Der Zusammenbruch der DDR. Soziologische Analysen, Frankfurt/M. 1993

Ulrike Mietzner, Enteignung der Subjekte – Lehrer und Schule in der DDR, Opladen 1998

Ministerium für Volksbildung der Deutschen Demokratischen Republik, Hauptabteilung Lehrerbildung (Hrsg.), Die Lehrerbildung in der DDR – Eine Sammlung der wichtigsten Dokumente und gesetzlichen Bestimmungen für die Ausbildung der Lehrer, Erzieher und Kindergärtnerinnen, Berlin 1976

Gerhart Neuner, Zur Theorie der sozialistischen Allgemeinbildung, Berlin 1978

W. Wolter, H. Körner, Entwicklung und Struktur des Bildungswesens der DDR – Aspekte der Gleichwertigkeit allgemeiner und beruflicher Bildung – Teil I, QUEM report, Schriften zur beruflichen Weiterbildung in den neuen Ländern, Heft 26, Hrsg. Arbeitsgemeinschaft QUEM, Berlin 1994

W. Wolter, H. Körner, Berufliche Bildung und Weiterbildung in der DDR – Aspekte der Gleichwertigkeit allgemeiner und beruflicher Bildung – Teil II, QUEM report, Schriften zur beruflichen Weiterbildung in den neuen Ländern Heft 27, Hrsg. Arbeitsgemeinschaft QUEM, Berlin 1994

Zukunftspotential: Bildende Kunst in der DDR

Die folgende Würdigung der bildenden Kunst – vor allem der Malerei – der DDR und einiger ihrer wichtigsten Werke vollzieht sich in zwei Schritten: In der vorangestellten Analyse begründet Fritz Vilmar die These, daß die bedeutende Malerei in der DDR nicht als obsolet (»ästhetischer Müll«) zu gelten hat, daß sie vielmehr mit ihrem Festhalten und Weiterbilden eines avancierten, expressiven Realismus für die gesamtdeutsche Kunstentwicklung eine höchst bedeutsame Gegenposition ausgebildet hat zu den vorherrschend abstrakten Malweisen im »Westen«. Und es wird auf die wenig bekannte Tatsache verwiesen, daß die Vorherrschaft der »abstrakten Kunst«, besonders in Westdeutschland, nach 1945 auch das Ergebnis massiver Einflußnahme US-amerikanischer Kulturpolitik war unter maßgeblicher Beteiligung amerikanischer »Abstrakter«.
Im folgenden Dialog mit zwei Kunsttheoretikern aus der DDR wird die Grund-These Vilmars aufgenommen, aber auch kritisch differenziert. Vor allem aber wird der kunstpolitische Prozeß in der DDR nachvollzogen, der zum Scheitern der parteidogmatischen Durchsetzungsversuche des »Sozialistischen Realismus« führte, und es werden maßgeblich werdende Maler und wichtige ihrer Werke zur Sprache gebracht, die das realistische Prinzip auf höchst eigenständige Weise ins Expressionistische, Surrealistische und Abstrakte weiterentwickelten.
Exemplarische Reproduktionen – für die freundliche Überlassung einiger Ektachrome danken wir der Berliner Galerie Brunsberg herzlich – mögen die Glaubwürdigkeit unserer Darstellungen verstärken.

Fritz Vilmar

Bildende Kunst in der DDR: Nicht für die Müllhalde der Geschichte

In den 70er und 80er Jahren gab es in der Bundesrepublik eine zunehmende Beachtung der Werke bedeutender Künstler aus der DDR – ich beschränke mich im folgenden auf die Malerei. Auf der 6. »documenta« 1977 in Kassel waren einige der wichtigsten repräsentativ vertreten. Aufsehenerregend war in den 80er Jahren das Bekanntwerden der großen Sammlung ostdeutscher und osteuropäischer Malerei durch den Unternehmer und Kunst-Mäzen Peter Ludwig.[1] Seit der Wende dagegen gibt es eine fatale Tendenz zur Herabwürdigung der DDR-Malerei und zu ihrer Ausgrenzung aus deutschen Museen – bis hin zur Absage der mit dem Künstler bereits vertraglich fixierten großen Sitte-Retrospektive 2001 durch das Germanische Nationalmuseum Nürnberg.[2]

Im folgenden geht es darum, diese völlig ungerechtfertigte Geringschätzung und ihre Hintergründe zu analysieren und zu beurteilen.

Die 2002 verstorbene Regine Hildebrand hat als Sozialministerin im Land Brandenburg zur angemessenen Beurteilung wesentlicher sozial-kultureller Einrichtungen vor einigen Jahren das Entscheidende gesagt. Sie erklärte: »Mir will einfach nicht einleuchten, warum man nicht die Vorteile zweier Systeme miteinander verbinden kann, sondern statt dessen einem einzigen System den Vorzug gibt, das neben vielen erfreulichen Vorteilen erhebliche Mängel aufweist.«[3]

Diese Einsicht gilt besonders auch für die besten Zeugnisse der ostdeutschen Malerei. Wie für alle sozial-kulturellen Einrichtungen der DDR, so gibt es auch zur Kunst ein heute vorherrschendes, westdeutsches Vorurteil. Die DDR-Malerei gehört auf die Müllhalde der Geschichte – aus zwei Gründen:

Erstens war die DDR-Kunst (und speziell die) Malerei Propagandakunst, Staatskunst zur Verherrlichung des Arbeiter- und Bauernstaates; und zweitens ist die DDR-Malerei, im Schlepptau des sozialistischen Realismus der Sowjetunion, auf der »vor-modernen« ästhetischen Stufe des Realismus stehengeblieben. Sie ist daher eine Kunst von gestern, nicht auf der Höhe der Zeit – und im Sinne dieser mangelnden ästhetisch-zeitgeschichtlichen Aktualität so etwas wie unmodern gewordene Kleidung, also: Müll (wie etwa der rassistisch eingefärbte Naturalismus der NS-Kunst. Dementsprechend wurden in der großen Kunstausstellung in Weimar im Goethejahr 1999 beide Kunstrichtungen mit zahlreichen diffamatorisch nebeneinander gehängten Exponaten als »ästhetischer Müll« präsentiert.)[4]

Überwindung des »Sozialistischen Realismus«

Ich stelle diesen disqualifizierenden Thesen zwei Gegenthesen gegenüber:

1. Es hat in der Tat auch in der DDR, wie in allen osteuropäischen Ländern, Malerei gegeben, die sich einem kommunistischen Parteidogma von der positiven realsozialistischen Gesellschaft dienstbar gemacht hat, die eine in diesem Sinne geschönte, also unwahre Realität präsentiert hat und daher nicht eine geistig freie, einem autonomen Schöpfungsakt des Künstlers entsprungene Kunst war. Aber daneben und an dessen Stelle haben Künstler in der DDR im Laufe der 40 Jahre zunehmend eine Malerei entwickelt, die sich für realsozialistische Absichten der Verklärung des Arbeiter- und Bauernstaates nicht mehr instrumentalisieren ließ.

Ulrike Goeschen hat 2001 in einer minutiösen Untersuchung mit dem geistreichen Titel »Vom sozialistischen Realismus zur Kunst im Sozialismus« nachgewiesen, daß und wie sich in der DDR Künstler und Kunsttheoretiker in einer zunächst sehr schwierigen, aber zunehmend erfolgreichen »konzertierten Aktion« schon in den 50er, vor allem aber in den 60er Jahren gegen eine Dogmatisierung des Realismus und für die Wiederaneignung der »klassischen Moderne« der 20er Jahre eingesetzt haben – mit dem Ergebnis, daß seit den 70er Jahren die Parteiführung den verbindlichen Zielbegriff eines *Sozialistischen Realismus* praktisch aufgeben mußte: »Die allmähliche Aufarbeitung der Kunst der 20er Jahre als legitimer Tradition der Kunst in der DDR wurde nicht nur dem Selbstverständnis der Künstler gerecht, sondern bereitete auch den Boden für das, was ab Anfang der

70er Jahre unter der Formel ›Weite und Vielfalt‹ von parteioffizieller Stelle sanktioniert wurde.«[5]

Und sie gelangt zu der zeitgeschichtlichen Schlußfolgerung: »Mit dem X. Verbandskongreß im November 1988 war dann der sozialistische Realismus als restriktives ... Konzept an sein Ende gelangt. Die Eroberung der künstlerischen Freiheit war der politischen Freiheit vorangegangen.«[6]

Für die maßgeblichen Künstler der DDR[7] fällt also der Vorwurf einer unfreiheitlichen propagandistischen Kunstproduktion in sich zusammen. Das wird evident, wenn wir vorurteilslos und eingehend die Werke der bedeutenderen Malerinnen und Maler betrachten; sie werden in dem hier folgenden Dialog und in den Reproduktionen vorgestellt.

2. Die relevanten Hervorbringungen der bildenden Kunst der DDR haben die menschliche und gesellschaftliche Existenz, Geschichte, Umwelt und persönliche Daseins-Visionen höchst individuell dargestellt, häufig stark expressionistisch oder fast surrealistisch, oft allegorisch oder mythologisch verfremdet, selten optimistisch, oft skeptisch, kritisch, melancholisch, oft schwer deutbar, niemals aber als idealisierte Abbildung einer schönen sozialistischen Welt. Die bedeutendere Malerei der DDR hat nicht nur die parteidogmatische Programmatik des Sozialistischen Realismus hinter sich gelassen; sie hat sich zu einem höchst differenzierten, ausdrucksstarken und reflektierten Realismus entwickelt. Maßgebliche Künstler des Landes wie Cremer, Sandberg, das Ehepaar Grundig, Sitte, Heisig, Kettner, Tübke, Paris, Hegewald, Mohr standen an der Spitze des Künstlerverbandes und der Akademie der Künste und nahmen den Prozeß der Veränderungen in ihre eigenen Hände.

Es ist in allen Ausstellungen und Bildbänden zu erkennen, daß dieser avancierte Realismus[8] der wichtigeren DDR-Maler sich von bloßer »Abbildung« der Realität weit entfernt hat. Indem er die Realität verfremdet, ohne sie aber – von Ausnahmen abgesehen – zugunsten totaler Abstraktion aufzugeben, indem er durch Verwandlung ihr – oft erschreckendes – Wesen enthüllt, setzt dieser Realismus durchaus drei Traditionen der deutschen, der europäischen modernen Malerei fort: die expressionistische im weitesten Sinn, die surrealistische und die der Neuen Sachlichkeit. Die ausgewählten Reproduktionen können einen Eindruck von diesem expressiven Reichtum vermitteln.[9]

Dagegen folgt diese Malerei nicht oder nur selten der westlichen und speziell westdeutschen auf dem Weg in die weithin gegenstandslose, abstrakte Kunst (bis hin zum »Minimalismus«, »Infomalismus« und in die Installations-Kunst), wie sie seit den 50er Jahren als allein »modern« propagiert wurde.

Sie setzt, wie Goeschen gezeigt hat, Maltraditionen fort, wie sie im Expressionismus der 20er Jahre und sozialkritisch, vor allem bei Käthe Kollwitz, Georg Grosz und Otto Dix sowie Max Beckmann, oder weniger unmittelbar sozialkritisch bei Christian Schad und den Wiener Phantastischen Realisten (Fuchs, Hauser, Hundertwasser, Lehmden) in Erscheinung trat, aber auch bei eher surrealistisch orientierten Malern wie Magritte, de Chirico, Dali und, in surrealistischer Höchstform, bei Max Ernst.[10]

Diese Feststellung führt uns unmittelbar zu einer fixen Idee der gegenwärtigen deutschen Kunsttheorie oder besser: Kunstideologie, die nicht etwa die DDR-Malerei, wohl aber die westdeutsche in eine Sackgasse zu treiben droht: Es heißt, moderne Kunst habe abstrakt zu sein, gegenstandslos, informell. Ich erspare mir hier die Rekapitulation des Gewirrs von immer neuen Begriffsbildungen für diese moderne »abstrakte« Kunstrichtung und verweise nur auf wenige Bestimmungsversuche.

Der Begriff der abstrakten bzw. der gegenstandslosen Kunst ist theoretisch nicht abschließend geklärt, insofern es natürlich auch bei »abstrakten« Bildern oder Installationen in Gestalt von Farben, Linien, Flächen, Materialien eine Form von »Gegenständlichkeit« gibt. Im folgenden wird zusammenfassend unter abstrakter oder gegenstandsloser Ästhetik jene verstanden, bei der keinerlei Bezug zur realen, gegenständlichen, »figürlichen« Welt der Menschen oder der Natur mehr gegeben ist.

Verwiesen sei hier noch auf den allgemeinen theoretischen Bestimmungsversuch, den Werner Haftmann in seinem großen Werk »Malerei im zwanzigsten Jahrhundert«[11] unternommen hat. Er stellt zunächst fest: »Die radikalen Veränderungen in der Malerei ereignen sich zwischen1900 und 1910, wichtige Stichjahre sind 1905 Fauvismus, 1907 Kubismus, 1910 das abstrakte Bild«. In dieser revolutionären Entwicklung kommt es zu einer Kunst, »die, von den bildnerischen Ausdrucksformen und Techniken her gesprochen, ein dingliches Erlebnis in den abstrakten Ausdrucksverfahren der psychischen Region widerspiegelte oder umgekehrt aus dieser ›abstrakten‹ Region Bilder, Zeichen, Signete gegenständlicher Natur hervortreten ließe, wobei diese beiden Verfahren ... simultan verschränkt vorzustellen wären«. Diese abstrakte Malerei sei »insbesondere durch Paul Klee, Joan Miró zu breitester Wirkung gebracht worden«.

Ende der 20er Jahre drehte man sogar den Spieß herum und nannte die ins Geometrische tendierende abstrakte Kunst, falls sie gewissen Darstellungsregeln folgte, gerade »konkret«.[12]

Natürlich hat es auch in der westdeutschen Nachkriegs-Kunstentwicklung (vom österreichischen »Phantastischen Realismus« ganz zu schweigen) immer wieder sehr beachtete Künstler eines expressiven Realismus gegeben. Unbeschadet dessen gab es in der zweiten Hälfte des 20. Jahrhunderts ein derartiges Übergewicht der als modern geltenden »abstrakten« Malerei[13], daß die dezidierten »Realisten« sich schließlich, 1990, gezwungen sahen, einen Sonderbund – eine ganz neue Art von »Sezession« – zu gründen.[14] Von den USA massiv forciert, blickten nach 1945 »die Jüngeren viel stärker auf das, was ›draußen‹ geschehen war. Dabei setzte sich immer stärker die Auffassung durch, daß in der Abstraktion eine Formensprache erreicht worden sei, der eine allgemeine Gültigkeit zukam und der die Zukunft gehörte. Die Abstraktion erschien als die logische und definitive Konsequenz der kunstgeschichtlichen Entwicklung.«[15]

Diese abstrakte Malerei enthält sich jedes Bezugs zur menschlichen, gesellschaftlichen oder natürlichen Realität. Deren Elemente werden bestenfalls nur noch als zusammenhangloses Spielmaterial oder in Form möglichst ungestalter Grundelemente gelten gelassen, als Konglomerate von Steinen, Pappe, Teig, Abfall, Zweigen. Man könnte den Titel dieser Verteidigung der DDR-Kunst geradezu ironisch umkehren: Malerei West: Müll!

Ich möchte hier aber nicht die sozusagen radikalisierte Spätform abstrakter Kunst in den Vordergrund stellen – obwohl sie in Entgegnung zu der Diskriminierung der expressiv-realistischen Malerei der

DDR eine entschiedene Kritik verdiente. Ich möchte vielmehr zunächst einmal den Enthusiasmus, die kunstphilosophische Begeisterung über die revolutionäre ästhetische Leistung der abstrakten Kunst in Erinnerung rufen: Die vollkommene Lösung von abzubildenden Gegenständen, diese völlige Entweltlichung, dieses Gestaltungsprinzip der reinen Kopfgeburt von Linien, Farben, Formen und Objekten im vergangenen Jahrhundert hat zu einer einzigartigen Emanzipation, zu einem historisch einmaligen Aufbruch des künstlerischen Schaffens: zur Schöpfung völlig neuer virtueller Welten geführt – in der Tat zu einer revolutionären Freisetzung gestalterischer Phantasie.

Leider tendiert jede Revolution dazu, in einen *Terreur*, eine Schreckensherrschaft, zu führen.

Der Terreur der totalen Abstraktion in der bildenden Kunst und speziell der Malerei liegt in ihrer Absolutsetzung einer totalen Unverbindlichkeit und spielerischen Loslösung von jedem menschlichen, sozialen und Natur- bzw. Weltbezug. Dieses L'art pour L'art, diese bedeutungslose Art moderner Malerei bewegt sich auf einer grandiosen Spielwiese der Beziehungslosigkeit und Unverbindlichkeit.

Daraus ergibt sich meine zentrale sozialphilosophische und zugleich kunstpolitische These: Statt die ästhetische Erbschaft eines hochdifferenzierten, expressiven Realismus der DDR-Malerei auszuschlagen, statt sie zu liquidieren, sollte sie ernstgenommen, begrüßt und integriert werden als höchst fruchtbarer, ja geradezu notwendiger – Gegenpol zur abstrakten, realitätslosen Malerei in Westdeutschland.

Da die Kunst der DDR statt solcher Integration in west- und ostdeutschen Museen nach 1989 zunehmend Ausgrenzung erfuhr, ist die Forderung des renommierten (DDR-)Kunstkenners und FAZ-Redakteurs Eduard Beaucamp mit Entschiedenheit zu unterstützen: »Berlin braucht ein Museum für die ostdeutsche Kunst«.

»Man sollte die ... Depotverbannten endlich befreien und, da ihre Integration in unseren Kanon offenbar unerwünscht ist, in einem eigenen neuen Haus sichtbar machen ... Ein Haus ostdeutscher Kunst ... gehört in die ... Hauptstadt. Auch nach zehn Jahren ist es für eine Revision ... unserer Kunstgeschichte nicht zu spät.«[16]

Um ein freies, unvoreingenommen-kritisches wie auch gelten lassendes Verhältnis zwischen den Kunstproduktionen in beiden Teilen Deutschlands herzustellen, ist es notwendig, eine vorherrschende westdeutsche Anmaßung der Überlegenheit (»Wir vertreten die Moderne!«[17]) ab- und ein Bewußtsein der Gleichrangigkeit aufzubauen. Zu diesem Zweck ist es unerläßlich zu wissen, daß die westdeutsche Entwicklung der bildenden Kunst nach 1945 nicht so frei sich gestaltete wie meist angenommen – und die östliche nicht so unfrei. Beide haben ideologische und reglementierende Altlasten abzuarbeiten, erst danach können sie sich selbstkritisch und damit wirklich gleichrangig gegenübertreten – immer vorausgesetzt, man entmythologisiert endlich die Alleingültigkeit der Gegenstandslosigkeit, als sei sie die einzige Moderne.

Im folgenden geht es also darum, die *Freiheit* der westdeutschen und die *Unfreiheit* der ostdeutschen Kunst in Frage zu stellen. Um mit der DDR zu beginnen: Der Tatbestand staatlicher Reglementierung der Kunst in der DDR und der repressiven Maßnahmen gegenüber ostdeutschen Künstlern ist allgemein bekannt und muß hier nicht speziell belegt werden. Eine Unwahrheit wird aus solcher kritischen Analyse, wenn in der vorherrschenden Publizistik versucht wird, die DDR-Kunst pauschal als SED-gesteuerte Auftragskunst abzuwerten. Auf einen »Großversuch« dieser Art und auf ein Scheitern soll hier exemplarisch eingegangen werden:

Ein speziell auf die repressiven Züge der DDR fixierter »Forschungsverbund SED-Staat« an der Freien Universität Berlin hat 2000 in einer voluminösen Aufsatzsammlung[18] die umfassende sowjetkommunistische Kontrolle und Steuerung der Bildenden Kunst in der DDR nachzuweisen versucht. Das Werk verdient Beachtung wegen seiner sehr detaillierten Darstellung der Entwicklung und etlicher exemplarischer Beispiele der Staats- und speziell der Stasi-Einflüsse in der Akademie der Künste und in den Künstlerverbänden, vor allem im Verband Bildender Künstler Deutschlands bzw. der DDR (VBKD, später VBK-DDR). Es verdient aber vor allem Beachtung, weil seine Darstellungen – gegen ihre eigentliche Absicht – zeigen, daß genau diese Grundthese der totalen Gleichschaltung sich nicht bestätigen läßt.

Dies kommt bereits zum Ausdruck, wenn der Projektleiter, Klaus Schroeder, in der Einleitung einerseits von »einem nahezu allmächtigen Generalsekretär« an der Spitze der SED spricht, andererseits im selben Zusammenhang eine in den 70er Jahren erfolgte »Aufweichung des totalitären Systems, ... ein gewisses ideologisches Zurückweichen« konzediert. Die von Schroeder behauptete Besetzung der »Leitungsfunktionen mit loyalen Funktionären« gelang im Kunstbetrieb gerade nicht, wie der entscheidende Aufsatz desselben Bandes von Hannes Schwenger über »sozialistische Künstlerorganisationen« nachweist: Ein im Dezember 1959 für das ZK der SED erarbeiteter Bericht muß feststellen: »Das Gros der Maler zwischen 40 und 50 Jahren (von den ausgesprochenen Formalisten der noch älteren Generationen ganz zu schweigen) [steht] im Banne individualistischer subjektiver Kunstauffassungen ... Diese Künstler [haben] feste Positionen in der Akademie der Künste«, im »höchsten Gremium von Kunstentscheidungen in der DDR, wie sie sagen«. Hierzu gehört, daß »in den letzten Jahren der in den entscheidenden Positionen tätige Teil der Kunsttheoretiker und Kritiker nicht auf den Positionen der Partei stand«.

Wie der Autor zeigt, wird sich daran auch in der Folgezeit prinzipiell nichts ändern. Immerhin kann sich der prominente Maler Willi Sitte als Verbandspräsident von 1974 bis 1988 halten, obwohl er »wegen modernistischer Tendenzen gescholten« und zeitweise seitens der SED versucht wurde, »Willi Sitte nicht mehr in die neue Verbandsleitung zu wählen«. Mit ihm (dessen Werk durchaus keine sozialistisch-realistische, sondern eher eine klassisch-expressionistische Malweise, mit stark erotischer Prägung, kennzeichnet), wird eine weitgehend liberale Kunstpolitik, mit großzügig gehandhabten Ausstellungen, Stipendien, Reisemöglichkeiten, Material und Altersversorgung realisiert, die »einer Mehrheit von Künstlern zumindest das Lippenbekenntnis zum sozialistischen Realismus erleichtert«. Dieser existiert praktisch nicht mehr: Seine »Antiquiertheit und Enge muß bereits in den 70er Jahren durch die Formel von ›Weite und Vielfalt‹ des sozialisitischen Realismus relativiert werden«. »Bevor 1989 die äußeren Grenzen fallen, ist die Konzeption des sozialistischen Realismus und der sozialistischen Künstlerorganisation bereits von innen gesprengt.«[19]

Das Stichwort für diese Entwicklung hatte bereits 1971 Erich Honecker gegeben, indem er vor der – speziell den Kunstfragen gewidmeten – 4. Tagung des ZK der SED am 17. Dezember mit folgenden Worten vor den auseinanderdriftenden Tendenzen in der Kunst der DDR kapitulierte: »Wenn man von der festen Position des Sozialismus ausgeht, kann es meines Erachtens auf dem Gebiet von Kunst und Literatur kein Tabu geben. Das betrifft sowohl die Fragen der inhaltlichen Gestaltung als auch die des Stils – kurz gesagt: die Fragen dessen, was man die künstlerische Meisterschaft nennt.«[20]

Trotz aller repressiven Maßnahmen und dogmatischen Bekundungen hat es also im Kunstbetrieb der DDR aufgrund des hinhaltenden Widerstandes nicht nur einiger Dissidenten, sondern der maßgeblichen Künstler und Kunstfunktionäre, eine Art *laissez faire* gegeben, was auch in der die Repressionsthese stark relativierenden Feststellung Schwengers sich zeigt, daß es in der Akademie der Künste so gut wie keine Ausschlüsse gegeben hat – nach Stefan Hermlin sogar »nicht einen einzigen Fall«.[21]

Es ist daher das Fazit zu ziehen, daß es in der DDR wohl ideologisch, nicht aber de facto eine allmächtige Vorherrschaft des sozialistischen Realismus gegeben hat.

Was Westdeutschland betrifft, so ist hier die naive Akzeptanz der Mode gewordenen abstrakten Kunstrichtungen in Frage zu stellen. Ich werde sie im folgenden der Einfachheit halber unter dem Sammelbegriff gegenstandslose Kunst bzw. Malerei zusammenfassen.

Was ist gemeint mit naiver Akzeptanz? Es geht um die weitverbreitete Hinnahme der abstrakten Kunst als einer nach dem 2. Weltkrieg quasi von selbst, naturwüchsig entstandenen und herrschend gewordenen Richtung. Die kulturpolitische und speziell die kunstpolitische Forschung der letzten Jahre macht solche naive, bestenfalls fatalistische Hinnahme nicht mehr möglich. Daß im Osten die Kunstrichtung, der »Sozialistische Realismus« der Sowjetunion mit massivem Druck seitens der Sowjetunion durchgesetzt worden ist, wissen wir alle. Im Westen dagegen gab es angeblich eine völlig freie Kunstentfaltung. Die tausendfältigen Gestaltungsmöglichkeiten einer vom Gegenstand sich emanzipierenden, mehr oder weniger abstrakten Kunst schienen geradezu die Idealvorstellung einer »freien« Kunst zu verwirklichen.

Dies war die Ideologie. Die Wirklichkeit dagegen sah anders aus. Wir wissen heute, daß die massive Zurückdrängung einer gegenstandsbezogenen, gar sozialkritischen Malerei und die ebenso massive Förderung des sogenannten Abstrakten Expressionismus seit den 50er Jahren sehr erfolgreich von den USA betrieben worden ist. Mächtige Kulturorganisationen wie der *Congress for Cultural Liberty* oder das *Museum of Modern Art* in New York – von amerikanischen Diensten mit sehr viel Geld ausgestattet – haben dabei in Europa und speziell in Deutschland eine entscheidende Rolle gespielt.

Die wichtigsten Fakten über diesen durch Geld und Medienmacht praktizierten *Kunstimperialismus* haben vor einiger Zeit der Berliner Maler und Kunsttheoretiker Klaus Fußmann und die britische Historikerin Frances Stonor Saunders zusammengetragen.

Das Fazit von Fußmann ist nicht etwa im *Neuen Deutschland* erschienen, sondern in der *Frankfurter Allgemeinen Zeitung* am 11. Juli 1998. Dort hieß es: Die CIA »förderte die neue Kunst in Amerika, den Abstrakten Expressionismus, durch offene und verdeckte Subventionen. Sie förderte Ausstellungen, aber vor allem Kunstzeitschriften, und machte den Abstrakten Expressionismus immer bekannter. ... Die gegenstandslose Kunst (war) eine Möglichkeit, der Auseinandersetzung mit den Greueln des Krieges zu entgehen. Man konnte ... der Geschichte ausweichen. ... (Man) galt außerdem als Überwinder der *(inhaltlichen – F. V.)* Form, was wiederum als Abkehr von der Ideologie des Ostens gewertet wurde«. Freilich: Den Einfluß des sozialistischen Realismus auszuschalten, »wäre der Einsatz der CIA nicht nötig gewesen. Aber darum ging es in erster Linie auch gar nicht, sondern ... es war vor allem der Wunsch der Weltmacht Amerika, endlich auch in der bildenden Kunst den Ton anzugeben«. So die FAZ 1998.[22]

Der berühmte, aber nicht-abstrakte Maler Karl Hofer, der als Präsident der Berliner Akademie der Künste ausgeschaltet wurde, nannte im Februar 1955 in der damals führenden Zeitschrift »Der Monat« die CIA-gesteuerte Kampagne für die Alleinherrschaft der abstrakten Kunst eine »Diktatur mit anderen Vorzeichen«.

Fußmann formulierte in der FAZ 1998 als Fazit: »Politisch ... hatte man ... mehrere Erfolge auf einmal. Man lag ... ganz auf der Linie der McCarthy-Bewegung, hatte eine wahrhaft antipodische Kunst zum sozialistischen Realismus geschaffen, den Rückzug zum sozialkritischen Realismus ... gekappt und besaß nun eine Kunstform, die niemals mehr eine Anklage gegen soziale oder politische Zustände formulieren konnte«.

Eine 2001 ins Deutsche übersetzte umfangreiche Studie der Engländerin Frances Stonor Saunders[23] hat aufgrund sorgfältiger Archivarbeit genau diese kulturimperialistischen Strategien des CIA und seiner Tarnorganisationen nachgewiesen und damit Fußmanns Studie bestätigt. Sie beschreibt, wie nach 1945 in der amerikanischen politischen Klasse eine fast grotesk erscheinende ästhetische Wende durchgesetzt wurde, indem anstelle der verbreiteten Ablehnung der abstrakten Kunst (des sogenannten abstrakten Expressionismus) als einer destruktiven, antiamerikanischen Kunstrichtung deren vor allem durch amerikanische Künstler weltweit durchzusetzende Freiheitskraft zu progagieren sei: Während der kulturelle Fundamentalismus »im abstrakten Expressionismus Anzeichen einer kommunistischen Verschwörung sah, entdeckten die Kulturmandarine Amerikas darin eine genau gegensätzliche Tugend: Aus ihrer Sicht sprach er eine spezifisch antikommunistische Ideologie[24] an, die Ideologie der Freiheit und des freien Unternehmertums. Sein Verzicht auf Gegenständlichkeit und politische Aussagen war sozusagen die Antithese zum sozialistischen Realismus. Er entsprach genau jener Art von Kunst, die die Sowjets so leidenschaftlich haßten.«

Saunders weist nach, wie aufgrund dessen mächtige Kunstmanager und Funktionäre, in der CIA oder als »Berater« eng mit ihr oder dem State Departement verbunden, offenbar mit gewaltigen Finanzierungsmitteln, oft unter Einbeziehung des international einflußreichen *Museum of Modern Art*, durch große Wanderausstellungen in allen Hauptstädten Europas, durch (verdeckte) Gründung oder de-facto-Übernahme von Kunstzeitschriften, durch internationale Kongresse dem relativ jungen, relativ unbedeutenden amerikanischen »abstrakten Expressionismus« zur Weltgeltung verhalfen.

Wobei eben dieses Streben, der USA nicht nur politisch-ökonomisch, sondern auch kulturell zur Weltmachtstellung zu verhelfen, bei der massiven Förderung ihrer Kunst gleichgewichtig war: »Für seine Verteidiger war er [der abstrakte Expressionismus] eine explizit amerikanische Errungenschaft im modernen Kunstkanon. Schon 1946 lobten Kritiker die neue Kunstform als ... ›wahrhaften Ausdruck des nationalen Willens, Geistes und Charakters‹.«

Als Fazit läßt sich also feststellen, daß das Überwiegen der abstrakten, dezidiert »unpolitischen« Kunstrichtung im Westen und vor allem in Westdeutschland in hohem Maß durch US-amerikanische Einflußstrategien induziert worden ist.

Die westliche, die westdeutsche abstrakte Kunst nach 1945 – kein freies geistiges Naturprodukt, sondern ein Produkt der Politik, eine Waffe im Kalten Krieg, eine Manifestation der endlich erreichten auch künstlerischen Weltgeltung der USA?

Was bedeutet das in unserem Zusammenhang? Es kann nicht darum gehen, die abstrakte Malerei einfach als Ausgeburt der CIA-Kunstpolitik abtun zu wollen. Ich bekenne mich ausdrücklich zu den großartigen ästhetischen Spielräumen, die die abstrakte Kunst eröffnet hat.

Aber: Wir können und sollten jetzt auch erkennen, wer bei der forcierten Karriere dieser Kunstrichtung Pate gestanden hat, und vor allem, was mit ihr beabsichtigt worden ist: die weitestmögliche Ablösung der Kunstproduktion von der existentiellen, sozialen und gesellschaftlich-politischen Realität, ihre Ansiedlung in einem grenzenlosen, aber irrealen Spielraum – Spielraum im wahrsten Sinne des Wortes. Wohin das führen kann, zeigt der spielerische Unernst vieler Bilder und »Installationen« des sogenannten Informalismus der letzten Jahre.

Die Kunst, speziell die Maltradition der DDR, kann, wenn sie in Zukunft wieder ernstgenommen wird, angesichts dieser Vereinseitigung der westdeutschen Kunst als ein höchst bedeutungsvolles Gegengewicht wirken, das unser Kunstschaffen und vor allem auch unsere Rezeption, unsere Aneignung von Kunst befreit von der akuten Gefahr einer Infantilisierung in Gestalt abstrakter Glasperlenspiele und informeller Installationen.

Kaum eines der expressiv-realistischen oder auch surrealistischen Bilder der bedeutenden DDR-Maler, das nicht – in offener oder verschlüsselter Form – von Lust und Leid, Perspektiven und Notständen des Menschen und der menschlichen Gesellschaft handelte. *Mea res agitur*: Von uns ist hier die Rede.

In Westdeutschland dagegen überwiegt – zumindest in den meisten Kunstakademien, großen Galerien, auch in der »documenta« – eine artifizielle oder auch krude archaisierende, nur noch das »Material« sprechen lassende Verspieltheit. Nichts gegen Spiele. Sie gehören zum Wesen des Menschen als eines »homo ludens«. Wer wollte sie missen? So auch eine spielerische Kunst.

Aber wenn sie nur noch Spiel wäre, dann würde sie außer den Künstlern, und vor allem den Kunsthändlern, niemand mehr ernstnehmen.

Und der Mensch würde sich selbst in bildender Kunst nicht mehr begegnen.

Hans Grundig, Opfer des Faschismus II, 1946-48,
Öl/Hartfaser, 110 x 200 cm,
Staatliche Kunstsammlungen Dresden

Albert Ebert, Heizers Geburtstagsständchen II, 1956,
Öl auf Hartfaser, 38 x 46 cm, Staatliche Museen zu Berlin

Fritz Cremer, Aufsteigender
(den um ihre Freiheit kämpfenden Völkern gewidmet), 1966/67,
Bronze, 296 cm H., Rostock Kunsthalle

Hans Vent, Vor dem Sturm, 1970,
Öl auf Leinwand, 53 x 66 cm, Besitz des Künstlers

Willi Sitte, Schwimmer, 1971,
Öl/Hartfaser, 122,5 x 95 cm, Museum der Bildenden Künste Leipzig

Wolfgang Mattheuer, Flucht des Sisyphos, 1972, Öl/Hartfaser, 96 x 118 cm, Staatliche Kunstsammlungen, Gemäldegalerie Neue Meister

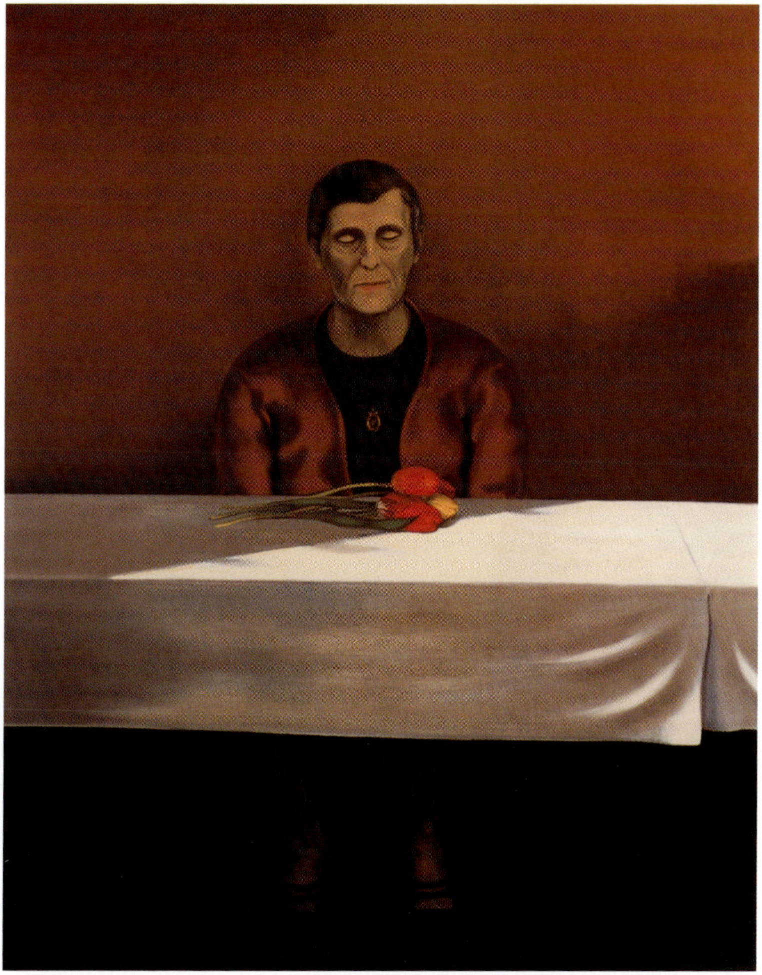

Wolfgang Mattheuer, Die Ausgezeichnete, 1973/74,
Öl auf Hartfaser, 124,5 x 100 cm, Staatliche Museen zu Berlin

Heidrun Hegewald, Spielendes Kind, 1974,
Öl/Hartfaser, 100 x 85 cm,
im Besitz von Roselene Willumat, Berlin

Peter Arlt und Rudolf Kober im Gespräch mit Fritz Vilmar

Zukunftsweisende Gehalte in der ostdeutschen Kunst

Vilmar: Die bedeutende Malerei der DDR möchte ich als avancierten Realismus[25] bezeichnen. Glauben Sie, daß diese höchst kreative Variante der realistischen Ästhetik als wichtiges dialektisches Moment in der zukünftigen Entwicklung der Bildenden Kunst ihren Platz haben wird, so daß realistische, expressionistische, surrealistische und andere gegenständliche Kunstformen einerseits und »abstrakte«, gegenstandslose Kunst andererseits koexistieren können? Jetzt besteht in Westdeutschland die Tendenz einer Art Dogmatisierung der Gegenstandslosigkeit.

Arlt: Die realistische Bildsprache besaß in der Kunst der DDR die stärkeren Wurzeln und hat eine Entwicklung genommen, wodurch sie – wie in der Ausgangsthese formuliert – für die Gegenwart und vielleicht auch in der Zukunft Potenzen besitzt, das soziale Leben zu reflektieren, kritisch zu hinterfragen, auch Schönheiten zu zeigen und sich daran zu freuen. Im wirklichen Leben möchte man ja auch den Menschen nicht missen, warum also in der Kunst? Da ist es eine alte Tradition, die zurückführt bis in die Antike, die in dieser Zeit nicht aussterben wird. Wenn wir die Schwierigkeiten hinterfragen, die dem Realismus entgegenstehen, dann hat das zu tun mit dem politischen System der DDR. Und es hat zu tun mit Besitzstandswahrung des Kunsthandels, wo im Westen handfeste ökonomische Interessen maßgeblich beteiligt sind an diesem Abwürgen und diesem Wegschieben realistischer Kunst.

Keine Alleinherschaft der Gegenstandslosigkeit im Westen

Kober: Aber zumindest seit den 60er Jahren stehen Realismus und Gegenstandslosigkeit nicht mehr in diesem konträren Gegensatz. Zum einen wird dieses Dogma der Abstraktion im Westen aufgeweicht und zum anderen verändert sich der Realismus im Osten. Mit anderen Worten, man muß das Problem historisch betrachten. Selbst wenn es sich nur um die vierzig Jahre von 1949 bis 1989 handelt, hat sich in dieser Zeit in der DDR eine ganze Menge entwickelt. Aber vergleichsweise ist natürlich auch im Westen einiges passiert, was sich nicht einfach mit dem Begriff gegenstandslos definieren läßt.

Vilmar: Dem möchte ich nicht widersprechen. Aber wenn ich mir die westdeutsche Kunstszene ansehe, dann sehe ich eine enorme Vorherrschaft der Gegenstandslosigkeit bis hin zu der informellen Kunst in der Nachfolge von Beuys und bis zum »Minimalismus«. Natürlich gibt es eine gewisse Rückbesinnung auch auf Realistisches. Aber nicht zuletzt durch die Herrschaft des Kunstmarkts hat sich weithin eine Dogmatisierung, eine Vorherrschaft der Gegenstandslosigkeit in Westdeutschland durchgesetzt. Das wird eindeutig bestätigt durch die Art und Weise, wie man herablassend die Erbschaft der realistischen Kunst der DDR betrachtet, nämlich als etwas, was passé ist. Sie wird als eine Kunst von Vorgestern behandelt. Bestes Beispiel: Die Degradierung der realistischen ostdeutschen Kunst in der großen Kunstausstellung zum Goethejahr in Weimar – im Gegensatz zur »guten« modernen westdeutschen Kunst.

Ich würde also zunächst einmal insistieren auf der Gefahr, daß wir eine Vorherrschaft der Gegenstandslosigkeit, der abstrakten künstlerischen Phantasie haben. Nichtrealistische Malerei ist etwas Großartiges. Aber es ist schrecklich, wenn daraus eine Tendenz wird, daß die Welt – und vor allem der Mensch und seine sozialen Beziehungen aus der Kunst verschwinden.

Deshalb bedarf es kunsttheoretisch eines viel selbstbewußteren, offensiveren Auftretens im Osten – es bedarf der Theoretiker und natürlich auch der Künstler der ehemaligen DDR, die sagen: Wir haben hier eine Linie zu vertreten und zu verteidigen, die vernachlässigt worden ist. Für mich war es erschreckend, von einem Leipziger Kunstverlag einige Bildbände von jungen ostdeutschen Künstlern geschickt zu bekommen, in denen auch nicht mehr die Spur einer realistischen Tradition zu finden war.

Diese jungen Leute waren reine Adepten der Gegenstandslosigkeit des Westens. Das ist für mich eine Art von Kapitulation, die ich höchst bedauerlich finde. Und deshalb würde ich doch noch einmal zu dieser These zurückkommen, daß wir die Gefahr eines Verlustes der Welt und des Menschen in der Bildenden Kunst haben, und daß diese Gefahr ohne eine bewußte Auseinandersetzung, ohne bewußte Verteidigung des ästhetischen Realismus nicht so schnell beseitigt werden wird.

Arlt: Es trifft zu, daß mit der gegenstandslosen Kunst als Programm in besonderer Weise gegen Kunst aus der DDR gestritten und diese ihr vorgehalten wird. Dies war ja zu sehen in der Ausstellungsgestaltung von Weimar 1999, wo die »eigentliche« Kunst – die gegenstandslose Kunst – als Keil in die realistische Kunst hineingetrieben wurde.

Aber ich muß Rudi Kober zustimmen, daß es eigentlich nicht so sehr um die Polarisierung zwischen gegenstandsloser Kunst und realistischer Kunst geht. Denn die Kunst, die sich im Westen entwickelt und eine Ausdifferenzierung genommen hat, ist mit dem Wort »gegenstandslos« allein nicht zu bezeichnen. Diese ist sehr viel reicher und vielfältiger und hat zum Teil künstlerische Ergebnisse zur Folge, die als wichtige Werke neben realistischer und anderer Kunst stehen können und die durchaus Intentionen besitzen, die denen der realistischen Künstler verwandt sind. Hans Haacke beispielsweise, der Objekte macht und Installationen (im Reichstag unter dem Titel »Der Bevölkerung« diesen Trog mit Erdböden aus ganz Deutschland). Vielleicht ist das nicht seine stärkste Arbeit, weil sie zumindest mißverständlich wirkt. Wobei er 1997 in Münster im Skulpturenprojekt eine hervorragende Wirkung erzielte: Er hatte ein Kriegsdenkmal, das die preußischen Siege verherrlicht, konterkariert mit einem durch einen Bretterverschlag und Stacheldraht umzäunten und abgegrenzten Kinderkarussell, wo das Deutschlandlied auf einer Orgel abgespielt wurde. Damit wird bei dem zylindrischen Denkmal auf einen Kreislauf hingewiesen, wo ein Sieg zum nächsten Krieg führt, worauf wieder Siege und Kriege folgen.

Also diese politische Frage wurde mit ästhetischen Mitteln beantwortet, die wir als Realismus fassen können, wenn wir einen weiten Begriffsinhalt zugrunde legen. Wenn wir die Dominanz gegenstandsloser Kunst betrachten, dürfen wir nicht übersehen, daß die Künstler, die den Kunstmarkt mit beherrschen – wie Polke, Lüpertz, Penck, Baselitz –, alle mit der menschlichen Figur zu tun haben. Und das nicht nur, weil sie (außer Lüpertz) aus der DDR gekommen sind. Sie gehen immer wieder auf die Figur zurück im plastischen und auch im malerischen Bereich.

Insofern ist der Kampf des einen oder anderen gegen DDR-Kunst oder gegen die Künstler der DDR, die »Arschlöcher« seien (Baselitz), auch Ausdruck dessen, daß sie in ihnen Konkurrenten sehen und die eigene Vorherrschaft nicht gefährdet sehen wollen.

Vilmar: Wenn meine Ausgangsthese zu undifferenziert ist, dann will ich sie gern modifizieren. Trotzdem bleibt bestehen, daß wir im Westen weiterhin zu einer für mich schon erschreckenden Formalisierung gelangt sind. Da gibt es zwar vielleicht noch die menschliche Figur, aber es werden damit reine Formspiele getrieben. Plötzlich hängt man die Bilder kopfüber auf. Damit wird klar, daß diese Figuren keinen Sinngehalt mehr haben, daß sie keine personal bedeutsamen Figuren mehr sind – keine wirklich menschlichen Figuren.

Kober: Sie haben ja recht, Baselitz beispielsweise führt zu einer Formalisierung, manchmal kann man da schon nicht mehr hingucken. Das ist der Markt, der das letztlich zustande bringt. Baselitz hat keine Chance, mal etwas anderes zu machen – er muß seine Kopfstehenden liefern, weil der Kunstmarkt das von ihm will und er auch davon sehr gut lebt. Würde er sich ändern, würde er möglicherweise das Risiko auf sich nehmen, in der Versenkung zu verschwinden. Ich habe in Westdeutschland Figuren gesehen von dem gleichen Baselitz, riesige Holzfiguren, die sehr viel Ähnlichkeit und Verwandtschaft haben mit solchen von hier – etwa mit dem *Jahrhundertschritt* von Mattheuer. Man muß es differenziert und im einzelnen betrachten.

Bestimmte Dinge, die sich in der westlichen Welt abgespielt haben, sind sicher in der Nachfolge dieser Dominanz des Abstrakten zu sehen, aber da hat es eben auch Gegenbewegungen gegeben, deren Ursprung nicht in Deutschland liegt, sondern zum Beispiel in England oder den USA, wie die Pop Art, die sehr gegenständlich wurde oder die Op-Art, die ja auch mit bestimmten Elementen der Wirklichkeit gearbeitet hat, die vorher brachgelegen haben. Das muß man, denke ich, schon als eigenständige Leistung unbedingt akzeptieren.

Arlt: ... auch Videokunst beispielsweise.

Vilmar: Kommen wir zurück auf die realistische Ästhetik der DDR. Da besteht ja eines der Haupthemmnisse darin, daß man immer noch seitens des Westens – eben auch in solchen Ausstellungen wie da in Weimar 1999 präsentiert – die Meinung vorträgt, daß es Staatskunst gewesen sei. Sicher können Sie auf eine Reihe von Künstlern hinweisen, bei denen der Realismus anfängt, reflektiert zu werden, mit expressiven, abstrakten Elementen verfremdet zu sein, und der insofern keine »Staatskunst« war, sondern als eine sehr bedeutsame Variante der ganzen Kunstentwicklung zu rehabilitieren ist.

Entwicklungen in der Kunst der DDR

Arlt: Das Jahr 1972 kann man als Beginn einer neuen Qualität der kritischen Kunst bezeichnen. Mit der Ausprägung einer stilistischen und ikonographischen Pluralität verbunden, sind Rückbezüge auf die Kunst der frühen Jahre, in der wichtige Inkunnablen der Kunst der DDR entstanden sind. Vor allem weil diese expressive Elemente wie Sinnbildhaftigkeit enthält. Dieser künstlerische Anspruch ging als eine Art »Unterstrom« auch nicht verloren, als danach ein deskriptiver »Realismus« in der Gestaltung des »neuen Gegenstandes« dominierte. Von 1965 an kommt Phantasie ins Spiel, Expression, Geschichte, Epochales und Kritik. Das erreicht 1972 eine neue Qualität.

Und in den 80er Jahren wird dann wiederum eine neue Qualität erreicht, die dann auch eine stärkere Ausdifferenzierung der künstlerischen Sprache mit sich bringt. Mit kritisch-analysierender Haltung schufen viele Künstler eine problemhaltige Kunst, die ein starkes Interesse auf sich zog, weil sie den Dialog anboten über Fragen, die viele bewegten.

Vilmar: Können Sie das mit ein paar Namen verbinden?

Arlt: Also für die erste Zeit müßte man wohl als ersten Hans Grundig nennen, den Dresdener Rektor, und Griebel und Querner oder Crodel, das »Schulhaupt« von Halle, der *vitalsten Stadt ostzonaler Malerei*, wie Löffler damals meinte. In Dresden noch Glöckner und Wolff, der neben Lachnit auch surrealistische Zeichnungen und auch Objekte gemacht hat. In Berlin Strempel und Nagel. Dann in Leipzig Mayer-Foreyt.

In Halle hat übrigens Sitte in den 50er Jahren unsittlich »Dresche« bekommen für kritische Bilder. Ich habe vor allem die Mythosrezeption untersucht, da hat er nach 1951 bezeichnenderweise etliche Harpyien gemalt und gezeichnet. Er gehörte zur Gruppe um Bachmann, der nach West-Berlin flüchten mußte. Also diese Zeit und diese Gruppe mit Sitte wären ganz wichtig. Denn sie hat sich doppelt distanziert.

Vilmar: Warum wurde sie unterdrückt von den DDR-Kunstpäpsten?

Arlt: Weil es kein abbildhafter Realismus war. Sie distanzierten sich doppelt von der abstrakten Kunst und vom stalinistisch überformten Abbild-Realismus. Auf ihren Bildern waren ja Figuren drauf, die so im Leben nicht »herumschwirren«, Harpyien mit Brüsten und Vogelunterleib. Und da solche Wesen nicht in der Wirklichkeit existieren, hatten sie auch nicht in der Kunst zu existieren. Außerdem war es vielleicht auch kritisch. In erster Linie ging es darum, mit Hilfe der Kunst den Menschen in vorbildhaften Situationen zu zeigen. So nach dem Motto: Heute ein Bild von einem Aktivisten ansehen – und morgen selbst ein Aktivist sein.

Vilmar: Es wäre gut, diesen Weg weiterzugehen, den Sie angefangen haben zu skizzieren. Man muß den Menschen im Osten und vor allen Dingen auch im Westen zeigen, daß die Künstler dieser Art von pseudoidealistischem Menschenbild *nicht* gefolgt sind.

Kober: Durch Willi Sitte hat es bereits in den 50er Jahren eine Diskussion gegeben: Wie weit kann z. B. die mexikanische Kunst, die südamerikanische Kunst, inwieweit kann der italienische Realismo für uns genutzt werden? Gabriele Mucchi beispielsweise oder der Spanier José Renau. Oder später bis hin zu Nuria Quevedo.

Dann hat es eine Picasso-Diskussion gegeben: Was können wir von Picasso nehmen und was nicht? Man kam an »Guernica« nicht vorbei. Also ist vielleicht an dem Picasso doch etwas dran? Es gab eine Picasso-Ausstellung. Das waren Ereignisse, die mit der kulturpolitischen Entwicklung der DDR zusammenhingen, und wo sich immer Diskussionen ergaben, die sehr konträr geführt wurden. Nicht etwa, daß man da sofort jubelnd zustimmte, nein, da hat es immer auch die Opposition gegeben und andere wieder, die schon viel früher die Entwicklung nach vorn zu drücken versuchten. Das ist sehr wechselvoll, auch im Vor und Zurück. Bis in die 70er Jahre hinein spielt das eine Rolle.

Aber es kam noch eins hinzu: Es gab innerhalb dieser kleinen DDR auch noch regionale Unterschiede. In Sachsen war der deutsche Expressionismus zu Hause. Er wurde von den Apologeten des sozialistischen Realismus in der Stalinzeit bekämpft. Aber nicht in Sachsen, weil dort zum Teil diese Leute noch lebten und einen Einfluß ausübten. Das hat zum Beispiel dazu geführt, daß Heinz Tetzner in den finstersten 50er Jahren einen Max Pechstein-Preis verliehen bekam. Obwohl der Max Pechstein eigentlich auf dem Index stand.

Vilmar: Kann man sagen, wenn man die DDR-Kunstausstellungen Revue passieren läßt, daß da das Element des eher kritischen, eher skeptischen , gebrochenen, expressiv verwandelten Realismus schrittweise im Vormarsch war? Oder ist das übertrieben.

Arlt: Nein, das stimmt. Aber es ging nicht geradlinig. Weil es nämlich »Vor-Zurück-Zur-Seite« ging. Es fand keine kontinuierliche Ausstellungspolitik statt, d. h. in der Kunst gab es um 1952 diese sogenannte Formalismus- oder Antiformalismus-Diskussion. Da wird wahrscheinlich tatsächlich real das Wenigste passiert sein. Aber dann war die Talsohle in der Praxis durchschritten, und dann konnte man schon von einer gewissen – bis 1964 sehr langsamen – kontinuierlichen Bewegung sprechen, von einer immer stärker differenzierten, immer stärker auch kritischen Kunst. Aber das ging immer vor und zurück. Die Kunst hat sich Raum erobert, und dann bei der nächsten Ausstellung wurde dieser Raum wieder beschränkt.

Existentielle Betroffenheit durch Kunst in der DDR

Kober: Es ist im übrigen so gewesen, daß diese unterschiedlichen Ausdrucksweisen eins ausgelöst haben, nämlich statt propagandistischer Einspurigkeit Mehrschichtigkeit – wir haben dazu gesagt *dialogisch.* Nicht mehr das Abbilden von in der Wirklichkeit nicht vorhandenen Idealzuständen, sondern eine Interpretation in bezug auf tatsächliche Verhältnisse, einschließlich bestimmter kritischer Elemente, die natürlich im *Neuen Deutschland* so nicht diskutiert wurden, die aber über die Kunst transportiert worden sind bis hin zu existentiellen Fragen, zum Beispiel Krankheit und Tod. Auch das tauchte in den Zeitungen kaum auf. Einsamkeit, Ängste, oder wenn Sakulowski die »Verantwortung« gemalt hat. Was fühlt ein Soldat, wenn er an der Grenze steht und gegebenenfalls gezwungen ist zu schießen? Das waren Erfahrungen, die viele junge Männer bei uns hatten. Plötzlich fanden sie das in der Kunst. Oder daß jemand müde werden kann, daß eine Preisträgerin erschöpft sein kann.

Arlt: Das war 1974 die »Ausgezeichnete« von Wolfgang Mattheuer, wo genau dieser Zustand des Müden, Erschöpften, aber auch des

Stolzes über die Arbeit, für die sie ja auch ausgezeichnet wurde, erfaßt ist. Sie ist eine alltägliche Frau, die ausgezeichnet wurde, die überhaupt nicht strahlt darüber, die aber in einer Würde gezeigt wird, die berührt. Die Frau sitzt dennoch im Schatten.

Das geht über den ganz individuellen Rahmen hinaus und gewinnt gesellschaftliche Dimensionen. Und das ist wiederum wohl doch nicht in jeder Gesellschaft so möglich, sondern im Sozialismus. Gerade deswegen hat dieses Bild, auf dem sich eine Tischdecke wie ein Leichentuch über den Tisch zieht, an dem eine Ausgezeichnete sitzt, viele Menschen schockiert. Ich kann mich an Diskussionen an unserm Institut erinnern. »Das kann man doch nicht malen«, hieß es. Das Bild war ein einschneidendes Erlebnis. Mattheuer hat seit 1972 Graphiken und Gemälde mit dem Sisyphos geschaffen – ein Arbeiter, der vor der Arbeit flüchtet. Wo gibt's denn so was, fragte man. Ein Mensch ist einsam in der DDR? Ein Mensch macht entfremdete Arbeit im Sozialismus? Wie kann denn das sein? Das hat zu intensiven Gesprächen geführt, die natürlich oft über die Bilder hinausgegangen sind.

Kober: Allmählich wurden reale Probleme aufgegriffen, und hier konnte man nicht nur über die gesellschaftlichen Probleme, sondern auch über Kunst reden, weil es Kunst war. Das ist die Rechtfertigung einer realistischen Kunst, die in unterschiedlicher Ausprägung über Jahrtausende Bestand gehabt und immer etwas mitgeteilt hat über die Zustände, in der die Menschen gelebt haben. Das wäre auch das Argument für die realistische DDR-Kunst.

Arlt: Wir waren bei Mattheuer. In seinen Bildern wurde eben auch das Problem der Individualität angesprochen, also der Subjektivierung von gesellschaftlichen Problemen, der Abbildung allgemeiner Verhältnisse auf ein individuelles Leben. Allerdings strebte Mattheuer, wie man auch an der Lithographie »Flucht des Sisyphos« sehen kann, stärker die Verallgemeinerung an. In den 70er Jahren gab es um ihn herum, in Leipzig, eine Wechselwirkung mit dem Hyperrealismus oder Super-Realismus im Westen und einem ähnlich gerichteten Realismus in der Sowjetunion.

Das ist interessant, wenn man aus einer übergeordneten Perspektive auf die damalige Kunstwelt guckt. Da sieht man nämlich sehr viele Ähnlichkeiten in den 60er und 70er Jahren. International!

Da war die DDR gar nicht so isoliert, wie viele annehmen. Es gab es sehr viele Beziehungen.

Noch mal zurück: In dieser Umgebung Leipzigs gab es also Ruddigkeit, es gab Hachulla, der als einer der ersten, ganz jung, diese Individualität einer Dekorateurin gemalt hat oder das veristische Bild junger Menschen in der Straßenbahn, denen man wirklich ansieht, daß sie sehr einfachen Gemüts sind, und die auf einmal darstellungswürdig sind. Nicht nur der Aktivist oder der herausragende Mensch, sondern der ...

Vilmar: ... Normalbürger ...

Arlt: ... sondern der Normalbürger hat das Recht, in Kunst einzukehren. Das hat auch etwas mit der Demokratieentwicklung im eigenen Lande zu tun, und deswegen hat auch die Potenz des realistischen Bildes mit Demokratie zu tun.

Also mit den 70er Jahren könnte man jetzt sehr viele Künstler nennen. Als ersten gleich Bernhard Heisig, der diesen geschichtsträchtigen Realismus schuf und seine Aporie Weltkrieg verarbeitete.

Kober: Aber auch die französische Revolution spielt da eine Rolle. Und dann Tübke natürlich...

Vilmar: ... die Sozialgeschichte insgesamt.

Arlt: Also die Auflistung müßte man jetzt noch weiterführen zu Sitte, Stelzmann, Vent, Paris Metzkes, Peuker, Libuda und anderen in der Malerei, zu Förster, Cremer, Göbel, Fitzenreiter, Balden, Stötzer, Schönfelder oder Sabine Grzimek in der Plastik, den Zeichner Kettner ... Es schmerzt, etliche nicht zu nennen.

Vilmar: Jedenfalls wird in dieser Entwicklung hin zu einem höchst differenzierten, gebrochenen, mit abstrakten Elementen sozusagen dialektisch vermittelten, das Individuum zur Geltung bringenden Realismus deutlich, wie dieser sich freigemacht hat von dem Hurrapatriotismus sozialistischer Art.[26] Dies ist die eine Seite. Die andere Seite, die ich noch ein Stück theoretisch, auch demokratietheoretisch vorantreiben möchte, ist, daß die DDR gegenüber dem westdeutschen Vorrang der abstrakten Formen und Farben eine Kunst hervorgebracht hat, in der die Menschen sich selber begegnen, mit ihren existentiellen Freuden und Nöten, ihren gesellschaftlichen Problemen. Und sich mit sich und ihrer Gesellschaft auseinandersetzen, so wie Sie es gezeigt haben an dieser »Ausgezeichneten«, die einen Schock ausgelöst hat.

Es ist ja nicht so, daß die Menschen nicht genügend existentielle und soziale Probleme haben. Hier liegt im Westen ästhetisch weithin etwas brach, was in den besten Beispielen der DDR-Kunst da war, was ich gerne zum Bewußtsein bringen möchte. Mit der anschließenden These: Kunst *muß nicht*, aber *kann auch* wesentlich Menschen helfen, ihre Identität, ihre Selbstorientierung, ihre Orientierung in der Gesellschaft zu finden. Und das ist etwas, was gegenstandslose Kunst nicht oder nur sehr begrenzt leisten kann. Ich stimme hier Rudolf Kober zu, der 1988, mit Blick auf die X. Kunstausstellung der DDR 1987, in einem ansonsten eher nüchtern-analytischen Artikel bekannte: »Als Spezifikum der bildenden Kunst der DDR ... und als einen für mich unverzichtbaren Wert betrachte ich das Bekenntnis zum Realismus und im Kern zum Bild des Menschen unserer Tage. Dies schließt sein Verhältnis zur Geschichte ein, es hat mit Verhaltensweisen im Alltag zu tun, der durch Technik, Wissenschaft und Kommunikation geprägten Visualität, es zeigt Kraft und Verletzlichkeit auf, es macht auf die Schönheiten dieser Welt ebenso aufmerksam wie auf deren mögliche Gefährdung.«[27]

Kunst muß nicht gegenständlich sein

Arlt: Aber Kunst muß nicht gegenständlich sein. Es gibt, wie überhaupt in der Sprache, keine primäre Gegenstandsbezogenheit, sondern eine Zeichenbezogenheit, eine Symbolbedeutung, nicht eine Gegenstandsbedeutung; die wichtigere ist immer die Zeichenbedeutung in der Kunst. Und wie die Zeichen gebildet werden, in welchem Material, in welchem Medium, das ist Sache des Künstlers. Da kann man einmal Gips nehmen oder Erde, da kann man ...

Vilmar: Talg nehmen.

Arlt: Talg nehmen wie Beuys. Man kann Farbe nehmen und eine menschliche Figur malen, und man kann eine Figur malen, indem man eine Flora phantastisch erfaßt, wo man Pflanze, Tier und Mensch usw. aufscheinen läßt. Zeichenbedeutung also ist das Wichtige: Das Bild hat der Jenaer Arbeitskreis für Ikonographie und Ikonologie definiert als eine gestalthafte Zeichenfindung für letztlich soziale Erfahrung. Und da kann man schon das gotische Portal unter diesem Gesichtspunkt mit hineinnehmen, dank seiner erhabenen Form, und weil in den Gewänden Figuren stehen, die auf Menschen, die hindurchschreiten, erzieherisch wirken sollen. In diesem Zusammenhang aber hat die sich gegenständlich artikulierende Kunst, die in der menschlichen Figur sich ausdrückende Kunst einen besonderen Rang, und nicht zufällig.

Sie ist meines Erachtens so etwas wie die Muttersprache der Kunst, weil sie in der Lage ist, alle Menschen, ob gebildet oder weniger gebildet, anzusprechen und über sinnliche Erfahrung, über die Sprache der Ausdrucksreaktionen, die jeder in seinem Leben lernt, Mitteilung zu machen. So kann also jeder auf einer unmittelbaren Ebene jedes Bild, das realistisch gestaltet ist, verstehen. Wohlgemerkt, bis zu einem bestimmten Punkt, und dann kommen natürlich Fragen der formalen Gestaltung, der Ausdrucksmittel, die im Zusammenwirken mit dem gegenständlichen Sujet ebenso Zeichenbedeutung haben und wo man die Zeichensprache der künstlerischen Mittel verstehen muß.

Dazu die Ebene, wo das Dargestellte in einen ikonographischen Zusammenhang zu bringen ist. In diesem wird die davonlaufende Gestalt des Arbeiters mit dem Stein dann eben zu Sisyphus. Der hat eine Strafe auferlegt bekommen, vor welcher er jetzt flieht. Also diese Ebene ist dann auch noch zu sehen, und das ist natürlich auch Realismus. Eine Gestalt wie Sisyphos mit seinem Stein ist notwendig, um die entfremdete Arbeit im Prozeß zeigen zu können als kulturell-symbolische Form einer Zeit. Das ist für mich die besondere Eigenart des Realismus, viele Menschen sinnlich und mit einem Sinngehalt ansprechen zu können. Was sie nicht etwa enthebt, sich auch intensiver, mit intellektuellem Anspruch, der Kunst zuzuwenden. Peter H. Feist hat einmal 1976 von der *intelligenzintensiven Kunst* gesprochen. Das muß man nicht sagen, aber ein Aufwand an Intelligenz und Phantasie ist zu betreiben. Wer also sagt, daß der Realismus platt ist, der hat ihn nur in erster Schicht verstanden.

Kober: Könnte man nicht auch auf bestimmte Formen der Abstraktion kommen, die durchaus dem Realismus zuzuordnen sind? Ich denke da an Paul Klee, der eine äußerste Abstrahierung ...

Arlt: Also die »äußerste« nicht. Der ist immer gegenständlich bezogen. Selbst, wenn er abstrakt ist, ist er es »mit Bezug auf einen blühenden Baum«. Zeichenhaft und bedeutungsvoll kann auch eine

Kunst sein, die wirklich abstrakt, echt abstrakt ist, ohne Bezug auf etwas. Das müssen wir einfach akzeptieren. Kandinskys Synthesebilder, die er Symphonie nennt. Das ist eine Bildkategorie, und da gibt es so und so viele Nummern der Kompositionen.

Es gibt also unterschiedliche Ausdrucksmöglichkeiten. Realistische Kunstwerke haben eine Abbildfunktion, einen Abbildcharakter, aber sie sind zugleich eben Sinnbilder und sie sind gebildet, d. h. sie sind als Sinnbilder nicht zu erschöpfen, indem man nur sagt, was man darauf sieht, sondern sie haben eine Bedeutung, das Gesehene hat eine Bedeutung. Sie sind durch die Form getragen, und das ist nicht ganz unwichtig, das hat der alte Goethe schon gesagt ...

Kober: ... um ihre eigene Realität sozusagen zu erschaffen ...

Gesellschaftlicher Bezug von Kunst

Arlt: ... Ja, eben diese Wirklichkeit des Kunstwerkes, die gestaltet sein muß, nach eigenen Gesetzen. Was das Menschenbild angeht, kann man sich auf Jahrtausende alte Erfahrung berufen. Die alten Griechen kannten den *Homo mensura*-Satz und den Maßstab der Kalokagathia, eine Vorbildlichkeit und Vollkommenheit, die am menschlichen Maß gemessen war. Das war für sie, von der Architektur angefangen, die ja immerhin auch ziemlich monumental ist und dennoch ein Analogon personalitatis, bis hin zum Kunstwerk, Vasenmalerei, Wandmalerei oder Plastik, der tragende Inhalt. Das setzt sich fort im Mittelalter, in der Renaissance, selbst im Barock ist es das Prinzip. Es gibt doch nirgendwo einen Grund, das aufzugeben. Weil letztlich der Mensch dem Menschen das Wichtigste ist, was existiert, und von dem aus ein bestimmter Maßstab ausgeht für Moral, für Ethik, für Ästhetik und für Kunst natürlich auch.

Kober: Nur zeigen die politischen Entwicklungen im Moment natürlich auch fast das Gegenteil, daß es nichts Überflüssigeres gibt als den Menschen, wenn man die Arbeitslosigkeit bedenkt und andere ...

Arlt: ... Deformierungen. Das sind wohl die wichtigsten Gründe, die das Menschenbild an den Rand drücken oder gar negieren, weil befürchtet wird, daß damit diese Gesellschaft auf die Anklagebank gerät, weil in ihr der Profit allemal das Wichtigste ist und nicht der Mensch.

Vilmar: Und man muß sich ja schon Gedanken machen, *warum* der Realismus vielfach verdrängt wird. Ich wußte das nicht und war höchst erstaunt zu lesen, daß die CIA nach 1945 massiv Einfluß genommen hat in Richtung auf Förderung abstrakter, gegenstandsloser Kunst – nicht gesellschaftlich problemorientierter Kunst. Ich habe gedacht, daß ein gewisses spielerisches Verhältnis zur Kunst bei den oberen Gesellschaftsschichten zur abstrakten Kunst geführt habe – eine gewisse Modernitätssucht. Aber das ist nur die Hälfte der Wahrheit. Es sind Künstler massiv rausgedrängt worden. Karl Hofer ist nach 1945 herausgedrängt worden aus der Akademie der Künste in Berlin, und das hatte seine Gründe.

Und bei aller Wertschätzung dessen, was Sie beide hier eingewandt haben: daß man natürlich auch in der Abstraktion eine hohe Kraft der Konzentration, der Verwesentlichung feststellen kann, würde ich doch darauf verweisen, daß im Westen unter den verschiedenen Interesseneinflüssen ein substanzloser Formalismus sehr gefördert worden ist. Man ist nicht interessiert, daß wirklich die Gesellschaft und ihre höchst fragwürdigen Erscheinungen, daß die menschlichen Existenznöte auch bildhaft beim Namen genannt werden. Und man weiß: Mit dieser gegenstandslosen Kunst wird man nur ganz bestimmte »höhere« Schichten ansprechen, und zwar auf eine existentiell unverbindliche Weise; man wird den »normalen« Menschen – und ich meine das jetzt durchaus werthaft – höchstwahrscheinlich mit Kunst gar nicht mehr ansprechen.

Man muß sich auch Gedanken darüber machen, warum bei vielen, die keine Spießer sind, die also für Neues, Provozierendes, für existentielle und soziale Probleme aufgeschlossen sind, und bei denen nicht-realistische, aber figürlich, zeichenhaft bedeutungsvolle Kunst durchaus noch »ankommt«, also Klee oder Kandinsky oder Magritte oder Max Ernst oder Hundertwasser – warum aber die informelle, zunehmend formlose, gestaltlose, auf Farben, Linien und Flächen – oder gar auf spielerische Material-Installationen – reduzierte Kunst als unernst abgelehnt wird. Und als Soziologe muß ich sagen: Heute wissen wir, daß es in der DDR eine sehr beachtliche künstlerische Erbschaft gibt, die sich mit der Existenz, mit der Gesellschaft auseinandersetzt. Das ist etwas, was gefährlich erscheint, das will man nicht. Das wollen natürlich auch viele Menschen nicht im Wohnzimmer haben – aber das ist eine zweite Frage. Wir stehen in einer Verantwortung dieser Erbschaft gegenüber: die DDR-Kunst, die osteuropäische moderne Kunst hat in ihren besten Zeugnissen versucht, mit bildnerischen Mitteln den Menschen mit sich selbst, mit seiner Gesellschaft zu konfrontieren, ihm zu helfen, Orientierung zu finden.

Arlt: Es gibt sicher Galerien und Ausstellungsmacher, Kuratoren, die sich dem Realismus verschrieben haben, die das honorieren. Ich mache übrigens 2001 eine Ausstellung: »Mythos und Figur«, wo ich also nur figürliche Kunst auswähle, die sich des Mythos als geistigem Medium künstlerischer Phantasie bedient. Dies weiter zu verfolgen ist wichtig.

Wenn man allerdings in die Realität der Bundesrepublik blickt, kann man merken, daß in allen westdeutschen Städten sozusagen »sozialistischer Realismus« herumsteht, zum Teil übelster Art. Aber ich will das jetzt mal positiv deuten, weil sich nämlich darin, in diesen hübschen Gänseliesehen oder ausmarschierenden Männern und den vielfältigsten Gestalten, ob genrehaft, narrativ oder dekorativ stilisiert, etwas vorführt, was jeder Mensch sofort ablesen kann. Dort sehe ich, was ich scherzhaft »sozialistischen Realismus« nenne.

Wir müssen übrigens auch den Blick nach Kuba, Japan oder nach Afrika und Mittelamerika richten, dort gibt es überall Künstler, die sich auch der menschlichen Figur bedienten. Es ist doch nicht so, daß die DDR das einzige Land war, wo Realismus gemacht wurde, wenn auch eine spezielle Art, eine typisch deutsche.

Vilmar: Ich denke, daß eine gewaltige ästhetische Potenz für die Zukunft in den besten Hervorbringungen der DDR liegt.Wenn ich an Schillers *Ästhetische Erziehung des Menschen* denke: So etwas haben wir heute nicht oder bestenfalls in einem spielerischen Sinne. Ich möchte gerne, daß man eine kunsttheoretische Offensive verbindet mit Ausstellungen dieser Werke, indem man sagt: Wir wollen und müssen wieder Künstler zur Auseinandersetzung mit der Realität ermutigen.

Es entsteht ja allmählich wieder ein ostdeutsches Selbstbewußtsein. Dazu gehörte auch zu sagen: Da ist künstlerisch bei uns etwas geschaffen worden, auf das wir gesamtdeutsch nicht verzichten wollen. Eine Kunst, die sogar auch von vielen verstanden wird.

Kober: In der DDR wurde dem Kollektiv eine große Bedeutung beigemessen. Heute sind wir in die Situation einer stark gestiegenen Rolle des Subjekts gekommen, und daraus entwickelt sich die Gefahr eines totalen Subjektivismus, einer fast grenzenlosen Beliebigkeit. Die haben wir auch in der Kunst und auch in der Kunstkritik, in der Auseinandersetzung mit der Kunst. Es ist ja so, daß heute drei Kunstkritiker zu ein und derselben Sache drei völlig verschiedene Meinungen anbieten, bei denen auch nicht der geringste Zusammenhang zum Kunstwerk besteht, weil dieser Kunst eben der Gegenstand verlorengegangen ist.

In dieser Weise läßt sich realistische Kunst nicht mißbrauchen, damit kann ich nicht beliebig machen, was ich will. Und von daher erscheint sie natürlich den Apologeten der Beliebigkeit – oder ich kann auch sagen: des Modernismus – verdächtig.

Arlt: Ja, viele benutzen aus ihrer Subjektivität die Bilder nur noch als Medium ihrer Selbstdarstellung.

Vilmar: Wir sind in eine Kunstphase geschlittert, nicht bloß eines Individualismus, sondern eines Solipsismus, eines orientierungslosen »anything goes«, eines hochgradigen Verlustes der Verbindlichkeit und des gesellschaftlichen Bezuges, im Gegenzug zu dem vielleicht übertriebenen Kollektivismus im Realsozialismus. Dieser Solipsismus hat dazu geführt, daß in der Tat einerseits die Künstler keine gesellschaftlichen oder existentiellen Bezüge mehr haben und andererseits die Kritiker und die, die Kunst betrachten, das nicht mehr suchen. Daher wird das ganze tatsächlich zu einem spielerischen Verwirrspiel, und das Publikum wendet sich ab. Mit einem gewissen Recht. Natürlich kann man mir sagen: Laß doch um Himmels willen diese Spielformen leben, das ist etwas ungeheuer Wichtiges. Aber der Homo ludens ist in unserer Zeit zu einer alles dominierenden Playboygestalt geworden.

Arlt: Spaßgesellschaft.

Vilmar: Zum Mitglied einer Spaßgesellschaft, ja, und die Kunst wird dementsprechend als Fun nicht mehr ernstgenommen. Sie ist ein Stück Dekoration, und einige Leute philosophieren darüber. Ich bin der Meinung, daß sie aber eben mehr leisten kann in großen expressiven Darstellungen und auch in großen Abstraktionsleistungen, wie bei Klee – ich erinnere an seine beeindruckenden malerischen Beschwörungen des Faschismus. Diesen Bezug müssen wir wieder gewinnen dazu, daß Menschen in der Lage sind, mit Kunst sich selbst zu sehen, zu deuten, Gesellschaft zu sehen und auch zu kritisieren.

Kober: Ich möchte auf eine Gefahr hinweisen: Wenn wir Wesentliches der DDR-Kunst durch konkrete Beispiele aufzeigen, so könnten wir uns natürlich den Vorwurf einhandeln, daß das Ganze zu selektiv ist und der ganze Müll draußen bleibt. Der ist natürlich drin, da kann man sich drehen und wenden wie man will.

Vilmar: Aber davon kann und soll man doch ruhig reden, um so glaubwürdiger steht man da. Man kann sagen, daß es also den »abstrakten« Müll gibt und auch den »realistischen«. Je deutlicher man sagt, daß es in der DDR-Kunst auch diese Verharmlosungen und ideologiehörigen Verherrlichungen gegeben hat, umso mehr kann man dann sagen: Aber es kommt darauf an, den Blick auf die nicht wenigen Künstler zu lenken, die eben anderes geleistet haben.

1 Er gründete dafür sogar ein eigenes Institut, vgl. dessen Publikationen: Durchblick (1984) und Durchblick 2 (1986), hrsg. vom Ludwig Institut für Kunst der DDR, Oberhausen.

2 Genau dokumentiert in: Das Sitte-Verbot. Katalog (k)einer Ausstellung. Schkeuditz 2001

3 Lt. Neue Zürcher Zeitung vom 6. März 1997, S. 45.

4 Kunstsammlungen zu Weimar (Hrsg.), Der Weimarer Bilderstreit, Weimar 2000.

5 Ulrike Goeschen, Vom sozialistischen Realismus zur Kunst im Sozialismus. Die Rezeption der Moderne in Kunst und Kunstwissenschaft der DDR, Berlin 2001, S. 226. Im Abschnitt über die realsozialistische Kunstpolitik komme ich auf das Faktum der gescheiterten politischen Disziplinierungsversuche zurück.

6 Ebd., S. 228 f.

7 Vgl. die zusammenfassende Vorstellung einiger der wichtigsten Maler in: Brusberg Dokumente 18, ...sie malen ja nur. Zeitvergleich '88 – aktuelle Malerei aus der DDR. Ein Rückblick. Berlin Juni (!) 1989: Bernhard Heisig, Wolfgang Mattheuer, Harald Metzkes, Werner Tübke, Max Uhlig, Hartwig Ebersbach, Wolfgang Peuker, Rolf Händler, Walter Libuda, Jürgen Wenzel, Werner Liebmann, Hubertus Giebe, Angela Hampel. Ich füge hinzu: Willi Sitte, Heidrun Hegewald, Ronald Paris, Peter Hoppe, Ulrich Hachulla, Dagmar Ranft-Schinke, Volker Stelzmann, Arno Rink, Gerhard Altenburg.

8 Ich schlage für die Kunstentwicklung in der DDR den Begriff »avancierter Realismus« vor, da hier die bildende Kunst, und vor allem die Malerei, von einer realistischen Ausgangsposition voran- und fortgeschritten ist zu einer eigenständigen Verarbeitung expressiver, surrealistischer, konstruktivistischer und abstrakter Darstellungen.

9 Bereits in der DDR-Zeit gab es ein fast 400seitiges Standardwerk mit vielen, zum großen Teil erstaunlich nonkonformistischen Abbildungen: Lothar Lang, Malerei und Graphik in der DDR, Leipzig 1978, und als Reclam-Taschenbuch 1983. – Eine neue, sehr umfangreiche und gut illustrierte Gesamtdarstellung findet sich bei Hermann Raum, Bildende Kunst in der DDR, Berlin, 1999. Eine der besten Präsentationen von Werken (aus der wichtigsten Kunstregion der DDR) gaben H. Guratsch und G.U. Großmann heraus: dies., Lust und Last. Leipziger Kunst seit 1945, Ostfildern 1997.

10 Es zeigt sich: Moderne ist nicht gleich Gegenstandslosigkeit. Selbst der einzigartige Paul Klee hat bei all seinen ebenso radikalen wie poetischen Abstraktionen den Bezug zur Realität, oft radikal auf einfachste Chiffren und Zeichen komprimiert, selten ganz verloren, ebenso wenig wie Alexej von Jawlenski mit seinen abstrakten Köpfen oder Picasso, besonders der späte Picasso mit seinem genial-naiven Klassizismus.

11 Werner Haftmann, Malerei im zwanzigsten Jahrhundert, München 1954, Zitate ebd., S. 10, 22.

12 Vgl. Margrit Staber, Konkrete Kunst, in: Propyläen-Kunstgeschichte, Bd. 12: Die Kunst des 20. Jahrhundert, Frankfurt/M. 1990, S. 263 ff.: Mit diesem Begriff habe Doesberg Gestaltungsmöglichkeiten in der Fläche und im Raum (bezeichnet), die ohne figurative Vorbilder auskommen (S. 263).

13 Genannt seien hier die – ironischerweise meist aus der DDR gekommenen und seit den 60er Jahren in (West-)Berlin zur Geltung kommenden – Maler Baselitz, Schönebeck, Köberling, Lüpertz, später Penck, ferner ausgerechnet

die Beuys-Schüler Immendorf und Kiefer. Vgl. Wieland Schmied, Ausgangspunkt und Verwandlung, in: Christos Joachimides u. a. (Hg.), Deutsche Kunst im 20 Jahrhundert, München 1986, S. 59 ff.

14 Vom »mainstream« wenig beachtet, wurde 1990 ein »Künstlersonderbund in Deutschland ... Realismus der Gegenwart« gegründet, dem über 100 Künstler/innen angehören und der sich zum Ziel gesetzt hat, der »realistischen Kunstrichtung zu größerer Akzeptanz ... zu verhelfen«. 1993 veranstaltete er eine erste große Ausstellung, dokumentiert in einem von ihm herausgegebenen über 400seitigen, höchst inhaltsreichem Bildband »1. Realismus-Triennale« (Berlin 1993 Ars Nicolai GmbH), dem 1996 ein weiterer unter Einbeziehung anderer europäischer Maler folgte (»Die Kraft der Bilder«, im selben Verlag). Die Gründung dieser »Notgemeinschaft« verweist zugleich auf die bedrängte, vielfach diskriminierte Situation des Realismus.

15 Wieland Schmied, Ausgangspunkt und Verwandlung, a. a. O., S. 54.

16 »Als die Berliner Nationalgalerie, die oberste zuständige Museumsinstanz, kurz nach der Wende einen Vereinigungsversuch unternahm und Platz machte für einige markante Beispiele und Positionen der Kunstentwicklung im Osten, kam es zum Sturm der Entrüstung. Kurze Zeit behaupteten die Ostdeutschen ihren öffentlichen Platz, schrumpften dann zur Kern- und Restgruppe und sind heute fast ganz ins Depot abgetaucht. Raumnot kann nicht der Grund sein, da in der Dependance der Nationalgalerie, im Hamburger Bahnhof, Westkunst sich in schier endlosen Dimensionen ausdehnen darf.« – Eduard Beaucamp, Berlin braucht ein Museum, Frankfurter Allgemeine Zeitung vom 30. September 2000.

17 Es sei hier nur am Rande vermerkt, daß der Begriff der Moderne bei genauerer Analyse seiner Verwendung in der Publizistik, aber selbst in den Werken maßgeblicher sozialwissenschaftlicher Wortführer wie Jürgen Habermas, Claus Offe oder Anthony Giddens, sich als eines der diffusesten, inhaltslosesten Modewörter erweist – so das Ergebnis eines Projektseminars an der Freien Universität Berlin, dessen Arbeiten, noch unveröffentlicht, zur Verfügung stehen.

18 Hannelore Offner, Klaus Schroeder (Hg), eingegrenzt – ausgegrenzt. Bildende Kunst und Parteiherrschaft in der DDR 1961 – 1989, Berlin 2000. Die folgenden Zitate finden sich ebd., S. 9, 11, 102 f., S.112, 113.

19 Ebd., S. 113. Gefangen in einer starren Vorstellung von der »allmächtigen« Parteidiktatur in der DDR (die sicher in vielen Bereichen existierte, gerade aber nicht in der Kunstproduktion!), gerät genauso auch Martin Damus, Malerei der DDR, a. a. O. – völlig in Widerspruch zu seinen eigenen informativen und ausführlichen Berichten (fast 400 Seiten!) über die »faszinierende Vielfalt von Ausdrucks- und Gestaltungsweisen, von Inhalten und Themen« in der Kunst der DDR.

Seine widersprüchlichen Feststellungen, daß die Kunst in der DDR sich zwar »weitgehend verselbständigt hatte«, gleichwohl aber dem System dienstbare »Herrschafts- bzw. Staatskunst« (S. 12) geblieben sei, versucht Damus dadurch zu harmonisieren, daß er behauptet, diese Vielfalt und zunehmende Eigenständigkeit »blieben ... gebunden an die Herrschaftsmechanismen und Legitimationsmuster *(des politischen Systems – F.V.)*, wurden durch deren Wandel und Wechsel bewirkt bzw. ermöglicht« (S. 11), »abhängig von dessen Vorgaben, Anforderungen, Erwartungen, Zwängen, Privilegien« (S. 10). Damus bleibt für diese These jeden Beweis schuldig. Der oben zitierte

Schwenger beweist vielmehr das Gegenteil: fast durchgängige Unzufriedenheit der führenden Funktionäre mit dem »Subjektivismus«, der mangelnden proletarischen Begeisterung der wichtigsten Künstler. In der Tat wäre es absurd, anzunehmen, die mehr und mehr sich ausbreitende Nachdenklichkeit, Distanz, Skepsis, Introvertiertheit in der ostdeutschen Kunst wäre entsprechenden »Vorgaben« und »Erwartungen« der Partei gefolgt. Damus treibt seinen Soziologismus, die Ableitung geistiger (hier: künstlerischer) Hervorbringungen aus herrschenden gesellschaftlichen Verhältnissen, soweit, daß er selbst das seit den 50er Jahren total gewandelte »Bild vom Arbeiter« in der Malerei: von der idealisierenden zur realistisch-kritischen Darstellung, auf Änderungen »aus legitimatorischen Gründen« (?), des »offiziellen Bildes vom Arbeiter« (S. 16) zurückführt ...

20 Neues Deutschland vom 18. Dezember 1971. Einer der maßgeblichen Kunsttheoretiker der DDR, Peter H. Feist, hat die tatsächlich sich vollziehende Ausdifferenzierung oder gar Transzendierung des Realismus in der DDR 1976 zu erfassen versucht; er schlug dafür folgende Bezeichnungen vor: »Erstens den Gestaltungstyp des unmittelbaren Realismus ... Zweitens den Typ des expressiven Realismus, der mit verschiedenen Graden der Formintensivierung, auch dem Verfahren des Archaismus, operiert. Drittens den Typ des konstruktivistischen Realismus...Viertens den Gestaltungstyp eines metaphorischen oder imaginativen Realismus, in dem auch ausgesprochen phantastische Züge auftreten können.« Schließlich riet Feist auch zu akzeptieren, »daß bestimmte ... Aussagen ... auch mit ... abstrakter Gestaltung zu erzielen sind« – die bekanntlich 25 Jahre lang streng verpönt war. In: Aktuelle Tendenzen in der sozialistisch-realistischen Kunst der DDR, Bildende Kunst, H. 7 u. 8/1976.

21 Hannelore Offner, Klaus Schroeder (Hg), eingegrenzt – ausgegrenzt, a.a.O., S. 121.

22 Klaus Fußmann in, Frankfurter Allgemeine Zeitung vom 11. Juli 1998.

23 Frances Stonor Saunders, Wer die Zeche zahlt ... Der CIA und die Kultur im Kalten Krieg. Berlin 2001, bes. S. 235 ff.

24 Dazu einer der führenden CIA-Leute: Wir erkannten, daß diese Kunstform nichts mit dem sozialistischen Realismus zu tun hatte und diesen sogar noch ... beschränkter aussehen ließ, als er tatsächlich war (Ebd., S. 250). Die weiteren Zitate ebd., S. 236 f., S. 237.

25 Vgl. oben die Anmerkung 8 und meine zentrale These.

26 Diese Bewegung findet sich minutiös nachgezeichnet in der Untersuchung von Ulrike Goeschen, Vom sozialistischen Realismus zur Kunst im Sozialismus, Vom sozialistischen Realismus zur Kunst im Sozialismus. Die Rezeption der Moderne in Kunst und Kunstwissenschaft der DDR, Berlin 2001.

27 Neben anderen Rezensenten in: Ansichten zur X., in: Weimarer Beiträge, Berlin-Weimar, H. 8/1988, S. 1240.

Karl-Heinz Arnold

Für ein allgemeinverständliches Bürgerliches Gesetzbuch der DDR – Reformelemente im Zivilgesetzbuch der DDR

Wesentliche Reformelemente im Zivilgesetzbuch der DDR

Am 1. Januar 1976 trat das Zivilgesetzbuch der DDR (ZGB) vom 19. Juni 1975 in Kraft. Es löste das seit 1. Januar 1900 geltende Bürgerliche Gesetzbuch (BGB) vom 18. August 1896 ab. Damit begann in Ostdeutschland ein zivilrechtliches Interregnum von rund 15 Jahren. Es endete mit dem Beitritt der DDR zur Bundesrepublik am 3. Oktober 1990. Seither hat das BGB wieder gesamtdeutsche Gültigkeit.

Berücksichtigt man lediglich diesen relativ kurzen Zeitraum von anderthalb Jahrzehnten, wäre das Zivilgesetzbuch der DDR kaum mehr als eine Marginalie der deutschen Staats- und Rechtsgeschichte. Inhalt und sprachliche Form des ZGB jedoch verdienen Beachtung und Prüfung auf einen Wert, der in ein neues Zivilrecht der Bundesrepublik[1] eingebracht werden könnte, das auch den Anspruch erheben sollte, ein im europäischen Rahmen vorbildliches Gesetzbuch zu werden.

Anders als die Mehrzahl der Politiker und Rechtspraktiker der alten Bundesrepublik haben westdeutsche Rechtswissenschaftler das ZGB durchaus zur Kenntnis genommen. »Das neue Zivilrecht der DDR fand in der Bundesrepublik Deutschland gehörige Aufmerksamkeit.«[2] In der DDR ist das ZGB von der Bevölkerung akzeptiert worden »als verständliches, bürgernahes und in vielen Regeln auch bürger- oder richtiger konsumentenfreundliches Gesetzbuch«.[3]

Will man es aus heutiger Sicht prüfen, ist zunächst ein Blick auf die Genesis des ZGB unerläßlich. Sie war ausschlaggebend für den Inhalt und die hiervon nicht zu trennende Form. Es ist eine lange Entstehungsgeschichte, atypisch für Gesetzgebungsverfahren in der DDR, die im allgemeinen zügig vorbereitet und abgeschlossen wurden, nachdem die sogenannte Partei- und Staatsführung, sprich Politbüro der SED, die Auflassung gegeben hatte. Diese Genesis aber weist einige Besonderheiten auf, die Interesse verdienen.

Zum besseren Verständnis der Materie, die in der heutigen Bundesrepublik nicht allgemein bekannt ist, sei bereits an dieser Stelle angemerkt: Das ZGB mit seinen 480 Paragraphen wurde keineswegs konzipiert als kompletter »Ersatz« für die rund 2.400 Paragraphen des BGB, sondern war von vornherein als Zivilrecht im engeren Sinne gedacht: zur Gestaltung von Rechten und Pflichten der Bürger im Alltag, als Konsumenten im weitesten Sinne, sowie zur Regelung ihrer Rechtsbeziehungen untereinander in dieser Sphäre. In sieben Teilen umfaßt es Grundsätze (Aufgaben des Zivilrechts, Stellung der Bürger); Eigentum; Verträge des täglichen Lebens (wie Miete, Kauf, Dienstleistungen, Finanzverträge, Versicherungen, Schenkung); Nutzung von Grundstücken zum Wohnen und zur Erholung; Verhütung und Ersatz von Schäden; Erbrecht; einzelne Rechtsverhältnisse (wie Beteiligung mehrerer Partner an einem Vertrag, hypothekarische und andere Sicherungen von Forderungen, Entmündigung, Todeserklärung, Verjährung).

Das heißt zugleich: Das ZGB war inhaltlich keineswegs meilenweit vom BGB entfernt. So konnte man durchaus zu der Ansicht kommen, es handele sich um »eine modernisierte Vereinfachung«[4] des BGB. Was – nach weitgehender Ausgliederung verschiedener Rechtsgebiete – »im BGB vor allem geregelt ist«, sind »die rechtliche Umgrenzung und der Schutz der Gütersphäre der einzelnen in ihrem Verhältnis zueinander, und insbesondere das Recht des Güteraustauschs«, also »Übertragung und Belastung des Eigentums« und die »typischen Verkehrsgeschäfte«[5] wie Kauf, Miete, Kreditgeschäfte sowie Schadenersatz und Erbrecht, all dies aber antiquiert, schwer verständlich, mit Abstraktionen überlastet.

Zur Entstehungsgeschichte

Das aufhaltsame Wachsen und Werden des ZGB dauerte 23 Jahre. Es ist eine fast unendliche Geschichte. Ihre Länge entspricht pikanterweise der Zeit, die im Deutschen Reich verging, ehe aus der Möglichkeit, ein einheitliches Zivilrecht zu schaffen, die Wirklichkeit des Bürgerlichen Gesetzbuchs wurde. Dabei war für das BGB eine besonders komplizierte Arbeit zu leisten, weil es in Deutschland seit Jahrhunderten keine einheitliche Rechtsentwicklung gegeben hatte.

Erst die Änderung der Reichsverfassung im Jahr 1873 schuf die Zuständigkeit des neuen, 1871 entstandenen Bundesstaates auch für das gesamte Zivilrecht. Es mußte dringend vereinheitlicht und modernisiert werden. Vor allem hatte es den Bedürfnissen der sich rasch entwickelnden Wirtschaft zu entsprechen. Der Rechtszustand war chaotisch. Das kodifizierte Zivilrecht reichte vom *Preußischen Allgemeinen Landrecht* von 1794 und vom verworrenen *Gemeinen Recht* der kleinen deutschen Länder über das auf dem *Code Napoléon* von 1804 basierende *Badische Landrecht* bis zum *Bürgerlichen Recht* von 1863 in Sachsen. Ein vollständig neues Gesetzeswerk war also erforderlich. Daran arbeiteten eine Vorkommission, eine nach 13 Jahren erfolglose erste Kommission sowie eine schließlich erfolgreiche zweite Kommission. So dauerte es von 1874 bis 1895, ehe ein brauchbarer Entwurf vorlag. Er wurde nach wenigen Änderungen im Reichstag gegen die Stimmen der Sozialdemokraten beschlossen und im selben Jahr von Kaiser Wilhelm II. verkündet.

Der erste Auftrag der SED-Führung für ein Zivilgesetzbuch der DDR datiert bereits von 1952. In einer Mitteilung vom 21. Februar 1973 an Ministerpräsident Stoph weist dessen Staatssekretär Rost darauf hin, daß die Parteiführung »seit 1952« mehrmals die Ausarbeitung eines Zivilgesetzbuchs festgelegt und darauf orientiert habe, die Arbeit zügig durchzuführen.[6] Aus dieser Zeit liegt jedoch kein ZGB-Entwurf vor. Es ist auch unwahrscheinlich, daß der damalige Leiter der Hauptabteilung Gesetzgebung im Justizministerium, Hans Nathan, eine solche Arbeit ernsthaft eingeleitet oder gar forciert hat.

Es ist davon auszugehen, daß es in den 50er Jahren unter dem Eindruck der sowjetischen Friedensvertragsvorschläge in der SED-Führung einige Bedenken gab, die deutsche *Rechtseinheit* auf dem Gebiet des Zivilrechts so rasch wie möglich zu zerstören, zumal dieses Gebiet politisch und ideologisch weniger interessant war als Staats- und Verfassungsrecht sowie Strafrecht.

Darüber hinaus mußte Juristen, die freilich in der SED-Führung nicht vertreten waren, bei einigem Nachdenken die Schwierigkeit der Aufgabe bewußt werden, eine Art sozialistisches Pendant zum BGB zu schaffen, ohne wesentliche Teile dieses Gesetzes des Bürgertums zu kopieren oder erkennbar zu modifizieren. Aus Gründen der Staatsräson, des politischen und ökonomischen Machterhalts, wurden das Strafrecht neu kodifiziert (1968) und noch davor ein Arbeitsgesetzbuch geschaffen (1961), aber ein »sozialistisches Zivilrecht« hatte keine Priorität. Die Haltung von Hilde Benjamin, Justizministerin von 1953 bis 1967, zu BGB und ZGB ist aus Dokumenten bisher nicht bekannt, ganz im Gegenteil zu ihrem Engagement für das Familiengesetzbuch (1965) und – als Kommissionsvorsitzende – für das Strafgesetzbuch (1968). Nach unbestätigten Äußerungen soll sie 1967 mit Rücksicht auf die deutsche Rechtseinheit Bedenken angedeutet haben, das BGB abzuschaffen.

In den 60er Jahren wiesen die Gerichte in der DDR zunehmend darauf hin, daß sich die Anträge und Verfahren in Zivilsachen inhaltlich vereinfacht hätten. Statt des komplizierten und realitätsfernen BGB brauche man ein übersichtliches und besser handhabbares Gesetzbuch. Tatsächlich hatte sich das private Leben in seinen überschaubaren Bereichen auf relativ einfache Probleme und Rechtsfragen reduziert (anders als bei den zunehmenden und gewichtiger werdenden Divergenzen in der volkseigenen Wirtschaft, für deren Entscheidung die Vertragsgerichte zuständig wurden). Unter diesen Bedingungen und angesichts der Tendenz, Streitfragen möglichst außergerichtlich zu klären, wozu die gewählten gewerkschaftlichen Konfliktkommissionen in den Betrieben schon seit 1953 viel beitrugen, wirkte das antiquierte BGB eher störend als hilfreich. Potentielle Fürsprecher dieses veralteten Gesetzbuches in der zahlenmäßig kleinen Anwaltschaft hatten keinen politischen Einfluß und mußten bemüht sein, nicht unliebsam aufzufallen.

Nach dem zweiten Freundschaftsvertrag UdSSR-DDR von 1964 mit einer 20jährigen Bestandsgarantie für die DDR liegt aus dem darauffolgenden Jahr der erste bisher aktenkundige Entwurf eines Zivilgesetzbuchs vor.[7] Seit dem bereits erwähnten Auftrag der SED-Führung an den Ministerrat von 1952 war ein Dutzend Jahre vergangen. Die Übersicht im folgenden Exkurs spricht für die Zögerlichkeit, mit der auch in der Folgezeit das Projekt behandelt wurde, ebenso aber für unterschiedliche Auffassungen über den Inhalt eines ZGB sowie für Versuche, planwirtschaftliche Interessen über individuelle Rechte zu stellen.

Exkurs: Der Entstehungsprozeß des ZGB 1967-1974. Eine kurze Chronik

April 1968: Der VII. Parteitag der SED stellt fest: Eine Vereinigung mit der Bundesrepublik »in einem Staat ist unmöglich«.[8] Auftrag zur Fertigstellung des ZGB.

Mai 1969: Der Ministerrat bestätigt am 14.5. die Konzeption für einen Entwurf des ZGB, der im ZK der SED und im Ministerrat vorzulegen und zu behandeln sein wird.[9]

März 1971: Ein inzwischen in Umlauf gegebener Entwurf wird in den Abteilungen des ZK mehr oder weniger sachkundig begutachtet. Die Arbeitsgruppe Frauen (Inge Lange) moniert in einer Stellungnahme vom 30.3., das BGB wirke »noch zu stark als Modell«. Es fehle die »enge Verbindung von Recht und Moral«. Für »volljährige selbständige Kinder«, also Kinder mit eigenem Arbeitseinkommen, sollte nicht das gleiche Erbrecht gelten wie für minderjährige.

April 1971: Das Politbüro stellt die Notwendigkeit weiterer Arbeit am Entwurf fest. Ein Gutachten der Akademie für Staats- und Rechtswissenschaft in Babelsberg vom 6.4. enthält eine Zusammenstellung von Vorschriften, die schwer verständlich und daher zu verändern sind. Prinzipiell wird betont: Erlaß des ZGB und Aufhebung des BGB »werden den Beweis der historischen Überlegenheit unserer Gesellschafts- und Rechtsordnung gegenüber dem staatsmonopolistischen System der Bundesrepublik weiter bekräftigen. Mit der Aufhebung des BGB wird die noch auf diesem Gebiet bestehende formelle Rechtseinheit beseitigt und bürgerlichen Ideologien über ein angeblich klassenneutrales Recht entgegengewirkt.«

Febr. 1972: Das Justizministerium informiert die ZK-Abteilung Staats- und Rechtsfragen am 8.2., mit dem nun vorliegenden (neuen) Entwurf »wurde das ZGB in seinem Aufbau und seiner Gliederung so gestaltet, daß es für den Bürger leicht überschaubar und verständlich ist und für alle Beteiligten eine Anleitung zu eigenverantwortlichem Handeln darstellt«. Der Entwurf enthalte auch »vorrangige Aufgaben« für die örtlichen Staatsorgane und Betriebe sowie zum Schutz der Verbraucher.

März 1972: Der Staatssekretär für Staats- und Wirtschaftsrecht beim Ministerpräsidenten stellt am 22.3. fest, der vorliegende Entwurf müsse noch verändert werden, um »in keinem Fall eine Schlechterstellung des Bürgers« gegenüber dem BGB zuzulassen, und er müsse sprachlich verbessert werden. Die vom Justizministerium »im voraus festgelegte Beschränkung« der vorgesehenen öffentlichen Diskussion auf bestimmte Komplexe des Entwurfs »wird nicht für richtig gehalten«.

Mai 1972: Das Justizministerium legt am 31.5. einen weiteren Entwurf vor.

Febr. 1973: Justizminister Heusinger (LDPD, Nachfolger von Wünsche, LDPD, im Amt von 1972 bis Januar 1990) in einer Aktennotiz vom 26.2. über eine Unterredung mit Stoph am 23.2.: »Was die Maßnahmen zur Überprüfung des geltenden Rechts betrifft, so weist Kollege Stoph darauf hin, daß es sich hier um eine Lebensaufgabe handelt, die zu lösen nach seiner Auffassung auf Grund der gegenwärtigen Einschätzung der Lage kein Organ im Stande ist.« Das ZGB dürfe nicht – wie noch immer vorgesehen – Rechte und Pflichten von Betrieben und Staatsorganen regeln. Staatliche Leitung und Planung seien nicht Gegenstand des Zivilrechts. Die sprachliche Gestaltung des Entwurfs sei »sehr verbesserungsbedürftig« Mit Hilfe »geeigneter Mitarbeiter und Spezialisten, vor allem Journalisten, ist eine sprachliche Gestaltung des Gesetzentwurfs vorzunehmen.«

Juni 1973: Das Justizministerium legt einen vom 18.6. datierten Entwurf vor.

Jan. 1974: Mitglieder des Ministerrats äußern sich. Das Volkseigentum dürfe nicht »Grundlage und Garantie für die Entwicklung des persönlichen Eigentums« sein (Fichtner). Daraufhin werden die Worte »und Garantie« im Entwurf gestrichen. Die Verpflichtung des Handels, dem Käufer einer Ware Gebrauchs-, Bedienungs- und Behandlungsvorschriften sowie ein Verzeichnis der Vertragswerkstätten auszuhändigen, sei »zu weitgehend« (Kleiber). Die Verpflichtung wird beibehalten. Es müsse auch festgelegt werden, daß die Wohnungsmiete eintreibbar sei »und erforderlichenfalls vom Gehalt abgezogen werden könne« (Neumann). Der Einwand wird übergangen. Der Generalstaatsanwalt (Streit) verlangt zu prüfen, ob die vorgesehenen Entschädigungen für Bürger bei Immissionen (Verunreinigung von Luft, Wasser und Boden, Lärm und Erschütterungen) »volkswirtschaftlich zu ertragen sind«. Als Endfassung bleibt im ZGB (§ 329) eine dehnbare Kann-Bestimmung, mit der die meisten Ansprüche von Bürgern gegen Betriebe auf Unterlassung, Schadenersatz und Entschädigung von vornherein ausgeschlossen werden.

März 1974: Das Justizministerium legt einen vom 11.3. datierten neuen Entwurf vor. Er ist wiederum in vielen Aussagen zu kompliziert, sein Aufbau ist nicht klar und einfach, die Sprache ist nach wie vor sehr verbesserungsbedürftig.

April 1974: Das Justizministerium gerät unter Zeitdruck. Vor dem für Mai 1976 erwarteten IX. Parteitag der SED muß das ZGB, mit dem man Jahre in Verzug ist, fertiggestellt, öffentlich diskutiert und von der Volkskammer verabschiedet werden.

Mai 1974: Honecker erhält vom Ministerrat den laut Anschreiben »diskussionsreifen Entwurf«.

Sept. 1974: Erste Lesung in der Volkskammer.

Dez. 1974: Das Justizministerium berichtet »seiner« zuständigen Abteilung im ZK der SED am 20.12. über die »zustimmende« öffentliche Diskussion, die im November begonnen hatte. Abteilungsleiter Sorgenicht kritisiert den Bericht als »allgemeine Agitation«. Er »ist gefiltert, wir wollen aber das Konkrete.«[10]

Juni 1975: Die Volkskammer beschließt am 19.6. das Zivilgesetzbuch mit Einführungsgesetz.[11]

Die Erkenntnis, daß vor allem die seit langem gerügten sprachlichen Schwächen der ZGB-Entwürfe hausintern nicht zu beheben sind, zwingt das Justizministerium 1974, sich Stophs Vorschlag vom Februar 1973 zu nähern, also Journalisten zu Rate zu ziehen. Der stellvertretende Minister Supranowitz ersucht den wirtschaftspolitischen Kommentator der Berliner Zeitung, Karl-Heinz Gerstner, um redaktionelle Hilfe. Der lehnt ab und verweist an den Verfasser dieses Beitrags, damals stellvertretender Chefredakteur der Zeitung. Dieser übernimmt den Auftrag, die 480 Paragraphen des jüngsten Entwurfs so schnell wie möglich sprachlich zu überarbeiten. Dabei gilt es, unbedingt die juristische Substanz zu wahren.

Nach täglicher Abholung handschriftlich redigierter Teile durch den Fahrer des Vizeministers liegt binnen drei Wochen eine gegenüber dem Entwurf von März 1974 wesentlich veränderte Fassung vor. Sie wird – bis auf wenige »zu weit gehende« Vorschläge des Bearbeiters – von Ministerium und Ministerrat akzeptiert.[12] Es gibt keine Rückäußerung der Ministerialen und keinen offiziellen Dank. Gezahlt wird ein Honorar von 3.500 Mark abzüglich 20 Prozent Steuern – damals etwa zwei Monatsgehälter des Bearbeiters.

Im folgenden sei ein – durchaus exemplarisches – Beispiel wiedergegeben, das zeigen kann, mit welcher Intensität wir bei der Arbeit an dem ZGB darum bemüht waren, anstelle eines abgehobenen, komplizierten Juristendeutsch eine allgemeinverständliche Gesetzessprache zu finden:

Im Entwurf von März 1974 war der Inhalt der Garantie, die einem Kunden für eine Ware oder eine Dienstleistung zu gewähren ist, recht umständlich formuliert: »Der Schuldner garantiert, daß der Leistungsgegenstand die sich aus den staatlichen Gütevorschriften, Sicherheits- und Arbeitsschutzvorschriften ergebende, vertraglich vereinbarte, dem vorgesehenen Verwendungszweck oder der Beschaffenheit der Leistung entsprechende Gebrauchsfähigkeit aufweist und mindestens während einer bestimmten Frist oder Betriebsdauer (Garantiezeitraum) behält.«
Diese Aussage zeigt Schwierigkeiten beim Gebrauch der Sprache, wie sie auch für das BGB typisch sind. Der Aufbau der Aussage ist nicht klar. Die Stellung des für den Satz wichtigsten Verbs (aufweist) ist schlecht gewählt, es steht fast am Ende des Satzes. Es werden unnötig komplizierte oder unpopuläre Begriffe verwendet wie Leistungsgegenstand und Schuldner. Es ist nicht einzusehen, warum etwa die Verkäuferin im Einzelhandel ein Schuldner sein soll, und der schwerfällige Begriff Leistungsgegenstand ist durch Ware ersetzbar.

Wie die Aussage einfach und verständlich zu treffen ist, zeigt der redigierte Entwurf, der als § 148 Abs. 1 unverändert in das ZGB übernommen wurde:
»Der Verkäufer hat für die gekaufte Ware Garantie zu gewähren. Die Garantie erstreckt sich darauf, daß die Ware den staatlichen Güte-, Sicherheits- und Schutzvorschriften entspricht, daß sie die vom Hersteller zugesicherte oder für den vorgesehenen Verwendungszweck erforderliche Gebrauchsfähigkeit und Beschaffenheit hat und diese bei sachgemäßem Gebrauch während der Garantiezeit behält.«
Ein Alternativvorschlag des Bearbeiters, noch einfacher und kürzer zu formulieren, ohne den juristischen Inhalt anzutasten, fand bei den genervten Mitarbeitern des Ministeriums keine Gnade: »Der Verkäufer hat für seine Ware Garantie zu leisten. Die Ware muß den staatlichen Güte-, Sicherheits- und Schutzvorschriften entsprechen und so beschaffen sein, wie es ihr vorgesehener Gebrauch erfordert oder vom Hersteller zugesichert ist. So muß die Ware auch während der Garantiezeit bleiben.«

Kritische Wertungen

Bevor ich zu einer kritischen Wertung des ZGB komme, erscheint es mir notwendig, kurz auf die rein ideologischen Einschätzungen zu verweisen, die in der Sitzung der Volkskammer vom 19. Juni 1975 von den Abgeordneten abgegeben wurden, weil sie die völlige Ahnungslosigkeit dieser Parteisprecher zeigen hinsichtlich der im Kern eben nicht ideologischen, sondern sachlichen und darum noch heute beachtlichen Substanz dieses Gesetzgebungswerkes. Sie zeigt – über das übliche Maß hinaus – dümmlich-akklamatives Verhalten von Abgeordneten, aber auch eine Arroganz der Macht, die weitgehend darauf verzichtete, dem Bürger ein Gesetz nahezubringen, das seine privaten Interessen unmittelbar berühren würde.

Hauptredner war nicht der Vertreter des Justizressorts, der die Vorlage formell zu verantworten hatte, oder wegen der Bedeutung des Gesetzes der Ministerpräsident, sondern als Sprecher der SED-Fraktion das Politbüro-Mitglied Friedrich Ebert.[13] Es sei kein Raum mehr »für ein Weiterwirken der auf dem Privateigentum an den Produktionsmitteln beruhenden volksfeindlichen bürgerlichen Rechtsideologie«, betonte er.[14] Beim BGB, das nun abgelöst werde, handele es sich um die »Grundlage der kapitalistischen Ausbeuterordnung«. Zwischen der sozialistischen Gesellschaftsordnung und der »imperialistischen Ausbeuterordnung« der Bundesrepublik könne es kein gemeinsames Zivilrecht geben.
Damit wurde eine zugespitzte politische Aussage in den Vordergrund gestellt, die im Politbüro und speziell von Honecker abgesegnet war. So mußte es auch in der Bundesrepublik verstanden werden. »Letzte gesamtdeutsche Bestimmungen im Zivilrecht außer Kraft« und »Ein weiterer Schritt der Abgrenzung«[15] hieß es in der Presse. Der SED-Führung ging es bei dieser Veranstaltung offenbar in erster Linie um einen Angriff auf die Bundesrepublik und deren »Klassenrecht«. Dabei hatte es

keine Rolle zu spielen, daß man nach 1945 drei Jahrzehnte lang mit dem BGB gelebt hatte. In zweiter Linie wurde als demokratische Legitimation die mehrmonatige öffentliche Diskussion des Entwurfs hervorgehoben. Sie fand, so der Sprecher, in 8.500 Veranstaltungen statt und erbrachte rund 4.000 Vorschläge. Davon seien etwa 40 »grundsätzlicher Natur«. Das heißt: nur ein Prozent war überhaupt relevant.

Tatsächlich waren die Veranstaltungen in der Mehrzahl formal. Die meisten Teilnehmer hatten den Entwurf überhaupt nicht gelesen. Die vom Sprecher genannten Beispiele lassen erkennen, daß es zu wenigen Sachfragen profilierte Meinungen gegeben hat. So wurden Bedenken gegen die vorgesehene Verpflichtung der Mieter vorgebracht, ihre – in der Regel volkseigene – Wohnung bei Wohnungswechsel in renoviertem Zustand zu übergeben. Dies wurde nach der Diskussion dahingehend geändert, daß den Mietern die Malerarbeiten obliegen, die während des Mietverhältnisses »in der Wohnung durch vertragsgemäße Nutzung« notwendig werden. Mängel, die infolge der Verletzung dieser Pflicht zur »malermäßigen Instandhaltung oder zur pfleglichen Behandlung der Wohnung entstanden sind, hat der Mieter unverzüglich auf seine Kosten zu beseitigen«. Maßgebend für diese Abmilderung der generellen Renovierungspflicht bei Auszug waren jedoch nicht nur Proteste aus dem Publikum, sondern auch eine Erkenntnis in der Regierung: Für solche üppigen Malereien werde es weder genügend Handwerker noch genug Farbe und Tapeten geben.

Ein interessanter Vorschlag wurde zum Erbrecht vorgebracht. Nach dem zur Diskussion gestellten Entwurf war es möglich, beim Tod eines Ehegatten den Hausrat unter den gesetzlichen Erben 1. Ordnung aufzuteilen; hierzu gehörten im ZGB zu gleichen Teilen der überlebende Ehegatte und die Kinder. Dagegen setzte sich die Forderung durch, den überlebenden Ehepartner vor dem Verlangen von Kindern nach Aufteilung des ehelichen Hausrats zu schützen. So wurde dem Gesetz ein Satz eingefügt: »Dem Ehegatten stehen neben seinem Erbteil die zum ehelichen Haushalt gehörenden Gegenstände zu.«

Ebert nannte auch einen angeblichen Vorschlag zum Kaufrecht. In der zur Diskussion gestellten Fassung des ZGB (von Mai 1974) hatte der Käufer einer mangelhaften Ware die uneingeschränkte Wahl unter vier Möglichkeiten: Er konnte, wenn während der Garantiezeit Mängel auftraten, deren kostenlose Beseitigung (Nachbesserung) verlangen oder eine neue Ware oder Preisminderung oder Preisrückzahlung gegen Rückgabe der Ware. In den folgenden Beratungen waren diese weitgehenden Rechte beschnitten worden, indem der Käufer vorrangig auf Nachbesserung orientiert wurde: Er mußte sich, beispielsweise bei einem technischen Gerät, zunächst auf eine Reparatur einlassen. Erst bei deren Mißlingen oder bei Überziehen der Reparaturfrist durfte er neue Ware oder Preisminderung oder sein Geld zurückverlangen.

Ebert behauptete, dies trüge »besser den Interessen unserer Bürger« Rechnung. In Wahrheit hatte der Ministerrat diese Verschlechterung der Garantierechte nachträglich veranlaßt: Machte man die Nachbesserung zunächst zur Regel, so konnte meist verhindert werden, daß fehlerhafte Ware im Preis gemindert werden mußte, was zu Lasten des staatlichen Handels ging, oder sofort zurückzunehmen war. Und in diesem Fall war es fraglich, ob der mißtrauisch gewordene Kunde ein neues Exemplar der gleichen Ware kaufen würde.

Ohne Kenntnis dieser Vorgeschichte mußte dem Juristen in der Bundesrepublik das – tatsächlich weitgehende – Nachbesserungsrecht des ZGB »klar und geradlinig«, für den Käufer vorteilhafter als die Regelung im BGB erscheinen (§ 476 a),

die erst nach dem Erscheinen des ZGB eingefügt wurde.[16] Richtig ist, daß die Käufer durch das ZGB mehr Rechte hatten als im BGB – aber der unverwässerte Entwurf von Mai 1974 war für sie noch vorteilhafter.
Aus der Diskussion des ZGB und den (wenigen relevanten) Vorschlägen folgerte der Vorsitzende des Verfassungs- und Rechtsausschusses der Volkskammer, Weichelt (SED), als zweiter Redner, es sei gelungen, das ZGB zu einer im besten Sinne öffentlichen Angelegenheit zu machen. Wider besseres Wissen sagte er – ebenso wie Ebert und der Justizminister – kein Wort über das Zustandekommen des Gesetzes. Darauf wurde wohlweislich verzichtet, weil es nicht opportun erschien, die Genesis mit all ihren Problemen auch nur zu erwähnen.
Die Sprecher der anderen Fraktionen ließen diese Volkskammersitzung vollends zur Farce werden. Das sozialistische Recht fördere die geistige und moralische Ausprägung der Persönlichkeit, sagte Poppe (Kulturbund).[17] Der ZGB-Entwurf spiegele die Grundsätze der sozialistischen Jugendpolitik wider und sei ein Beweis für die Lebenskraft des neuen Jugendgesetzes, erklärte völlig sinnlos Lausch (FDJ). Im ZGB drücke sich »die konsequente Bündnispolitik der Partei der Arbeiterklasse, der SED, aus«, so Dallmann (NDPD). Im ZGB fänden sich »Maximen, die in vollem Maße sozialen Konsequenzen aus christlicher Ethik entsprechen«, meinte Heyl (CDU). Agsten (LDPD) schämte sich nicht zu betonen, ein wesentlicher Faktor für die Ausarbeitung der neuen Rechtsnormen sei die Umwandlung der früheren Betriebe mit staatlicher Beteiligung und Privatbetriebe in VEB gewesen.

Als erster Punkt einer kritischen Wertung bleibt festzuhalten: Der lange Entstehungsprozeß des ZGB war keine öffentliche Angelegenheit, wie in der Volkskammer behauptet. Es wurde nicht publik gemacht, welche Gremien das Gesetz im Laufe der Jahre erarbeitet hatten und wie sie besetzt waren. Keiner der Entwürfe vor Mai 1974 wurde veröffentlicht.[18] Diesen Prozeß zu zeigen und zu werten gehört ebenso zur Aufarbeitung eines solchen Mosaiksteins der DDR-Geschichte wie die Wertung des Gesetzes selbst. Die Verheimlichung wichtiger gesellschaftlicher Vorgänge – und dies gilt nicht nur für die Arbeit am Zivilgesetzbuch – vor interessierten Fachleuten und dem breiten Publikum ist einer der Kardinalfehler des zweiten deutschen Staates. Damit wurde das wichtigste demokratische Korrektiv, die Öffentlichkeit, weitgehend ausgeschaltet. Konstruktive Kräfte blieben ungenutzt. Vertrauen wurde verspielt.

Inhaltlich gab es in der Bundesrepublik mehrere Einwände gegen das ZGB, die überwiegend nachvollzogen werden können. Die Reaktion von Medien wurde in einer internen Übersicht des Justizministeriums der DDR vom 14. Januar 1975 zusammengefaßt:

Wesentliche Ursachen der Verzögerung bei der Arbeit am ZGB waren »politisch-ideologisch« begründet. Mit dem Gesetz wird die formal noch bestehende deutsche Zivilrechtseinheit zerstört. Es begreift den Bürger nicht in seiner Individualität, sondern er wird durchweg als Teil der Gesellschaft, vor allem des Staates, erfaßt. Mit der Eigentumsgarantie des Artikels 14 des Grundgesetzes ist die Garantie des persönlichen Eigentums im ZGB nicht vergleichbar. Die Vertragsautonomie als Grundprinzip des BGB wird eingeengt, der Bürger in die Planwirtschaft eingeordnet. »Trotz dieser klassenmäßigen Polemik kann die kapitalistische Presse nicht verschweigen, daß, wie sie es ausdrückt, ›der ZGB-Entwurf ein interessanter Versuch ist‹.«[19]

Weitere Einwände aus der Sicht von Rechtswissenschaftlern und Rechtspraktikern in der Bundesrepublik lassen sich dahingehend zusammenfassen, daß an zahlreichen Stellen des ZGB »moralische Appelle ohne rechtliche Relevanz«[20] zu finden seien. Es werde »eine Reihe von Aufgaben des Zivilrechts normativ fixiert, die wenigstens zum Teil primär Ausdruck von Wunschbildern des politischen Systems sind, dagegen kaum Realitätsgehalt haben dürften«.[21]

Dem ist zuzustimmen, und dieser kritische Einwand erscheint mindestens so wichtig wie der Hinweis auf einen Mangel an Vertragsautonomie. Dieser Mangel und die Eigentumsgarantie des Artikel 14 GG sollten in der damaligen wie der heutigen Bundesrepublik jedoch sehr zurückhaltend ins Feld geführt werden, weil Vertragsautonomie und Eigentumsrecht allzu oft die soziale Rücksichtnahme und jene soziale Bindung vermissen lassen, die im Grundgesetz postuliert wird. Im BGB ist davon überhaupt keine Rede, und deshalb dient es immer wieder dazu, Eigentümerinteressen nach Art des Manchesterkapitalismus durchzusetzen.

Dagegen gehörte die Idealisierung des sozialistischen, de facto staatlichen Eigentums (§§ 17, 18) bestenfalls in eine Verfassung, jedoch nicht in ein Zivilrecht, das auf die individuelle Sphäre der Bürger ausgerichtet ist: »Das sozialistische Eigentum, seine Nutzung, seine Mehrung und sein Schutz dienen der Entwicklung der Bürger zu sozialistischen Persönlichkeiten und der Entwicklung ihrer schöpferischen Kräfte.« (§ 17).

Präambel und Erster Teil des ZGB also sind mit rechtsfremden Floskeln belastet, die bei der Endredaktion nicht beseitigt werden konnten. Von den Bekenntnisformeln, die durch parteiamtliche Verlautbarungen, vor allem durch die Reden Honeckers, vorgegeben waren, durfte nicht abgewichen werden. Ein gehöriges Minimum war unverzichtbar. Es läßt sich denken, welche Frustration die Verfasser der diversen Entwürfe im Laufe der Jahre empfinden mußten, die mit dauernden Vorwürfen sprachlicher Unzulänglichkeit bedacht wurden, aber ständig die jeweils neuesten Wendungen politischer Sprachunkultur berücksichtigen mußten. Diese Exerzitien finden sich jedoch nur im Anfangsteil des ZGB, also in etwa 20 von fast 500 Paragraphen. Daraus ergab sich die durchaus genutzte Möglichkeit, den ganz überwiegenden Teil des ZGB ideologiefrei zu halten, also Rechtsverhältnisse möglichst vernünftig zu regeln.

Bleibt festzustellen, daß sich die Einwände gegen das ZGB in überschaubaren Grenzen halten. Neben der – im Ersten Teil deutlichen – Einführung rechtsfremder Kategorien wie Moral, Anschauungen, Bewußtsein richtet sich der Haupteinwand gegen einen Mangel an Privatautonomie, also Eigentumsfreiheit, Vertragsfreiheit, Gewerbefreiheit. »Die dem Bürger gleichwohl belassene grundsätzliche Autonomie bei der Befriedigung seiner Lebensbedürfnisse« umfaßt immerhin eine auf das persönliche Eigentum beschränkte – wenn auch zumindest funktional begrenzte – Eigentumsfreiheit, dazu erbrechtliche Autonomie und eine Vertragsfreiheit im persönlichen Bereich.[22]

Aktuelle Denkanstöße

Es wäre zu kurz gegriffen, wollte man das ZGB allein auf das Bedürfnis der DDR-Oberen zurückführen, sich von der Bundesrepublik abzugrenzen. Hätte die Ablösung des BGB diesen politischen Vorrang gehabt, wäre sie bereits nach 1948 von Ulbricht mit Brachialgewalt betrieben worden, nötigenfalls unter Zuhilfenahme seiner Babelsberger Akademie. Statt dessen nahm man sich fast ein Vierteljahrhundert Zeit. Sicher wurde es schließlich notwendig, daß »auf dem Wege der Abgrenzung zur Bundesrepublik Deutschland diese noch vorhandene Klammer in der Rechtsordnung fallen« mußte.[23] Aber man muß hinzufügen: Diese Klammer spielte 1975 bestenfalls in der völker- und staatsrechtlichen Theorie eine Rolle, während sich deutlich zeigte, »daß ein großer Teil der BGB-Normen in der Rechtspraxis der DDR zur Bedeutungslosigkeit verkümmert«[24] war.

Der wesentliche Grund für das endliche Zustandekommen des ZGB war: Ein neues, den täglichen Anforderungen gewachsenes Zivilrecht wurde gebraucht. Tatsächlich hat sich das ZGB nach einer relativ kurzen Anlaufphase weitgehend bewährt. Es wurde von Praktikern, Wissenschaftlern und von der Bevölkerung akzeptiert. In der Bundesrepublik ist es »als durchaus praktikable Kodifizierung des Zivilrechts der DDR beurteilt«[25] worden. Meines Erachtens ergibt sich aus der jüngsten deutschen Kodifizierung des zivilrechtlichen Kernbereichs eine Reihe von Denkanstößen. Es ist zu fragen, ob dieses »durchaus praktikable« Gesetz nicht für die Bundesrepublik insgesamt, nämlich für die unumgängliche Reform des Zivilrechts, nutzbar gemacht werden kann.

Das vor mehr als hundert Jahren beschlossene BGB hat die Gebrechen eines biblischen Alters. Es ist, weniger wohlmeinend gesagt, eine geflickte Mumie. Es wurde vielfach durchlöchert, nachgebessert, außerhalb seines Textes und anstelle seines alten Textes durch neue Vorschriften ergänzt oder ersetzt. Durch eine Fülle von Gerichtsurteilen wurde und wird das BGB auf Sachverhalte von heute zugeschnitten, nach Bedürfnissen von heute interpretiert, nicht selten großzügig ausgelegt.[26] Dies aber trägt zur Desinformation des Bürgers und zur Überlastung der Gerichte bei, schafft Rechtsunsicherheit durch differierende Urteile, verteuert die Jurisdiktion.

Die Reformbedürftigkeit des BGB ist unbestreitbar und auch bei Praktikern unbestritten, die sich mit diesem von Juristen für Juristen gemachten Gesetz existenzsichernd eingerichtet haben. Reformbedürftig sind – unter anderem – das allgemeine Persönlichkeitsrecht, die Produzentenhaftung, die vorvertraglichen Verhaltenspflichten, die Folgen von Leistungsstörungen, Mängelfolgeschäden, das Nachbesserungsrecht und zahlreiche weitere Regelungen. Aber bei all »diesen Rechtsfiguren ist die Bundesrepublik trotz vieler Ansätze nicht zu einer Revision der vom praktizierten Recht überholten Regelungen des BGB gekommen«[27]

In eben diesen Bereichen bietet das ZGB im besten Sinne fortschrittliche Lösungen. Zu den Vorzügen gehören beispielsweise »gesteigerte Verhaltensanforderungen bei Vertragsverhältnissen an den Verkäufer oder denjenigen, der Dienstleistungen zu erbringen hat«, ferner »unterschiedliche Zurechnungskriterien für die vertragliche und außervertragliche Verantwortlichkeit für Bürger und Betriebe« sowie »die gesteigerten Verhaltensanforderungen« an Betriebe gegenüber den Konsumenten.[28] Der Schadenersatz, zweitwichtigste Sanktion bei Vertragsverletzungen, ist vom ZGB »in origineller Weise geregelt«,[29] und zwar im Interesse des Geschädigten sowie als einheitliches Rechtsinstitut (vertragliche und deliktische Haftung). Während in der Bundesrepublik mehr denn je »Übervorteilungen des Käufers an der Tagesordnung« sind und die »Schwierigkeit der Anwendung der Grundsätze der Produzentenhaftung« sich »an der Prozeßdauer und der Flut von Sachverständigengutachten ablesen« läßt,[30] bietet das ZGB beim Kauf einer Ware für die Garantiezeit »eine käuferfreundliche Schadenersatzregelung, die einer reinen Gefährdungshaftung sehr nahekommt«.[31]

Im gesamten Haftungsrecht (Schadenersatz) ist das ZGB »nicht nur jünger und schon deshalb übersichtlicher als die gewachsene, teilweise auch gewucherte Haftungsordnung in der Bundesrepublik; das DDR-Modell steht schon vom Ansatz her auf dem Boden der Prävention«.[32] Jedenfalls »in der Theorie und nach der Papierform« ist das Schadenstragungssystem der DDR dem der Bundesrepublik überlegen (u.a. Haftungsverschärfung für Betriebe und Einstehen der Betriebe für ihre Mitarbeiter sowie Einschränkung des Haftungsumfangs der Mitarbeiter für Schäden bei der Erfüllung betrieblicher Aufgaben). Daraus ergeben sich »reformbedürftige Punkte des hiesigen Rechts«.[33] Auch methodisch ist das ZGB durchaus beachtenswert. Dies gilt beispielsweise für die Zusammenfassung von Rechtsinstituten, die zusammengehören (aber im BGB getrennt sind), wie etwa sämtliche Formen der Forderungssicherung.[34] Es gilt ebenso für die übersichtliche Regelung einzelner (besonderer) Zivilrechtsverhältnisse wie Verrechnung von Geldzahlungen, Aufrechnung, Vertrag zugunsten Dritter, Pfandrecht und Bürgschaft in einem gesonderten Teil des Gesetzes. Diese komplexe Darstellung ist logisch und leichter handhabbar als das System der »Streuung und Verweisung« im BGB. Der Verweisung bedarf es nicht, wenn zusammensteht, was zusammengehört.

Man kann zum Inhalt des ZGB im einzelnen durchaus unterschiedliche Ansichten haben – sein Aufbau ist für künftige Rechtsetzung wohl eine Anleihe wert. Nicht zuletzt gilt dies für das Erbrecht, seinen Inhalt, seine Kürze und Übersichtlichkeit, seine soziale Ausrichtung. Während die Materie vom BGB in einem Wust von 477 Paragraphen verwirrend und unpraktisch dargeboten wird, kommt das Erbrecht im ZGB mit 66 Paragraphen aus, ohne Regelungsdefizite erkennen zu lassen. Es hat sich als unkompliziert sowie ehe- und familienfreundlich erwiesen. Konflikte unter Erben, die im BGB vorprogrammiert sind, konnten so vermieden werden.

Zur Verständlichkeit des ZGB und zu seiner insgesamt günstigen Aufnahme hat die Kürze des Gesetzestextes beigetragen, der dennoch den jeweils zu regelnden Bereich exakt erfaßt. Zumindest für die Bundesrepublik war festzustellen, »daß die frappierende Kürze des ZGB die Juristen überraschte«.[35] Sie hatten das voluminöse BGB vor Augen. Bei der Arbeit am ZGB wurde jedenfalls mit Erfolg versucht, einer klassischen Maxime nahezukommen: »Legem enim brevem esse oportet, quo facilius ab imperitis teneatur.«[36] (Ein Gesetz soll nämlich kurz sein, damit es von den Unkundigen umso leichter befolgt werden kann.)

Kürze und Verständlichkeit, die beiden tragenden Regeln des ZGB, haben ihm – neben seiner Lebensnähe – Anerkennung verschafft. »In der Kürze und Verständlichkeit erinnert das ZGB an Forderungen der Aufklärung (Voltaire, Friedrich der Große) an ein Gesetzbuch«, aber auch »die Kritik der Germanisten am BGB, an seinem romanistischen Geist und der mangelnden Verständlichkeit für das Volk kommen dem Rechtshistoriker ins Gedächtnis«.[37] »Außerdem ist seine Sprache erstaunlich. Die des BGB ist hochtechnisch, bürokratisch, oft unverständlich.« Im ZGB ist man »zurückgekehrt zu einem klaren, schönen und volkstümlichen Stil, den man im deutschen Recht zum letzten Mal in der Zeit der Aufklärung findet, wie im Preußischen Landrecht von 1794. Keine geringe Leistung.«[38]

Betrachtet man das ZGB vorurteilsfrei, so ergeben sich daraus wichtige Ansätze und Vorbilder für ein neues Zivilrecht. Es ist objektiv notwendig, da ja schon so viele Vorschriften aus dem BGB herausgenommen worden oder nicht mehr praktikabel sind. Die Bundesrepublik hat ein Sozialgesetzbuch, das Anspruch auf Selbständigkeit erhebt (wenn es auch entschlackt und verschlankt werden sollte). Das Familienrecht, nur zum Teil noch im BGB geregelt, ist in einem

Zustand, der es erlaubt und erfordert, daraus ein modernes Familiengesetzbuch zu machen. Das Arbeitsrecht läßt sich durchaus zu einem einheitlichen und übersichtlichen Arbeitsgesetzbuch gestalten, ohne daß man auch hier wegen eines ähnlichen Vorgehens in der DDR eine noch längere Schamfrist verstreichen lassen muß. Existenz und Wirksamkeit eigenständiger Sozialgerichte, Arbeitsgerichte und Familiengerichte unterstreichen solche Schlußfolgerung.

Bei der formellen Herstellung der deutschen Einheit und in den Folgejahren ist – unter anderem – versäumt worden, eine Reform des Zivilrechts zur befristeten Aufgabe zu machen. Dies hätte auch einen hilfreichen Blick auf das ZGB erfordert. Durchaus begründet wird als »ein Mangel des überhasteten Vereinigungsprozesses« der Verzicht auf die Möglichkeit benannt, »im ZGB der DDR enthaltene Lösungen, die in der Linie auch der Weiterentwicklung des BGB liegen, zunächst in den neuen Ländern bestehen zu lassen und dann schnell für die alten Länder wirksam werden zu lassen«.[39]

Es ging und geht nicht darum, das ZGB zu kopieren. Vielmehr käme es darauf an, sich gezielt die zahlreichen inhaltlichen und methodischen, nicht zuletzt aber auch die sprachlichen Vorzüge zueigen zu machen. Solange man allerdings am BGB-Flickwerk festzuhalten wünscht und sich versagt, im Nachlaß eines angeblichen Unrechtsstaates ein interessantes modernes Zivilrecht zu entdecken, hat das BGB mit seinem Muff von hundert Jahren Aussicht auf ein zweites Jahrhundert. So ist denn auch die vergleichende Darstellung der beiden Zivilrechts-Kodifikationen, bei aller Würdigung einzelner Rechtsinstitute des ZGB, seit langem vom prinzipiellen Festhalten am DGB gekennzeichnet. »Gleichartigkeiten oder Ähnlichkeiten der beiden Zivilrechtsordnungen« werden letztlich dargestellt, um die These zu stützen: Gerade im Zivilrecht wirken »tradierte und bewährte Regelungen fort, erweisen sich als sachlogisch und damit als richtig oder erscheinen den damit Befaßten in dieser Weise, erhält Erlerntes und Eingeübtes eine prägende Kraft auch auf noch so weitgehende und radikale Erneuerungsbestrebungen«.[40]

Das ZGB spricht – keineswegs allein – gegen die These, die DDR sei ein Unrechtsstaat par excellence gewesen, sie habe nur aus offenen und verdeckten Repressionsmechanismen bestanden. Unbestritten ist, daß es in der DDR Unrecht gegeben hat. (Ein signifikanter Beweis dafür in der Legislative, die hier zur Diskussion steht, war das 3. Strafrechtsänderungsgesetz von Juni 1979.) Aber unbestreitbar hat es in der DDR auch Recht gegeben, dessen sich die Bürger dieses untergegangenen Staates nicht schämen müssen, welche verquasten Präambeln es auch immer hatte.

Die einseitige These vom Unrechtsstaat folgt einem alten Feindbild. Man findet es unter anderem im Antrag der Bundestagsfraktion von CDU/CSU und FDP »Aufgaben der Enquête-Kommission ›Aufarbeitung der Geschichte und Folgen der SED-Diktatur‹«. In der Begründung sind »die Charakterzüge der SED-Herrschaft« benannt: als solche »werden Unrecht und Verfolgung, Bespitzelung und Denuntiantentum, werden Verführung und Demütigung offenbar«.[41]

Der Antrag der SPD-Fraktion für diese Kommission spricht davon, daß die DDR »auch im Ansehen vieler Bundesbürger Akzeptanz finden« konnte und wendet sich gegen »die Trends«, die »weithin unbekannte Geschichte« des Lebens in der DDR einerseits »als abgeschlossen einfach hinter sich zu lassen und zu verdrängen, andererseits sich auf die Stasi-Frage zu reduzieren«. Vielmehr sei es notwendig, »die vielschichtige Wirklichkeit des Lebens in der Deutschen Demokratischen Republik offenzulegen, innere Zusammenhänge, Zuständigkeiten und Entscheidungsstrukturen darzustellen, die das Leben zwar bestimmten, aber vielfach nicht bekannt waren«.[42]

Dem kann der vorstehende Versuch dienen.

1 Der Ruf nach Reformen ist unüberhörbar und nachvollziehbar, was das BGB betrifft, so N. Jakob, in: G. Zieger, K. Westen (Hrsg.), Das Zivilrecht der beiden deutschen Staaten, Symposium 1988, Köln 1990, S. 3.
2 Ebd., S. 4.
3 G. Dilcher, Vom Bürgerlichen Gesetzbuch zu den Rechtszweigen, in: Rechtserfahrung DDR, Berlin 1997, S. 121.
4 Uwe Wesel, Schuldrecht, besonderer Teil, in: Die Zeit, Hamburg, H. 11/1991.
5 K. Larenz, BGB, Einführung, München 1990, S. 7 ff.
6 Stiftung Archiv der Parteien und Massenorganisationen der DDR im Bundesarchiv/vormals Zentrales Parteiarchiv der SED (im weiteren: BA) DY 30 vorl. 13500. Zitate ohne Quellenangabe beziehen sich generell auf die zuvor genannte Fundstelle.
7 BA DY 30, nicht vollständig datierter Entwurf von 1965
8 Protokoll der Verhandlungen des VII. Parteitages der Sozialistischen Einheitspartei Deutschlands, Bd. IV, Berlin 1967, S. 306.
9 BA DY 30, vorl. 13499
10 BA DY 30, vorl. 13499
11 Gesetzblatt der DDR, Teil I, Nr. 27 vom 4.7.1975.
12 Richtigzustellen ist eine Angabe bei K. Heuer, Politische Vorgaben für das ZGB, in: J. Eckert u.a., Das Zivilgesetzbuch der DDR, Rechtswissenschaftliches Kolloquium an der Juristischen Fakultät der Universität Potsdam, Potsdam 1995. Nach Auskunft von Supranowitz, so Heuer, sei ein Drittel der Änderungsvorschläge berücksichtigt worden. Ein Vergleich des ZGB mit dem letzten ministeriellen Entwurf zeigt jedoch, daß jedenfalls die sprachlichen Veränderungen den gesamten Text umfassen, viele Paragraphen sind völlig neu formuliert. Der handschriftlich redigierte Text wurde offenbar nicht archiviert. Zum Ganzen siehe auch Karl-Heinz Arnold, Verständlichkeit des Rechts ohne Verzicht auf Exaktheit, Neue Justiz, Berlin, Jg. 1975, S. 14 f. und ders., Zeitung. Ein Journalist berichtet, Berlin 2000, 57 f.
13 E., Sohn des gleichnamigen SPD-Politikers und Reichspräsidenten, in der NS-Zeit KZ-Häftling.
14 Neues Deutschland, Berlin, vom 20. Juni 1975, S. 3.
15 Frankfurter Allgemeine Zeitung vom 20. Juni 1975, S. 2.
16 H. Kittke, in: G. Zieger, K. Westen (Hrsg.), Das Zivilrecht, S. 74.
17 Neues Deutschland, a.a.O.
18 Es wurden keine Protokolle über die Arbeit irgendwelcher Gremien zugänglich gemacht. Verglichen mit dem Zustandekommen des BGB – die Protokolle der Kommissions-Sitzungen sind 1898 publiziert worden – ist das Zivilgesetzbuch in einem Geheimverfahren entstanden. Die weitgehend formale öffentliche Schlußdiskussion ändert daran nichts.
19 BA DY 30 vorl. 13499
20 K. Wähler, in: G. Zieger, K. Westen (Hrsg.), Das Zivilrecht, S. 42.
21 K. Westen, in: ebd., S. 16. Was die genannten rechtsunerheblichen Appelle betrifft, die nicht in ein Gesetz gehören, so werden gleich mehrfach die Anschauungen der Arbeiterklasse und die Grundsätze der sozialistischen Moral eingeführt, so in der Präambel und in § 2. Diese Grundsätze sollen auch von den Bürgern und Betrieben in ihrer vertrauensvollen Zusammenarbeit beachtet werden (§14). Der Bürger soll seine mit dem Eigentum verbundenen Pflichten verantwortungsbewußt erfüllen (§ 6). Zu den politischen Standardformulierungen ohne juristischen Gehalt gehört auch das Recht auf Mitwirkung an der

Entwicklung des politischen, wirtschaftlichen und kulturellen Lebens als Ausdruck der sozialistischen Demokratie (§ 9). Entgegen der in Stophs Büro vertretenen Ansicht, Regeln für Planung und Leitung der Wirtschaft sowie für die Arbeit staatlicher Stellen aus dem ZGB herauszuhalten, sind einige nichtssagende und daher überflüssige Rudimente erhalten geblieben.

22 K. Westen, in: G. Zieger, K. Westen (Hrsg.), Das Zivilrecht, S. 21.

23 N. Jakob, in: ebd., S. 3.

24 Ebd., S. 4.

25 Ebd., S. 5.

26 K. Larenz, in: ebd., S. 18: »Daß aber das BGB auch dort, wo ein Text unverändert geblieben ist, weiterhin seine Aufgabe in der gewandelten gesellschaftlichen Wirklichkeit unserer Tage erfüllen mag, ist nicht zuletzt ein Verdienst der Rechtsprechung.«

27 G. Dilcher, Vom Bürgerlichen Gesetzbuch, a.a.O., S. 122.

28 K. Westen, in: G. Zieger, K. Westen (Hrsg.), Das Zivilrecht, a.a.O., S. 25.

29 U. Drobnig, in: ebd., S. 69.

30 N. Jakob, in: ebd., S. 10 ff.

31 H. Kittke, in: ebd., S. 69.

32 R. Motsch, in: ebd., S. 144.

33 Ebd., S. 168.

34 Vgl. K. Pleyer, in: ebd., S. 132.

35 N. Jakob, in: ebd., S. 3.

36 Posidonius (geb. etwa 135 v. Chr.) bei Seneca, ep. 94, 38.

37 G. Dilcher, Vom Bürgerlichen Gesetzbuch, a.a.O., S. 116.

38 Uwe Wesel, Schuldrecht, a.a.O.

39 J. Göring, Ohne pauschal Verdammte und Nostalgie, in: J. Eckert u.a., Das Zivilgesetzbuch der DDR, S. 14. Ähnlich: ders., Bereits in Zivilrecht und Rechtsangleichung, Neue Justiz, Berlin, Jg. 1990, S. 299 f.

40 K. Westen, J. Schleider, Zivilrecht im Systemvergleich, Baden-Baden 1984, S. 5.

41 Antrag vom 11.3.1992, Bundestagsdrucksache BT 12/2229.

42 Antrag vom 21.2.1992, Bundestagsdrucksache BT 12/2152.

Sandra Hollerbuhl

SERO: Mobilisierung der Bevölkerung für Recycling[1]

Beim VEB Sekundärrohstoffe (SERO) handelte es sich für viele um »das perfekteste Recycling-System, das es je gab«[2] und das »unbestritten ... beste Wertstoff-Erfassungssystem der Welt«[3]. Trotz vorliegender Sanierungskonzepte übernahm die Treuhand den Staatsbetrieb mit zuletzt 11.000 Beschäftigten und zusätzlichen 18.000 privaten Gewerbetreibenden und entschied sich zur Privatisierung. Diese mißlang. Das SERO-Erfassungssystem existiert nicht mehr.

Was war an diesem Recyclingsystem das Besondere, und was kann von den SERO-Erfahrungen heute als Vorbild oder Alternative gelten? Um den durch SERO organisierten »Umweltschutz von unten« besser verständlich zu machen, folgen hier zunächst – stark gerafft – zwei Beispiele aus der Alltagspraxis der DDR, die in unseren Seminaren vorgestellt wurden.

Ein SERO-Sammler für vier Dörfer

Herr J. war Traktorist in der LPG Klosterdorf bei Strausberg. Anfang der 80er Jahre begann er, mit großem Erfolg, die SERO-Sammlungen in vier umliegenden Dörfern zu initiieren und abzuholen: Die LPG gestattete ihm, zu diesem Zweck eine alte ungenutzteScheune als Lagerraum zu gebrauchen und einen Traktor mit großem Hänger zeitweilig zum Abholen der Sammlungen – vor allem Flaschen, Papier, Verpackung, Alttextilien, Plaste – zu nutzen wie auch zum Transport der »Sekundärrohstoffe« in das große SERO-Lager nach Altlandsberg.

Das ging folgendermaßen vor sich: J. heftete regelmäßig einen Abholungstermin an die Mitteilungstafel der Gemeinden. Wenn er dann mit seinem Hänger kam, wartete bereits »eine Schlange. Die Leute kamen mit Leiterwagen. Es wurde alles gezählt, sortiert und abgerechnet.[4] Ich habe bei dieser Runde durch die Dörfer jedesmal etwa tausend Mark an Vergütungen ausbezahlt.« (Sein eigener Verdienst für das Einsammeln und den Transport in das Großlager lag bei monatlich zwischen 700 und 800 Mark, was einem echten zweiten Einkommen entsprach.)

J. perfektionierte seine Wertstoffsammlung derart, daß er sogar mit Hilfe eines ausrangierten Automotors eine mechanisierte Presse für Altpapier und Verpackungen baute, so daß er dem Großlager bereits fertig gepreßte Ballen liefern konnte.
Bedauerlicher Schluß seines Fazits: Nach drei offenbar sehr erfolgreichen Jahren warf er die Brocken hin: »Die Leute vom SERO-Lager in Altlandsberg wollten mir immer meinen Gewinn verkürzen, indem sie zum Beispiel behaupteten, bestimmte Ballen enthielten kein Papier, sondern nur Verpackungsmaterial. Dieses Gefeilsche war mir auf die Dauer zu dumm.«

SERO-Gewinne dienten der Hausgemeinschaft

Horst John hat dem Forschungsprojekt einen Bericht[5] über sein Engagement für SERO in einer großen Mietshaus-Gemeinschaft in Berlin geschrieben – mit genauen Protokollen über die Sammelergebnisse, die Einnahmen und die Verwendung für die Hausgemeinschaft.

Unser Wohnhaus in der Berliner Mellenseestr. 45 war von ca. 120 bis 130 Mietern bewohnt. Die soziale Zusammensetzung war durchmischt. Neben einigen Professoren, einem ZK-Mitglied, einigen Mitarbeitern staatlicher Einrichtungen einschließlich der bewaffneten Organe wohnten Lehrer, Angestellte, Lokomotivführer, Verkäuferinnen und Handwerker im Haus. Von dieser Vielfalt, ihren Fähigkeiten und Lebenserfahrungen profitierte auch die SERO-Erfassung.
Dem Wunsch vieler Hausbewohner entsprechend kam es bald zur Bildung einer Hausgemeinschaftsleitung (HGL) und regelmäßigen Hausversammlungen. Bereits am 1. Dezember 1972 schlossen wir mit der Kommunalen Wohnungsverwaltung Lichtenberg einen »Vertrag zur Übernahme des Wohnhauses in persönlicher Pflege und Verwaltung (Mieterselbstverwaltung)« ab. Die Hausgemeinschaft hat sich im allgemeinen bewährt, die Bewohner zusammengeführt; viele Aufgaben wurden im Interesse der Mieter ehrenamtlich übernommen. So wurden in der Kelleretage eine Reihe Einrichtungen geschaffen, die von vielen angenommen und genutzt wurden: Gemeinschaftsraum, Werkstattraum, Mangel- bzw. Bügelraum und ein Raum zur Erfassung und Lagerung der Sekundärrohstoffe.
Alle auf dem Gebiet der SERO unternommenen Aktivitäten waren in die Hausgemeinschaft eingebunden. Schon bald nach Abschluß des Vertrages begann in den Jahren 1973/74 die systematische Erfassung und Lagerung der gesammelten Rohstoffe in einem Kellerraum. Das kam dem Wunsch vieler Hausbewohner entgegen, die keine Zeit hatten oder es als lästig ansahen, Rohstoffe selbst in die Aufkaufstellen zu bringen. Ein Drittel der 30 Mieterfamilien unterstützte diese freiwillige Arbeit aktiv, ein weiteres reichliches Drittel beteiligte sich sporadisch und ein knappes Drittel blieb desinteressiert. Die aktive Unterstützung ließ Ende der 80er Jahre spürbar nach. Trotzdem war eine Reihe von Mietern immer zur Stelle, wenn es erforderlich war.
Allein in den Jahren 1980 bis 1990 wurden ca. 21.000 Getränkeflaschen, 14.000 Konservengläser, 9.000 kg Papier und Pappe, 1.350 kg Textilien, 150 kg Plaste, 220 kg Blech und 850 Sprayflaschen gesammelt. Der Erlös für die Hausgemeinschaft betrug 10.120 Mark.
Die einzelnen Preise für das Sammelgut waren durch Presse, Aushänge und Listen

allgemein bekannt und über die Jahre relativ stabil. Im Laufe der Zeit wurden weitere Kriterien hinsichtlich Differenziertheit und Qualität eingeführt.
Da die Lagerräume meinem Keller gegenüberlagen, kümmerte ich mich vorwiegend darum, daß dort Ordnung und Sauberkeit einigermaßen gewahrt blieben. Daraus entstand mit der Zeit eine freiwillige und ständige Übernahme der damit verbundenen Aufgaben zur Sortierung und Einlagerung der abgestellten Sekundärrohstoffe in Behälter, die von der Bezirksgeschäftsstelle des VEB SERO-Erfassung geliefert wurden. Ich wurde dabei oft von anderen Mietern unterstützt.
Die Abgabe der Sekundärrohstoffe im Haus war selbstverständlich absolut freiwillig. Nach der zweimal im Jahr fälligen Aktion zur Räumung des SERO-Kellers waren die meisten Helfer zufrieden, in gemeinsamer Arbeit einen tonnenschweren, über zwei Meter hohen Berg aus dem Keller getragen und vor dem Hauseingang gestapelt zu haben. Manchmal wurden die Einsätze mit einem kleinen Umtrunk der Erwachsenen bzw. Brause und Süßigkeiten für helfende Kinder abgeschlossen.
Als SERO-Beauftragter arbeitete ich mit der SERO-Geschäftsstelle Lichtenberg zusammen. Ich hatte die Abholtermine bzw. die Anzahl der mitzubringenden Leergut-Behälter zu vereinbaren. Die Wertstoffe wurden zweimal im Jahr durch einen LKW abgeholt.
Die Zusammenarbeit mit der Geschäftsstelle von VEB SERO war sehr gut. Alle vereinbarten Termine wurden eingehalten. Auch hinsichtlich der abgelieferten Mengen und Sorten sowie den Rechnungsgutschriften gab es selten größere Differenzen.
Die Mieter wurden zur Mithilfe bei der Räumung des SERO-Kellers in Hausversammlungen und durch Aushänge an der Wandzeitung im Treppenhaus informiert. Oft habe ich auch einzelne Bewohner persönlich angesprochen.
Die finanziellen Erlöse waren eine der Haupteinnahmequellen der Hausgemeinschaft. Sie wurden vor allem verwendet für die Einrichtung des Gemeinschaftsraumes, zur Anschaffung einer Wäschemangel und Bügelmaschine, von Geräten und Werkzeugen für den Werkstattraum bzw. zur Vorgartenpflege, für die Umrahmung von Hausversammlungen, Hausfesten, Kinderfesten u. ä.. Über diese Verwendung der Gelder für die Hausgemeinschaft gab es innerhalb der HGL bzw. in Hausversammlungen auch unterschiedliche Meinungen. Während einige Mieter dafür waren, noch großzügiger zu sein bei der Umrahmung (Getränke u. a.) von Hausversammlungen und Festen, wollten andere die Gelder für die Ausgestaltung des Hauses ausgeben. Differenzen wurden aber mit Kompromissen bzw. demokratischen Mehrheitsbeschlüssen gelöst. Die periodischen Rechenschaftslegungen der HGL über Kassenstand, Einnahmen und Ausgaben ließen kein Mißtrauen der Verwendung der Geldmittel aufkommen.
Höhepunkt der Anerkennung unserer Hausgemeinschaft für die guten Sammelerfolge war die Urkunde »Für hervorragende Ergebnisse bei der Erfassung von Sekundärrohstoffen«, die uns 1985 durch den Magistrat von Berlin verliehen wurde.
Das Ende der Sekundärrohstoffe-Erfassung ging mit dem Ende der DDR einher. Eine Geschäftsstelle des VEB SERO nach der anderen wurde geschlossen. Die Geschäftsstelle Lichtenberg existierte im August 1990 schon nicht mehr, so daß wir uns an die Geschäftsstelle Friedrichshain wenden mußten, um den nochmals gefüllten Keller leeren zu können.
Inzwischen waren am 1. April 1990 die Aufkaufpreise – besonders für Getränkeflaschen und Konservengläser – drastisch gesenkt worden, so daß der Gesamterlös nur noch 25 bis 30 Prozent vom sonst Üblichen betrug. All das, im Zusammenhang mit den Auflösungserscheinungen der politischen, ökonomischen und gesellschaftlichen Strukturen, trug dazu bei, daß das Interesse der Mieter an der Wei-

terexistenz der Hausgemeinschaft und damit auch an der Erfassung der Sekundärrohstoffe stark abnahm.
Am 16. Oktober 1990 brachte ich den letzten Aushang an der Wandzeitung an. Darin wurde darauf hingewiesen, daß »entgegen dem Lob und den Versprechungen des Umweltministers Töpfer über den Erhalt des international anerkannten SERO-Systems sein Ende gekommen ist und die Mitarbeiter entlassen werden«. Die Mieter wurden gebeten, ab sofort keine Sekundärrohstoffe im Keller mehr abzustellen. Im Frühjahr 1991 wurden die noch vorhandenen rund 60 Metallbehälter von der Wohnungsverwaltung aus dem Keller geräumt. Damit war wieder ein Stück demokratischer Selbstverwaltung auf ehrenamtlicher Basis verlorengegangen.
Die Sammlung der Sekundärrohstoffe war ein Stück lebendiger DDR-Geschichte und brachte erheblichen ökonomischen und ökologischen Nutzen. Aus der Sicht unseres Hauses diente sie außerdem dem Zusammenwachsen der Hausgemeinschaft und förderte den Gemeinschaftssinn.

Entwicklung nach 1945

Bereits kurz nach Gründung der DDR wurde 1949 mit der systematischen Erfassung, Aufbereitung und Wiederverwertung von Altstoffen und deren Einsatz als Sekundärrohstoffe begonnen. Die Ursache war der allgemeine Mangel an Ressourcen. Auf dem Territorium der Sowjetischen Besatzungszone, die später zur DDR wurde, gab es keine nennenswerten natürlichen Rohstoffreserven. Das meiste mußte importiert werden, nachdem Deutschland und damit die gesmtdeutsche Volkswirtschaft geteilt worden war. Erst später sollte aus der Not eine Tugend werden.

Altstoffe wurden in den ersten Jahren vorrangig über den *Altstoffhandel* gesammelt, der in jeder Kreisstadt eines Bezirkes (die es seit 1952 statt der aufgelösten Länder gab) einen Betriebsteil hatte.[6] Bis weit in die 70er Jahre hinein bestand SERO aus privaten, zum Teil genossenschaftlichen und staatlichen Altstoffbetrieben. Erst 1981 wurde die VVB Altstoffhandel (VVB = Vereinigung Volkseigener Betriebe) durch das Kombinat Sekundärrohstoff-Erfassung übernommen. Mit der 1980 verabschiedeten »Verordnung zur umfassenden Nutzung von Sekundärrohstoffen« ging man von der regionalen Erfassung von Sekundärrohstoffen zur zentralen Steuerung über.[7] Nach der Gründung eines Kombinats[8] kam es zur Monopolisierung im Sekundärrohstoffbereich; die Privatbetriebe wurden weitgehend verdrängt.

Zum Erfassungsprogramm gehörten zu jener Zeit zum einen Altpapier, Flaschen, Alttextilien, Gläser, Glasbruch und zum anderen Knochen, Gummiabfälle, Friseurhaare und Lederabfälle sowie Sammelschrott. In den Folgejahren wurde das SERO-Annahmestellennetz flächendeckend ausgebaut, wobei eine große Zahl privater Aufkaufstellen einbezogen wurde. Die Aufkaufstellen sind nicht vergleichbar mit den früheren Altstoffbetrieben. Es gab zwar private SERO-Mitarbeiter, doch die waren in das SERO-System eingebunden, d. h. sie hatten keine Möglichkeit, eigenwirtschaftlich aktiv zu werden.[9]

Das Kombinat SERO

Die Hauptursache der Zentralisierung der Recyclingwirtschaft zu Beginn der 80er Jahre war die sich immer deutlicher ausprägende Mangelwirtschaft in der DDR. Weitgehend vom Weltmarkt abgekoppelt, mußte zunehmend auf die Substitution von Primärstoffen gesetzt werden.[10]
Um die Erfassung von Sekundärrohstoffen sicherzustellen, wurden zwei zentral geleitete Kombinate gegründet, die mit ihren Unterbetrieben bis in die Kreisebene hinein den Aufkauf von Sekundärrohstoffen organisierten. Das Kombinat SERO war dabei zuständig für die nichtmetallischen und das Kombinat MAB für die metallischen Rohstoffe. Zur Organisation der Sekundärrohstoff-Wirtschaft wurde eine zentrale Kommission für sekundäre Rohstofferfassung gebildet, in die stellvertretende Minister der zentralen Staatsorgane berufen wurden.[11]

Das Kombinat war zentralistisch organisiert. Die Leitung in Berlin koordinierte entsprechend der Regionalstruktur der DDR 15 Kombinatsbetriebe in den Bezirksstädten und die Betriebsteile in allen Kreisen. Tabelle 1 zeigt die Anzahl der Betriebsteile in den einzelnen Bezirken. Insgesamt umfaßte das Kombinat 272 Betriebsteile.

Anzahl der Betriebsteile in den SERO-Bezirksbetrieben (1988)

	Stadt-/ Landkreise	Betriebsteile
Berlin	11	20
Cottbus	15	15
Dresden	17	22
Erfurt	15	20
Frankfurt/ Oder	12	13

Gera	13	13
Halle	23	27
Karl-Marx-Stadt	24	34
Leipzig	13	19
Magdeburg	18	20
Neubrandenburg	15	15
Potsdam	17	20
Rostock	14	14
Schwerin	11	11
Suhl	9	9
gesamt	227	272

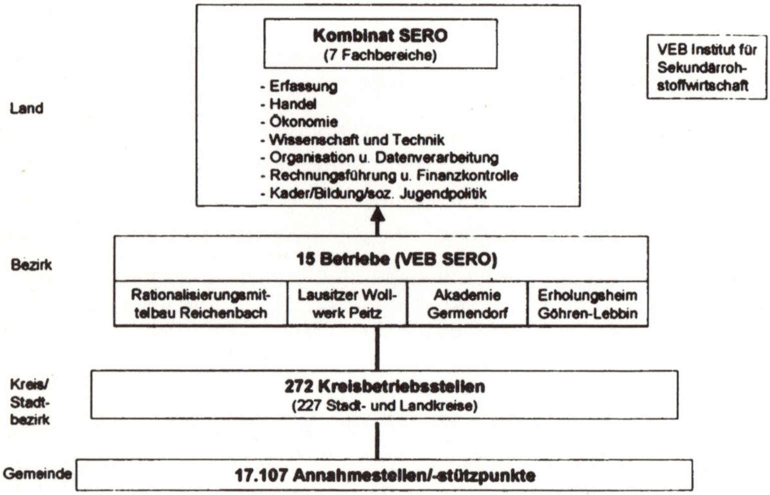

Dabei unterschied man:

– Typ 1: Betriebsteile mit umfassender Erfassungs-, Transport-, Lagerungs- und Versorgungsfunktion. Diese 182 Betriebsteile waren die wichtigsten Organe innerhalb des Kombinates. 1988 realisierten sie etwa 88 Prozent der Versorgungsleistungen im Lagergeschäft.

– Typ 2: Betriebsteile mit vorwiegender Erfassung- und eingeschränkter Transport und Lagerungsfunktion. Diese 39 Betriebsteile arbeiteten vor allem als Zulieferbetriebe für Betriebsteile des Typs 1 oder für die Aufbereitungszentren.

– Typ 3: Betriebsteile mit reiner Erfassungsfunktion. Diese 51 Betriebsteile waren Zulieferer für Betriebsteile vom Typ 1. Sie sollten die Erfassung in den Kreisen und Bezirken gewährleisten.

Den Betriebsteilen waren einzelne Annahmestellen zugeordnet, die unmittelbar mit den gewerblichen bzw. privaten Sammlern und allen beteiligten Institutionen und Gruppierungen zusammenarbeiteten. Im Jahr 1988 existierten 17.107 Abgabemöglichkeiten[12] für die Sekundärrohstoffe, die von verschiedenen Erfassungsträgern betrieben wurden.[13] Die grundsätzlichen Aufgaben des Kombinates wurden mit der »Verordnung zur umfassenden Nutzung von Sekundärrohstoffen« (1980)[14] vorgegeben.

Dementsprechend gehörten zu den Aufgaben des Kombinates die Erfassung bestimmter Sekundärrohstoffe, vor allem aus den Haushalten, die Sicherstellung einer effektiven und qualitätsgerechten Aufbereitung und eine zuverlässige Versorgung der verarbeitenden Industrie mit Sekundärrohstoffen, um Primärstoffe zu ersetzen. Diese Zielsetzungen erforderten eine enge Zusammenarbeit mit den örtlichen Räten (Kreisverwaltungen) und allen gesellschaftlichen Organisationen, eine wirksame Öffentlichkeitsarbeit. Ferner mußte die notwendige materiell-technische Basis in Zusammenarbeit mit den örtlichen Räten geschaffen und vor allem die aktive Mitarbeit der Kommissionen für sekundäre Rohstoffreserven in den örtlichen Räten erreicht werden.[15]

Erfassung, Aufbereitung und Verteilung

Das Kombinat SERO war sowohl für die Erfassung, die Aufbereitung als auch den Transport, die Lagerung und für die Verteilung der Sekundärrohstoffe verantwortlich. Die Vielzahl der Sammelstellen gewährleistete eine große Dichte der Ankaufstellen. Bei der Aufbereitung wurde nicht nur durch große Container das Sammeln und die Wiederverwertung leicht gemacht, auch die Qualität der gesammelten Altstoffe war vergleichsweise hoch.

Das Handverlesen der Flaschen, Gläser und Papiere garantierte eine große Sortenreinheit. Preisschwankungen auf dem Wertstoffmarkt waren dank der Abnahmepflicht der Industrie für SERO nicht relevant.

Die im voraus festgelegten Liefermengen führten allerdings immer dann zu Schwierigkeiten, wenn die Industrie dank der planwirtschaftlichen Wirtschaftsweise Überkapazitäten hatte und zuviel Gesammeltes nicht abnahm.[16]

Sortiment

Das Kombinat SERO erfaßte in erster Linie Sekundärrohstoffe aus privaten Haushalten, dennoch kam ein Drittel der über das SERO-System angekauften Wertstoffe aus der Industrie. Das Handelssortiment umfaßte neben traditionellen Wertstoffen wie Altpapier, Flaschen, Gläser, Glasbruch, Alttextilien, Thermoplastabfällen und Kleinschrott auch Gelatine- und Sammelknochen, Friseurhaare, Fixierbäder sowie Altgummi, Elektronikschrott und Batterien. Die Erweiterung des Handelssortiments wurde durch die Verwendungsmöglichkeiten in der Volkswirtschaft bestimmt.

Das nichtmetallische Gesamtaufkommen der Hauptwarenarten (Altpapier, Gläser, Flaschen, Alttextilien, Thermoplaste) für 1988 belief sich auf 1.165.655 Tonnen. Davon wurden ca. 65 Prozent aus Haushalten und ca. 35 Prozent aus der Industrie bzw. dem Gewerbe erfaßt. Die Erfassung von Sekundärrohstoffen wurde im Laufe der Jahre auf das Kleingewerbe und die Industrie ausgeweitet, sofern es sich für die betriebswirtschaftliche Bilanz des Kombinates rechnete. Wertstoffe aus der Industrie waren in der Regel sortenrein erfaßbar und wiesen damit eine hohe Qualität auf, so daß das Kombinat im Inland, vor allem aber beim Export hohe Verkaufspreise erzielen konnte.

Bei der Erfassung von Sekundärrohstoffen unterschied man zwischen dem Lager- und dem Streckengeschäft. Beim Lagergeschäft fand eine »körperliche« Übernahme der Wertstoffe statt, die von SERO erfaßt, zwischengelagert, aufbereitet und an die verarbeitende Industrie weitergeleitet wurden. Unter Streckengeschäft verstand man einen Transfer von Wertstoffen von ihrem Anfallort zum verarbeitenden Betrieb. SERO übernahm die Koordinierung und die Buchung der Auslieferungen. Das Streckengeschäft war primär ein

Papiergeschäft. 84 Prozent der gesamten nichtmetallischen Sekundärrohstoffe aus Haushalten und Industrie wurden über das Lagergeschäft erfaßt, die übrigen 16 Prozent waren dem Streckengeschäft zuzuordnen.[17]

Das strikte Getrenntsammeln garantierte eine hohe Qualität der Wertstoffe. Der Vorteil der Erfassung von Sekundärrohstoffen sowohl aus privaten Haushalten als auch der Industrie lag in der flächendeckenden Annahmestruktur, so daß SERO »letztlich die Funktion einer ›geplanten‹ Wertstoffbörse für traditionelle Sekundärrohstoffe zukam«.[18]

Aufgrund der geringen Anfallmengen in Haushalten und Kleingewerbebetrieben war es notwendig, ein System einzurichten, das bürgernah war und die Erfassung verstreut anfallender Wertstoffe zuließ. Die dezentrale Erfassung erfolgte über ein flächendeckendes Netz von Annahmestellen (AST) und Annahmestützpunkten (ASP), die sich in staatlichem, aber auch privatem und gesellschaftlichem[19] Besitz befanden.

Die Annahmestellen variierten in Form und Größe – von der Aufkaufhalle im dichtbesiedelten Neubaugebiet bis zum einfachen Stützpunkt im kleinen Dorf. Es gab neben den stationären auch mobile Annahmestellen. 99 Prozent der Wertstoffe aus den Haushalten wurden über AST/ASP erfaßt, das entsprach einer Menge von 744.533 Tonnen.[20] Damit kam dem AST/ASP–Netz eine Schlüsselfunktion bei der Rohstofferfassung zu. Nur 1 Prozent (7.232 Tonnen) wurden über Container erfaßt.

Die einzelnen Wertstoffe wurden relativ gut vergütet, was den großen Sammelanreiz in der Bevölkerung erklärt. Ende der 80er Jahre wurden für die wichtigsten »Altstoffe« folgende Preise gezahlt:[21]

normierte Flaschen:	20 Pfennig/Stück
normierte Gläser:	30 Pfennig/Stück
Schrott:	20 Pfennig/Kilo
Kupfer:	2,50 Mark/Kilo
Aluminium:	1,80 Mark/Kilo
Zeitungspapier:	30 Pfennig/Kilo
Alttextilien:	50 Pfennig/ Kilo
Kunststoffe:	1,00 Mark/Kilo

Die gesammelten Altstoffe gingen nach ihrer Sortierung direkt in die verarbeitende Industrie.

Eine grundlegende Aufbereitung (Sortierung, Pressung, Verpackung) der Sekundärrohstoffe war vor allem aus logistischen Gründen wichtig, aber auch, weil durch bessere Wertstoff-Qualitäten höhere Verkaufspreise erzielt werden konnten. Aufbereitet wurden die Warenarten Papier, Textilien, Glas und Thermoplaste. Warenarten wie Knochen, Federn und Batterien wurden ohne weitere Behandlung direkt an die verarbeitende Industrie weitergeleitet. Die Menge der zu verarbeitenden Wertstoffe war vom Absatzvolumen abhängig, da SERO einerseits der Versorgungspflicht der verwertenden Industrie und andererseits der Entsorgungspflicht[22] unterlag.

Erschwerend wirkten sich dabei die begrenzten Lagerkapazitäten und eingeschränkten Transportmöglichkeiten (Fahrzeugpark, Kraftstofflimite) aus. Feste Lieferverträge mit der verarbeitenden Industrie boten SERO Abnahmegarantien. Es bestanden feste Handelsverträge zwischen SERO und der verarbeitenden Industrie, die jedoch eher den planwirtschaftlichen Vorgaben als den tatsächlichen Verarbeitungsmöglichkeiten entsprachen.

Die Aufbereitung erfolgte über sogenannte Aufbereitungszentren (ABZ), von denen es 1988 insgesamt 39 gab. Sie konzentrierten sich auf die Ballungsgebiete Berlin, Karl-Marx-Stadt, Leipzig, Erfurt, Halle und Potsdam. Ein schwerwiegendes Problem stellte dabei der Zustand der Transportmittel und Maschinen dar. Sie konnten oft nicht ihrem Verschleiß entsprechend rechtzeitig ersetzt oder repariert werden. In den SERO-Betrieben fehlte es an notwendigen Reparaturkapazitäten. Infolgedessen erhöhten sich die Gesamtkosten (gestiegener Arbeits- und Reparaturaufwand). Dennoch konnten 1988 (853,2 Kt) im Vergleich zu 1981 (626,8 Kt), also insgesamt 37 Prozent, mehr Sekundärrohstoffe verarbeitet werden.[23]

Verteilung und Absatz

Wie die Erfassung und die Aufbereitung der Sekundärrohstoffe war auch der Absatz durch jährliche Planvorgaben geregelt, d. h. SERO hatte den Absatz anhand sogenannter Liefereinweisungen[24] an die

Industrie zu organisieren. SERO oblag sowohl eine Entsorgungspflicht der Annahmestellen als auch eine Versorgungspflicht der Industrie. Aufgrund von Produktionsschwankungen in der Industrie und Erfassungsschwankungen gelang es nicht immer, Erfassungs- und Verwertungsmengen synchron aufeinander abzustimmen.

Diese Tatsache erforderte eine Zwischenlagerung seitens SERO, der damit eine Art »Pufferfunktion« zukam. Um diesen Anforderungen gerecht zu werden, begann man, bestimmte Jahresdurchschnittsbestände für die Hauptwarenarten zu lagern. Die Lagerkapazitäten reichten jedoch oft nicht aus, so daß man provisorische Lager nutzen mußte, die eine gesicherte Lagerung oft nicht gewährleisteten. Mitte der 80er Jahre traten zunehmend Absatzprobleme bei Alttextilien, Thermoplaste und Altbatterien auf. Die Stoffe wurden zunächst zwischengelagert und gelangten in vielen Fällen auf eine Deponie. Das Gesamtabsatzvolumen je Rohstoffart belief sich für das Jahr 1988 auf folgende Mengen:[25]

Altpapier:	630.469 t
Glasbruch:	257.522 t
Flaschen:	176.700 t
Gläser:	78.250 t
Alttextilien:	73.903 t
Thermoplaste	7.920 t
Federn:	847 t

Die Öffentlichkeitsarbeit

Die Öffentlichkeitsarbeit von SERO zielte klar auf zwei Ziele: die Qualität der Sekundärrohstoffe zu sichern und die Erfassungsmengen kontinuierlich zu steigern. Es gab zwei Ebenen, auf denen die Öffentlichkeitsarbeit ansetzte: Zum einen auf der materiell-technischen und organisatorischen und zum anderen auf der propagandistischen Ebene.[26]

Im materiell-technischen Bereich ging es vor allem um den Ausbau des Netzes der Annahmestellen und -stützpunkte (AST/ASP), die Optimierung des Transports und um die Modernisierung der angewandten Technologien. Dieser Bereich soll hier jedoch ausgeklammert werden.

Die Öffentlichkeitsarbeit wurde mit Hilfe der Presse,[27] mit Tombolas, Leistungsvergleichen, Informationstafeln in den Annahmestellen und -stützpunkten sowie Kampagnen und Initiativen gestaltet.

Zentrale Elemente der Öffentlichkeitsarbeit waren die Information und Aufklärung der Bevölkerung über die Bedeutung der Erfassung und Wiederverwertung von Wertstoffen für die einheimische Wirtschaft.[28] Man bemühte sich mit Wandzeitungen, Initiativen und Aktionen und vielem mehr das Thema Sekundärrohstoffe ins öffentliche Bewußtsein zu heben.[29] So wurde beispielsweise mittels Wandzeitungen über die Einspareffekte der Sammlung und Verwertung von Sekundärrohstoffen berichtet. Dabei nutzte man z. B. abstrakte Mengenangaben und brachte dazu einen bildlichen Vergleich, der den Bezug zu bekannten Größen herstellte und so im Gedächtnis blieb.[30]

Eine Initiative und eine Bürgeraktion sollen stellvertretend für die zahlreichen Aktivitäten genauer vorgestellt werden. Die Bürgeraktion »Schöner unsere Städte und Gemeinden – mach mit!« hatte zum Ziel, nicht nur 2.000.000 t Sammelschrott, 1.500.000 t Altpapier und 250.000 t Alttextilien aus Haushalten und Wohngebieten zu erfassen und der Verwertung zuzuführen, sondern auch die Rekonstruktion und Instandhaltung der Annahmestellen zu unterstützen sowie »wilde Müllkippen« zu verhindern, indem etwa Schrottsammelplätze eingerichtet wurden.

Dabei waren vor allem die Ausschüsse der Nationalen Front gefragt, »eine politische Massenarbeit in Hausgemeinschaften und Familien zu führen, die Verständnis und Engagement der Bürger wirksam erhöht«.[31] Es galt dabei neben einer vielfältigen Informations- und Öffentlichkeitsarbeit alle gesellschaftlichen Kräfte (beginnend bei der Pionierorganisation über den Verband der Kleintierzüchter, Siedler und Kleingärtner [VKSK], den Demokratischen Frauenbund Deutschlands [DFD] bis zur Volkssolidarität) einzubeziehen. Man erkannte, daß für hohe Sammelergebnisse eine gute Wettbewerbsatmosphäre unerläßlich war.

Das zweite Beispiel war die Tombola »Kleine Mühe – Großer Nutzen«. An ihr konnte sich jeder beteiligen, der mindestens 5 kg Altpapier, 20 Gläser oder Flaschen oder Sammelschrott im Wert von 10 Mark gesammelt hatte. Jährlich wurde für diese Aktion eine Gewinnsumme von 600.000 Mark bereitgestellt, die für Aus-

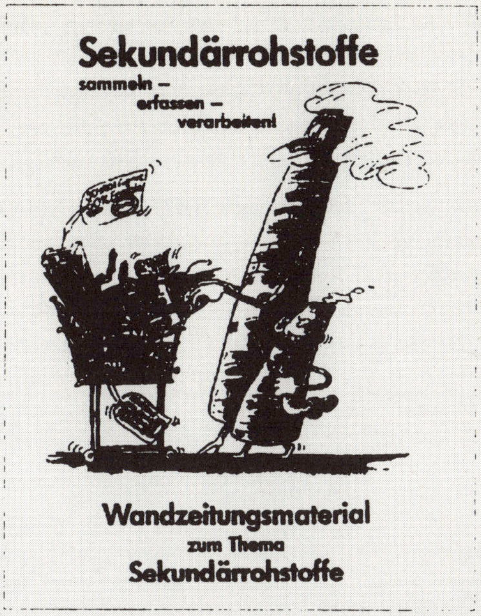

Abb. 3. Beispiel für eine bildliche Thematisierung der Sammlertätigkeit.

Eine Initiative und eine Bürgeraktion sollen stellvertretend für die zahlreichen Aktivitäten genauer vorgestellt werden. Die Bürgeraktion „Schöner unsere Städte und Gemeinden - mach mit!" hatte zum Ziel, nicht nur 2.000.000 t Sammelschrott, 1.500.000 Altpapier und 250.000 t Alttextilien aus Haushalten und Wohngebieten zu erfassen und der Verwertung zuzuführen, sondern auch Schrottsammelplätze einzurichten sowie die Rekonstruktion und Instandhaltung der Annahmestellen zu unterstützen. Dabei waren vor allem die Ausschüsse der Nationalen Front gefragt, „eine politische Massenarbeit in Hausgemeinschaften (-s. o. in der Einleitung!) und Familien zu führen, die Verständnis und Engagement der Bürger wirksam erhöht"[132]. Es galt dabei neben einer vielfältigen Informations- und Öffentlichkeitsarbeit alle gesellschaftlichen Kräfte (beginnend bei der Pionierorganisation über den VKSK, den DFD bis zur Volkssolidarität) einzubeziehen. Man erkannte, daß für hohe Sammelergebnisse eine echte Wettbewerbsatmosphäre unerläßlich war.

Das zweite Beispiel ist die Tombola „Kleine Mühe - Großer Nutzen". An ihr konnte sich jeder beteiligen, der mindestens 5 kg Altpapier, 20 Stück Gläser oder Flaschen oder Sammelschrott im Wert von 10 Mark gesammelt hatte. Jährlich wurde für diese Aktion eine Gewinnsumme von 600.000 Mark bereitgestellt, die für Auslandsreisen und Sachgewinne verwendet wurden. Im Verlauf der Tombola wurde ständig über Ergebnisse und Initiativen berichtet und nach Abschluß die Bevölkerung über die Resultate informiert.

Die Öffentlichkeitsarbeit des Kombinates SERO kann auch heute noch als beispielhaft gewertet werden. Die Bevölkerung wurde zur aktiven Mitarbeit mobilisiert durch ständige Berichterstattung über den Stand der Wertstofferfassung. Probleme, die bei der Erfassung auftraten, wurden öffentlich thematisiert und die Bevölkerung immer wieder zu Verbesserungsvorschlägen aufgefordert.[2]33 Darüber hinaus erhielt das Kombinat ein sympathisches Erscheinungsbild in Form des Maskottchen "Emmy".

Das SERO-Firmenmaskottchen Emmy

landsreisen und Sachgewinne verwendet wurden. Im Verlauf der Tombola wurde ständig über Ergebnisse und Initiativen berichtet und nach Abschluß die Bevölkerung über die Resultate informiert.

Die Öffentlichkeitsarbeit des Kombinates SERO kann auch heute noch als beispielhaft gewertet werden. Die Bevölkerung wurde zur aktiven Mitarbeit mobilisiert – durch ständige Berichterstattung über den Stand der Wertstofferfassung. Probleme, die bei der Erfassung auftraten, wurden öffentlich thematisiert und die Bevölkerung immer wieder zu Verbesserungsvorschlägen aufgefordert.[32] Darüber hinaus erhielt das Kombinat ein sympathisches Image mit seinem Maskottchen »Emmy«.

Es gelang dem Kombinat im Laufe der Jahre vom Image des »armen und schmutzigen Lumpensammlers« wegzukommen und statt dessen das Bild eines »modernen, effektiven und lebenswichtigen Dienstleistungsunternehmens, das auch noch für eine saubere Umwelt sorgt«, zu etablieren.[33] Ebenso fest im Bewußtsein der Bürger waren die ökonomischen und ökologischen Vorteile geschlossener Stoffkreisläufe.

Diese »Strategie der aktiven Einbindung«[34] sollte der Bevölkerung das Gefühl vermitteln, konstruktiv und produktiv an der Erfassung wichtiger Wertstoffe mitzuwirken und einen Beitrag zum Umweltschutz zu leisten: weil man Altpapier sammelte, mußten weniger Wälder gerodet werden, trug man Gläser zur Annahmestelle, verbrauchten die (volkseigenen) Glasfabriken weniger Rohstoffe und Energie, Plasteabfälle halfen Erdöl zu sparen, das importiert werden mußte ...

Außerdem wurden Wettbewerbe und Leistungsvergleiche durchgeführt, um die Besten herauszustellen und zu höheren Leistungen anzuspornen.[35] Die Maßnahmen wurden im Rahmen des sozialistischen Wettbewerbs geführt und übten auch eine gewisse Kontrollfunktion aus.

Relevanz von SERO in der DDR

Die DDR konnte insgesamt 14 Prozent des Rohstoffbedarfs durch die Aufbereitung von »Müll« decken, was etwa 3 Milliarden Mark pro Jahr entsprach.[36] SERO spielte dabei allerdings eine vergleichsweise kleine Rolle, da die größeren Mengen wiederverwertbarer Abfälle aus der Industrie kamen. 1988 hatte SERO 1,6 Millionen Tonnen Material – das entsprach ca. 4,6 Prozent der insgesamt 35 Millionen Tonnen Sekundärrohstoffe[37] – gesammelt, was gleichzeitig zur Entlastung der Mülldeponien beitrug. Kurz vor der Wende fielen rund 3,6 Millionen Tonnen Hausmüll pro Jahr an.

Der statistische DDR-Bürger sammelte pro Jahr 70 kg Hausmüll und 55 kg Küchenabfälle und produzierte nur 175 kg Müll pro Jahr.[38] Die Rücklaufquoten betrugen bei Papier 90 Prozent, bei Gläsern 80 Prozent. (Die entsprechenden Zahlen für die Bundesrepublik liegen bei Papier um 10 Prozent und bei Glas um 20 Prozent niedriger.[39])

Unter den Bedingungen der DDR-Wirtschaft trug sich das SERO-System fast allein. Lediglich die Umwandlung von Behälterglas in Glasbruch mußte mit 100 Millionen Mark pro Jahr subventioniert werden, ansonsten reichten die Verkaufsgewinne zur Aufrechterhaltung des Kombinates aus.[40]

Relevanz nach 1990

Nach 1989 wurde das Kombinat in eine Holding umgewandelt, der die 15 Bezirksbetriebe als eigenständige GmbHs angehörten. Mit dem Zusammenbruch der Planwirtschaft brachen die Erfassungs-, Verarbeitungs- und Absatzleistung dramatisch ein, was auch einen Rückgang der Beschäftigtenzahlen zur Folge hatte. Mit der Marktwirtschaft entfielen die ökonomischen Rahmenbedingungen, in die SERO eingebunden war. Der Staat war nicht bereit, Anreize zur Rohstoffsicherung und -sammlung zu schaffen und durch entsprechende Preise zu unterstützen. Außerdem war die Marktmacht der großen Entsorgungskonzerne zu stark.

Des weiteren wurde argumentiert, Altpapier gelange aus dem gesättigten Westmarkt angeblich preiswerter zur DDR-Papierindustrie, als es die SERO-Betriebe liefern könnten. Konservenfabriken, die, um wettbewerbsfähig zu bleiben, ihre Produktion auf neue Abfüllmaschinen umstellten, mußten den früheren Einheitsglas-Grundsatz zugunsten passender Westgläser aufgeben.

Andererseits lagen der Treuhandanstalt Gutachten vor, die einer modernisierten Firma durchaus Überlebenschancen gaben.

Im Frühjahr 1990 wurden die bisherigen Aufkaufpreise drastisch gesenkt[41] und fast gleichzeitig zahlreiche Annahmestellen geschlossen. Im Jahresverlauf 1990 kam es zur weitgehenden Auflösung des flächendeckenden Netzes der Annahmestellen, da die Betriebe dazu übergingen, Annahmestellen und andere Immobilien zu verkaufen, um laufende Kosten decken zu können. Bis zur Währungsunion am 1. Juli 1990 wurde SERO durch die DDR-Regierung noch finanziell unterstützt.[42] Gleichzeitig bekam die Treuhand den Auftrag zur »Abwicklung« des Unternehmens. Trotz positiver Berichte hinsichtlich der Überlebensfähigkeit der SERO-Betriebe[43], wurden bis Juni 1991 14 der 15 ehemaligen bezirklichen Unternehmen privatisiert.

Die Berliner Betriebe wurden von den Gebrüdern Löbbert gekauft, die 1993 in den neuen Bundesländern noch rund 100 Rücknahmestellen nach altem SERO-Muster betrieben, circa 1.000 Mitarbeiter beschäftigten und sich des traditionellen blau-gelben SERO-Emblems ebenso wie des Elefanten »Emmy« als Maskottchen und Werbeträger bedienten.[44] Die Ablieferung von Wertstoffen würde vergütet.[45]

Nachdem bis einschließlich Anfang 1998 die Zeitungen viel Positives zur Erfolgsgeschichte der *Sero Entsorgung AG* zu berichten wußten,[46] änderte sich das Bild im November 1998 schlagartig, als zwei Hauptfunktionäre und zwei Vorstandsmitglieder unter Verdacht der Steuerhinterziehung, der Bilanzfälschung, des Kreditbetrugs und des Verstoßes gegen das Börsengesetz verhaftet wurden.[47] Die daraufhin insolvenzgefährdete Sero-Gruppe konnte saniert und restrukturiert werden.

Im Geschäftsjahr 1999/2000 konnte die Sero Entsorgung AG operativ erstmals wieder schwarze Zahlen schreiben. Sero soll als eigenständiges Unternehmen erhalten bleiben, wird sich zukünftig jedoch auf den Bereich metallische Wertstoffe konzentrieren.[48]

Exkurs: Umfragen zur Akzeptanz des SERO-Systems

Bereits 1988 rangierte in Befragungen des Instituts für Soziologie und Sozialpolitik der AdW der DDR nach dem Stellenwert der für den Menschen wichtigsten Bedürfnisse, das Bedürfnis »in einer sauberen und intakten Umwelt zu leben« nach dem Bedürfnis »in Frieden zu leben« an zweiter Stelle.[49] Für mehr als 98 Prozent der Befragten war eine gute Umweltqualität wichtig bzw. sehr wichtig.

Eine weitere Umfrage zum SERO-System zwischen März und April 1991[50] beschäftigte sich mit den Sammelgewohnheiten der Befragten, der Akzeptanz des SERO-System sowie vorhandenen Kritikpunkten. Demnach nannten mehr als 74 Prozent der Befragten als Grund für die Teilnahme an der Wertstoffsammlung die Umweltentlastung. Dieses Motiv korrespondiert mit dem der »Einsparung von Wert- und Rohstoffen«, das von fast 64 Prozent der Befragten angegeben wurde. Dies unterstreicht, daß die DDR-Bevölkerung nicht in einer Wegwerfgesellschaft nach dem Grundsatz »Hopp und ex« lebte.

Das flächendeckende Annahmestellensystem war für mehr als 49 Prozent das Motiv für die Beteiligung. Der finanzielle Anreiz wird erst an vierter Stelle (39,2 Prozent) genannt und kann demnach nicht das Hauptmotiv gewesen sein.

Insbesondere die Einbeziehung der Kinder in die Sammlungen war von Bedeutung: Immerhin 32,6 Prozent der Befragten verwiesen auf den erzieherischen Effekt für Kinder, und fast 30 Prozent auf das zusätzliche Taschengeld.

Interessant ist in diesem Zusammenhang die Frage, in welcher Weise man sich an den Sammlungen beteiligte (Angaben in Prozent/ Mehrfachnennungen möglich):

- indem ich selbst zur Sammelstelle/ zum Container ging: 72,2
- über die Schule/ Universität: 36,1
- unser/e Kind/er kümmerte/n sich um die Abgabe: 35,8
- andere Kinder kümmerten sich um die Abgabe: 17,4
- sonstige Familienmitglieder kümmerten sich : 14,9
- die Wertstoffe wurden bei uns abgeholt: 10,3
- die Wertstoffe wurden z. B. Vereinen oder der Hausgemeinschaft zur Verfügung gestellt: 7,0
- ich habe im Rahmen einer Organisation (Hausgemeinschaft, Verein etc.) Wertstoffe gesammelt: 5,4
- über die Arbeitsstelle/ den Betrieb: 1,4

Mehr als 72 Prozent gaben an, selbst zur Sammelstelle zu gehen. Fast zwei Fünftel beteiligten sich nach eigenen Angaben über die Schule oder die Universität an den Sammlungen. Mehr als 50 Prozent sagten aus, daß ihre oder andere Kinder sich um die Abgabe der Wertstoffe gekümmert hätten. Das korrespondiert mit den Aussagen, daß die *Jungen Pioniere* die eifrigsten Sammler gewesen seien.[51]

Fast 90 Prozent der Befragten gaben an, daß sie bereit wären, auch ohne Vergütung Wertstoffe zu sammeln. Die hohe Bereitschaft, auch vergütungsfrei Wertstoffe abzugeben, läßt sich nicht nur aus der jahrelangen und zum Großteil anerzogenen Praxis des Umgangs mit Sekundärrohstoffen erklären, sondern auch dadurch, daß die durchschnittlichen monatlichen Einnahmen von 5 bis 15 Mark keinen großen Einfluß auf das Familieneinkommen hatten.

SERO hätte nach entsprechender Modernisierung unter marktwirtschaftlichen Bedingungen weiterexistieren und eine ernsthafte Alternative zum westdeutschen »dualen« Müllsystem (»Grüner Punkt«) darstellen können.[52] Dieses Argument wird durch die weitverbreitete Auffassung gestützt, daß das SERO-Erfassungssystem auch ein Vorbild für Recycling in der heutigen Bundesrepublik sein kann.[53]

Vor allem zwei Errungenschaften hätten erhalten bleiben müssen: erstens das bürgerfreundliche System aus persönlichen Annahmestellen, Wertcontainern und Sammlungen, das die Abgabe von Wertstoffen finanziell vergütete; es half, das Bewußtsein für die Müllproblematik zu erhöhen und sorgte für eine gute Qualität der Wertstoffe. Und zweitens die weitgehende Normierung nur weniger verschiedener Verpackungen; sie erleichterte die Einrichtung eines Pfandsystems und versprach so einen direkten ökologischen Nutzen. Es waren gerade die »ökologischen Nebeneffekte«, die in den achtziger Jahren verstärkt die Öffentlichkeitsarbeit bestimmten.

Daß ein Unternehmen entgegen allen Voraussagen auch unter markwirtschaftlichen Bedingungen nach dem alten SERO-Bringesystem erfolgreich arbeiten kann, zeigt schon das oben erwähnte Beispiel der Berliner Firma SERO. Das System ist vor allem in Ostdeutschland beliebt,[54] wo das System bekannt ist und überwiegend positive Erfahrungen damit gemacht wurden.

Gegenüber dem Dualen System (DSD) hat das alte SERO-System wesentliche Vorteile: Immer wieder ist auf die Probleme des DSD hingewiesen worden, vor allem, daß der Anreiz des DSD zur Abfallvermeidung für die Verbraucher nicht groß genug sei.[55] Im Gegenteil: jeder bundesdeutsche Haushalt finanziert durch jährliche Abgaben das milliardenteure Duale System, während er bei Sero für die Abgabe der Wertstoffe Geld erhält.

Kritikern des SERO-Systems monieren die teure Vergütung der Wertstoffe. Sie argumentieren, daß eine Erfassung von Wertstoffen über ein Containersystem weitaus kostengünstiger sei, da hierbei nur Miete und eventuell Instandhaltungskosten zu zahlen sind. Tatsächlich gibt es jedoch keine Berechnungen darüber, ob ein Annahmestellensystem mit sortenreiner Abgabe von Wertstoffen in der Finanzierung teurer wäre als ein Containersystem mit nachträglicher Sortierung à la DSD.

Positiv für ein Annahmestellensystem à la SERO sprechen die Bürgernähe und die mit der persönlichen Abgabe verbundene »Konfrontation« mit dem eigenen Müllberg. Mit Hilfe von Containern entledigt man sich des »Abfalls«, während durch die Annahmestellen eher ein Gefühl vermittelt wird, einen persönlichen Beitrag zu leisten, sei es für die Umwelt oder das eigene Portemonnaie. Die Erziehungsarbeit, die dabei geleistet wird, wurde auch zu DDR-Zeiten erkannt. Von Kindesbeinen an wurde durch die Popularisierung von Energieeinsparungen auch die Wiederverwertung von Rohstoffen gefördert.

Insbesondere seit den 80er Jahren gewannen ökologische Aspekte der Wiederverwertung von Sekundärrohstoffen an Bedeutung. Dabei rangierte der Schutz einheimischer Wälder an erster Stelle. Die Einbeziehung und Mobilisierung der Bevölkerung geschah auf vielfältige Weise. Wichtig ist dabei, daß nicht wie im westdeutschen *Verständnis* geworben, sondern vor allem an die *Verantwortung* der/des Einzelnen appelliert wurde.

Fazit

Die Art und Weise, wie das Kombinat Sekundärrohstofferfassung (SERO) in der DDR Wertstoffe sammelte und der Wiederverwertung zuführte, war alles andere als marode. Im Gegenteil: Die Erfassung erfolgte, wie ich gezeigt habe, über ein kombiniertes System aus Annahmestellen, Wertstoffcontainern und mobilen Sammelstationen. Ergänzt wurde das System um die gesellschaftlich organisierten Sammlungen und eine intensive Öffentlichkeitsarbeit, so daß Sekundärrohstoffe in beachtlichem Umfang der Verwertung wieder zugeführt werden konnten. Entscheidend für die Würdigung des SERO-Erfassungssystems ist, welche Strategie beim Umgang mit Sekundärrohstoffen verfolgt wird. Wenn Vermeiden vor Verwerten, Verwerten vor Beseitigen gilt und nur beseitigt wird, was nicht verwertet werden kann, dann kann das SERO-Erfassungssystem tatsächlich als »optimale Form der Erfassung«[56] und als erhaltenswert bezeichnet werden.

In Ostdeutschland gab es nach der Wende die Aussicht auf ein neues und ökologisches Projekt zur Abfallvermeidung bzw. -reduzierung.

Die westdeutschen Müllunternehmen teilten jedoch den Kuchen »Abfallwirtschaft der DDR« schnell unter sich auf, sie zerstörten das SERO-Systems in den neuen Bundesländern und vergaben damit die Chance, von einem funktionierenden System für die gemeinsame Zukunft zu lernen.

1 Dieser und einige andere Texte mußten, um den Umfang des Sammelbandes nicht zu sprengen, etwas gekürzt werden. Die Forschungsgruppe ist aber bereit, denen, die an dem Originaltext interessiert sind, diesen gegen einen Unkostenbeitrag von 12,50 Euro zuzusenden – Adresse siehe Einleitung.

2 Bernd Hendricks, Wer zuerst kommt, leert zuerst, in: VDI-Nachrichten, 26. April 1991.

3 Lösch AG übernimmt vier SERO-Betriebe, in: Der Tagesspiegel, Berlin, vom 4. August 1991.

4 Siehe unten die Aufstellung der Wertstoff-Kategorien und Preise.

5 Horst John, Organisation und Ergebnisse von SERO in einer Berliner Hausgemeinschaft; Manuskript, verfügbar bei der Forschungsgruppe Kritische Analyse des Vereinigungspolitik.

6 Vgl. Susanne Hartard, Michael Huhn, Strukturanalyse des SERO-Systems der DDR im Hinblick auf Effizienz und Eignung unter marktwirtschaftlichen Bedingungen, Kurzfassung für das Bundesministerium für Forschung und Technologie, Forschungsbericht 148 06 87, Bonn 1992, S. 39 f. (im folgenden: BMFT).

7 Vgl. BMFT, S. 74.

8 Ein Kombinat war ein Zusammenschluß mehrerer volkseigener Betriebe (VEB).

9 Vgl. BMFT, S. 41.

10 Vgl. BMFT, S. 109 f.

11 Vgl. BMFT, S. 111.

12 Die Zahl der Sammelstellen betrug zuletzt 16.000-17.000 plus ca. 50.000 Container laut VDI-Nachrichten vom 21. Dezember 1990. Die Angaben dazu sind jedoch sehr verschieden. Vgl. Frankfurter Allgemeine Zeitung, 13. September 1990, die 16.185 Sammelstellen angibt.

13 Annahmestellen und -stützpunkte:
- 1.059 SERO – Annahmestellen (VE AST)
- 780 SERO – Annahmestützpunkte (VE ASP)
- 731 gewerbliche Annahmestellen (AST GE)
- 4.743 gewerbliche Annahmestützpunkte (ASP GE)
- 7.540 Annahmestützpunkte nebenberuflicher Sammler (ASP nbS)
- 2.254 Annahmestützpunkte gesellschaftlicher Organisationen (vgl. BMFT, S.120).

14 Vgl. Gesetzblatt der DDR, Teil I (1981), Nr. 2, S. 23. Im § 9 heißt es: »Das VE Kombinat Sekundärrohstofferfassung ist für die Sicherung der maximalen Erfassung von Sekundärrohstoffen aus Haushalten der Bevölkerung im Zusammenwirken mit den örtlichen Staatsorganen und den gesellschaftlichen Kräften ... verantwortlich ... Die Sekundärrohstoffe sind für die stabile und kontinuierliche Versorgung der Kooperationspartner in der Volkswirtschaft bereitzustellen. Das Kombinat schafft alle Voraussetzungen dafür, daß

die Sammel- und Abgabebereitschaft der Bevölkerung und der gesellschaftlichen Organisationen zur maximalen Stärkung der Rohstoffbasis der Volkswirtschaft voll genutzt und weiter gefördert wird.«

15 Vgl. BMFT, S. 45 f.

16 Vgl. Christoph Dowe, SERO – abgewickelt und vergessen?, in: Wolfgang Dümcke, Fritz Vilmar, (Hrsg.), Kolonialisierung der DDR. Kritische Analysen und Alternativen des Einigungsprozesses, Münster 1996, S. 197.

17 Vgl. BMFT, S. 145 ff.

18 Vgl. BMFT, S. 148.

19 Zu den gesellschaftlichen Organisationen gehörten zum Beispiel die Nationale Front, die Freie Deutsche Jugend, die Jungen Pioniere und der Demokratische Frauenbund Deutschland.

20 Vgl. BMFT, S. 146.

21 Vgl. Paul Janositz, Das Ende von SERO: das ökologisch sinnvollere System ist nicht mehr konkurrenzfähig, in: Globus/BUND, H. 9-10/1990, S. 314-317.

22 Vgl. BMFT, S. 299 ff. Entsorgungspflicht bedeutet, daß das Kombinat gezwungen war, sämtliche erfaßte Mengen an Altstoffen der Verwertung zuzuführen.

23 Vgl. BMFT, S. 295

24 Die Lieferung hatte innerhalb eines bestimmten Zeitraumes zu erfolgen, vgl. BMFT, S. 299.

25 Vgl. BMFT, S. 300 ff.

26 Die Begriffe Agitation und Propaganda gehörten zum normalen Sprachgebrauch der DDR und hatten in unserem Kontext nicht die negative Bedeutung wie heute. Sie können hier mit Öffentlichkeitsarbeit und Werbung übersetzt werden. Im Mittelpunkt der Argumentation für die Teilnahme am SERO-System standen die Materialökonomie und der Umweltschutz – letzterer erst ab den 80er Jahren. Dennoch stellten die ökologischen Vorteile einen willkommenen Nebeneffekt des ursprünglich nur ökonomisch ausgerichteten Systems dar. Vgl. u.a. BMFT, S. 214.

27 Partner bei der Umsetzung der Sero-Ziele waren folgende Medien und zentrale Presseorgane: Regierungspressedienst der DDR (Redaktion Wirtschaft), Neues Deutschland, Staatliches Komitee für Fernsehen beim Ministerrat der DDR, Staatliches Komitee für Rundfunk beim Ministerrat der DDR, Frauenzeitschrift Für Dich, Wochenzeitschriften: Wochenpost, Neue Berliner Illustrierte, Eulenspiegel, Neue Deutsche Bauernzeitung, Publikationsorgane des Ministeriums für Glas- und Keramikindustrie, Zentrale Presseorgane der Blockparteien (z.B. Der Morgen, Nationalzeitung, Neue Zeit, Bauernecho), Kinder- und Jugendzeitschriften (z.B. Junge Welt, Frösi, ABC-Zeitung, Trommel).

28 Die Bedeutung des Erfassens und Wiederverwertens von Sekundärrohstoffen für die Wirtschaft wurde den Bürgern mittels Stoffkreislauf-Modellen verdeutlicht. Vgl. BMFT, S. 216.

29 Für eine effektive Öffentlichkeitsarbeit wurden folgende Strategien als unerläßlich angesehen:
- Einheitliche Information und Aufklärung der Bevölkerung,
- Veröffentlichung guter Leistungen und Ergebnisse,
- Publikationen erfolgreicher Initiativen in den Medien,
- Zusammenarbeit mit den Massenmedien und den gesellschaftlichen Organisationen,
- Erarbeitung und Nutzung branchentypischer Werbemittel, z.B. Handzettel, Plakate, Traktate,

– Organisation und Durchführung von Ausstellungen und Konferenzen,
– Herstellung von Kleinwerbeartikeln (Klebebilder, Anstecker) und
– Erarbeitung und Durchsetzung einer einheitlichen Werbelinie (Logo, Maskottchen).

30 Ein Beispiel von einem Handzettel, zitiert in BMFT, Band I, S. 224: Eine Tonne wiederaufbereitetes Altpapier erspart 12 Bäumen den Weg ins Sägewerk und läßt sich zu 15.000 Zeitungen verarbeiten oder zu 5.000 m^2 Strukturtapete – ausreichend für sämtliche Wohnungen eines Hochhauses.

31 Aus der Pressemitteilung der Nationalrates der Nationalen Front mit dem Titel »Sekundärrohstoffe von uns – für uns«, zitiert in BMFT, Band I, S. 225f. Zu den Prinzipien der »Mach mit – Wettbewerbe« zählten: Fixierung konkreter, abrechenbarer Ziele, Öffentliche Durchführung der Wettbewerbe, Sicherung der Vergleichbarkeit der Ergebnisse, Organisation einer exakten Abrechnung und Kontrolle, Würdigung vorbildlicher Leistungen.

32 Vgl. BMFT, S. 233.

33 Ebd.

34 Vgl. BMFT, S. 234.

35 Aussagen des letzten Generaldirektors des Kombinates SERO Hans-Joachim Schmidt im Februar 1999.

36 Vgl. Christoph Dowe, SERO – abgewickelt und vergessen?, a.a.O., S. 197.

37 Die Zahlen stammen von der Zentralverwaltung für Statistik und sind mit Vorsicht zu genießen. Vgl. dazu auch: BMFT, S. 496.

38 Vgl. Christoph Dowe, SERO – abgewickelt und vergessen?, a.a.O., S. 198.

39 Ebd.

40 Ebd.

41 Vgl. Veränderte Aufkaufpreise für Sekundärrohstoffe, in: Berliner Zeitung, 2. April 1990. Ab Juli 1990 mußten die Aufkaufpreise nochmals gesenkt werden und im September 1990 stellte man die bezahlte Annahme von Altstoffen ganz ein. Vgl. Peter Schubert, Droht das SERO-Netz zu zerreißen?, in: ebd. vom 17. Juli 1990 und Richard Scheibel, Und plötzlich wird Sero wie Recycling buchstabiert, in: Die Welt, Hamburg, vom 29. Januar 1991.

42 Die Regierung in Ost-Berlin bewilligte 1990 350 Millionen Mark zum Erhalt der Sammelstellen und zur Sicherung der Arbeitstellen. Vgl. Frankfurter Allgemeine Zeitung vom 13. September 1990.

43 Es gab u.a. eine interne GMO-Studie über Zustand bzw. Aussichten der SERO-Betriebe vom November 1990. Vgl. dazu BMFT, S. 137.

44 Vgl. Münch, Peter, Alchimisten wollen Müll in Geld verwandeln, in: Süddeutsche Zeitung, 31. Dezember 1993.

45 Die Angaben zur Art der Vergütung für abgegebene Altstoffe sind unterschiedlich. Zum Teil erfolgte die Vergütung mit Bonuspunkten, die in Sachpreise umgetauscht werden konnten, und zum anderen Teil gegen Bargeld allerdings nur Pfennigbeträge von 1 bis 12 Pfennige pro Kilogramm (Süddeutsche Zeitung, München, 31. Dezember 1993; Der Spiegel, Hamburg, H. 48/1996, S. 85; BMFT).

46 Die Zeitungen konnten vor allem über Gewinnsteigerungen und Übernahmen anderer Firmen als auch 1995 über den Börsengang der Firma berichten (Berliner Zeitung vom 17. Oktober 1996 und 7. Januar 1998)

47 Vgl. Kirnich, Peter, Vorstand der Sero AG verhaftet, in: Berliner Zeitung, 1. Dezember 1998; Frisierte Zahlen, in: Der Spiegel, Hamburg, 51/1998, 14. Dezember 1998, S. 106. Die Staatsanwaltschaft ermittelte gegen damali-

ge Anteilseigner und führende Manager der Euro Waste Service AG (EWS), zu der die Sero Entsorgung AG gehört. Diese sollen zwischen 1992 und 1997 über die Sero Entsorgung AG Scheingeschäfte in Millionenhöhe abgewickelt haben und an andere Firmen der EWS-Gruppe Luftrechnungen geschickt haben. Von anderen Firmen sollen wiederum Lieferungen und Leistungen vorgetäuscht worden sein. Die Aktien der Sero Entsorgung AG wurden im April 1999 vom Neuen Markt der Frankfurter Wertpapierbörse zurückgezogen und notieren seitdem im Geregelten Markt.

48 Vgl. Geschäftsbericht der Sero Entsorgung AG 1999/2000

49 Vgl. Winkler, Gunnar, Sozialreport 1990

50 Vgl. BMFT, S. 418 ff.

51 Interview der Autorin mit dem letzten Generaldirektor des Kombinats SERO Hans-Joachim Schmidt im Februar 1999.

52 Vgl. Christoph Dowe, SERO – abgewickelt und vergessen?, a.a.O., S. 204. Auch die Düsseldorfer GMO Management Consulting GmbH stellt in ihrer Studie fest, daß Eigeninitiative und zielgerichtete Aktivitäten das Überleben von SERO hätten sichern können, zitiert in: BMFT, S. 5. Zu ähnlichen Ergebnissen kommt auch die Autorengruppe der Gesamthochschule Kassel, die 1992 für das BMFT eine Strukturanalyse des SERO-Systems vorlegte. Sie konstatiert, daß nach der Wende 1989 verschiedene Sanierungskonzepte zum Erhalt von SERO vorlagen und daß die darin enthaltenen Vorschläge bei einer ernsthaften Überprüfung zum Fortbestand des SERO-Systems in modifizierter Form hätten führen können. Vgl. BMFT, S. 465 f. Allerdings wird nicht weiter ausgeführt, wie eine entsprechende Modernisierung hätte aussehen können.

53 95,8 Prozent der Befragten waren der Auffassung, daß das SERO-Erfassungssystem (Annahmestellen, Wertstoffcontainer, Sammlungen) auch für die heutige Bundesrepublik ein Vorbild sein könnte. Vgl. BMFT, S. 454.

54 In Westdeutschland ist diese Art von Bringsystem weitgehend unbekannt.

55 Vgl. Gerd Appenzeller, Die Richter, der Müll und das Ökogewissen, in: Der Tagesspiegel, Berlin, vom 9. Mai 1998. Dieses Thema kann hier nur angerissen werden. Für weitere Informationen siehe Tina Emslander, Das duale Entsorgungssystem für Verpackungsabfall. Ein effizientes Regulierungsinstrument?, Wiesbaden 1995.

56 Aussage des ehemaligen Generaldirektors des Kombinates SERO Hans-Joachim Schmidt in einem Interview mit der Autorin im Februar 1999.

Weiterführende Literatur

Axel Billig, Umweltbewußtsein und Wertorientierung, in: Gerhard de Haan (Hg.), Umweltbewußtsein und Massenmedien. Perspektiven ökologischer Kommunikation, Berlin 1995, S. 87-101

Alexander Carius, Tilman Eichstädt, R. Andreas Kraemer, Die Deutsche Verpackungspolitik. Fallstudie für das Forschungsprojekt Instrufect: Effectiveness of Environmental Policy in the Field of Industry, Berlin 1998

Christoph Dowe, SERO – abgewickelt und vergessen?, in: Wolfgang Dümcke, Fritz Vilmar, (Hrsg.), Kolonialisierung der DDR. Kritische Analysen und Alternativen des Einigungsprozesses, Münster1996

Tina Emslander, Das duale Entsorgungssystem für Verpackungsabfall. Ein effizientes Regulierungsinstrument?, Wiesbaden 1995

Hanna Grieskes, Grüner Punkt unter Druck. Rot-Grün und EU-Kommission nehmen Monopolisten ins Visier; in: Die Welt, Berlin, vom 10. Oktober 1998

Gerhard de Haan, Ökologische Kommunikation. Der Stand der Debatte, in: ders. (Hg.), Umweltbewußtsein und Massenmedien, a.a.O., S. 17-34

Susanne Hartard, Michael Huhn, Strukturanalyse des SERO-Systems der DDR im Hinblick auf Effizienz und Eignung unter marktwirtschaftlichen Bedingungen, Kurzfassung, Bundesministerium für Forschung und Technologie, Forschungsbericht 148 06 87, Bonn 1992

Gideon Heimann, Die DASS wünscht sich volle Beutel, in: Der Tagesspiegel, Berlin, vom 3. Juli 1997

Udo Kuckartz, Umweltwissen, Umweltbewußtsein, Umweltverhalten. Der Stand der Umweltbewußtseinsforschung, in: Gerhard de Haan (Hg.), Umweltbewußtsein und Massenmedien, a.a.O., S. 71-85

OECD, Household Waste. Separate Collection and Recycling, Paris 1983

Susanne Rost, Für 20 Kilo Altpapier gibt es ein Plüschtier. In den 40 Annahmestellen für alte Zeitungen und Flaschen hat eine Idee aus DDR-Zeiten überlebt, in: Berliner Zeitung vom 30. Oktober 1998

Gunnar Winkler (Hg.), Sozialreport '90. Daten und Fakten zur sozialen Lage der DDR, Berlin 1990

Petra Junghans

Die Arbeitswelt als Lebenszentrum

Immer wieder ist darauf hingewiesen worden, daß der Betrieb, die Arbeitswelt in der DDR weit mehr als in der Altbundesrepublik als ein Lebensmittelpunkt betrachtet und als solcher auch vom Staat im Rahmen des Möglichen ausgestattet wurde. Was immer unterschlagen wird, wenn von der geringeren Rentabilität der DDR-Betriebe gesprochen wird: Diese resultierte nicht nur aus den weniger modernen technischen Ausrüstungen und Planungsfehlern, sondern auch aus den sozialen Aufgaben, die die DDR-Betriebe zu übernehmen hatten.

Heute fällt es angesichts der wirtschaftlichen Mißerfolge der DDR schwer, in diesem Bereich auf bedenkenswerte Elemente einer Humanisierung und Mitbestimmung zu verweisen. Eine genauere Analyse zeigt aber gleichwohl, daß in den Arbeitsbeziehungen, durch Arbeitsrecht und Einflußnahme auf wichtige Arbeitsbedingungen die Beschäftigten und ihre Gewerkschaften durchaus Partizipationsmöglichkeiten besaßen. In der DDR als einer »arbeiterlichen Gesellschaft« (Wolfgang Engler) waren die »Werktätigen« tatsächlich in einer starken, von der politischen Führung anerkannten und unterstützten, oft auch widerstrebend repektierten Rolle – zumindest was ihre sozialen Bedürfnisse betraf. Es gab immer wieder betriebliche Streikdrohungen gegen unzumutbar empfundene Vorgaben – die Führungskader taten alles, um es nicht zu der »Schande« kommen zu lassen, daß Arbeiter gegen ihren »sozialistischen« Arbeiterstaat streikten. Der 17. Juni 1953 durfte sich nie wiederholen!

Nicht zu übersehen ist trotzdem die Kluft zwischen den normativen Verlautbarungen und den realen Bedingungen. Petra Junghans demonstriert dies in einer Gegenüberstellung von gesetzlich fixierten Ansprüchen und den praktischen Erfahrungen. Dank ihrer relativ kurz nach der »Wende« durchgeführten repräsentativen Umfrage bei Ostberliner Arbeitern können wir anstelle der weitverbreiteten Vorurteile zum ersten Mal über ziemlich verläßliche Fakten verfügen, was die soziale Situation und Mitwirkung in ostdeutschen Betrieben betrifft. Ob-

wohl mit diesen Befragungsergebnissen durchaus nicht alle bedeutsamen Leistungen und Defizite der betrieblichen Sozialpolitik in der DDR zur Sprache kommen, fanden wir es wichtiger, genau diese empirisch gut belegten Problem- und Entscheidungsfelder zu dokumentieren. Trotz der bei Meinungsumfragen – zumal post festum – immer angebrachten Vorbehalte dürften hier wesentliche Tendenzen und damit auch Problemlagen hinreichend deutlich werden.

Das wird auch in den im Ergänzungsband vorliegenden Teilstudien deutlich, so am Beispiel des Arbeitsschutzes, wo die historische Entwicklung dieses Bereiches vorgeführt, Ansprüche wie Realitäten kritisch gegenübergestellt und zugleich auf bewahrenswerte Momente aufmerksam gemacht wird.

Viele Regelungen haben auch in der DDR zu heftigen (allerdings nur internen) Diskussionen geführt – von den Brigaden bis zu den Fachgremien. Das betrifft z. B. sowohl die für wirtschaftliche Effizienz problematische geringe Sanktionsmöglichkeit von Leitern gegenüber leistungsunwilligen Beschäftigten wie die ausufernden Subventionen für viele soziale Leistungen etwa des Feriendienstes. Diese Fragen aber nicht offen in der Gesellschaft diskutiert und ihre Lösung angegangen zu haben, das enthüllt das eigentliche Problem der DDR-Gesellschaft: Die fehlende demokratische Öffentlichkeit und Entscheidungsfindung. In vielen Fragen war demokratische Mitgestaltung gewünscht und wurde auch praktiziert. Gleichzeitig konnten aber jene Fragen nicht Gegenstand demokratischer Prozesse sein, die aus dem Verständnis der SED-Führung allein von ihr zu entscheiden waren, egal, ob es um Betriebspläne oder die Subventionspolitik ging.

Stefan Bollinger, Fritz Vilmar

Aufgrund mehrjähriger Studien der arbeitsrechtlichen Grundlagen einerseits und der ersten empirischen repräsentativen Befragung (1995) von ostdeutschen Arbeitern über ihre Mitbestimmungschancen andererseits möchte ich im folgenden die wichtigsten Ergebnisse zusammenfassen.
Sie widerlegen das weitverbreitete Vorurteil, daß die Arbeiter/innen und ihre Betriebsgewerkschaftsleitungen (BGL) in den DDR-

Betrieben keine sozialen und noch weniger Mitbestimmungsrechte gehabt (und auch wahrgenommen) hätten.[1] (Meine normativen und empirischen Befunde werden 2002 en detail als Dissertation im Fachbereich Politik- und Sozialwissenschaften der Freien Universität Berlin vorgelegt.)

Arbeitsrechtliche Grundlagen

Nach dem Grundverständnis des DDR Arbeitsrechts gehörte es zur Rechtspflicht sozialistischer Industriebetriebe, den Reproduktionsprozeß als Einheit von wissenschaftlich-technischer, ökonomischer und sozialer Funktion zu gestalten. Demgemäß ist die soziale Funktion der Betriebe arbeitsrechtlich fixiert worden:

»Die soziale Betreuung der Werktätigen ist Aufgabe der Betriebe. Sie ist gemeinsam mit der Betriebsgewerkschaftsleitung und den Leitungen anderer gesellschaftlicher Organisationen planmäßig entsprechend den sozialpolitischen Erfordernissen unter besondere Berücksichtigung der Schichtarbeiter, der Werktätigen mit mehreren Kindern, der Werktätigen im hohen Lebensalter und der Werktätigen mit geminderter Arbeitsfähigkeit zu verwirklichen. Dabei ist eng mit den örtlichen Volksvertretungen und deren Räten sowie mit anderen Betrieben zusammenzuarbeiten.«[2]

Die Arbeitswelt der DDR hat verschiedene Entwicklungsstadien durchlaufen. Insbesondere in der Mitte der siebziger Jahre sind von der SED Maßnahmen initiiert wurden, um die materielle Lage der Bevölkerung insgesamt, besonders aber die der Arbeiterschaft zu verbessern. Wesentlicher Zweck der betrieblichen Sozialpolitik war es, den Betrieb zu einem Mittelpunkt des Lebens für den Werktätigen zu machen.

In diesem Sinn hat der Gesetzgeber im sozialistischen Arbeitsrecht inhaltliche Schwerpunkte gesetzt. Das Arbeitsgesetzbuch (AGB) nennt in mehreren Kapiteln die zentralen Aufgaben der Betriebe in der sozialen Betreuung der Beschäftigten. Hier sind einmal gesetzliche Regelungen fixiert worden, die in direktem Zusammenhang mit der Arbeitswelt der Beschäftigten standen. Das betraf zum einen Fragen der Versorgung wie beispielsweise die Bereitstellung von Werksküchenessen, Konsumgütern und Dienstleistungen (§ 228 AGB) sowie die Errichtung sozialer und sanitärer Einrichtungen. Zum anderen beinhaltete die soziale Betreuung der

Beschäftigten auch Bestimmungen, die nur indirekt mit dem Arbeitsprozeß zu tun hatten. Zu nennen ist hier insbesondere die Pflicht der Betriebe, ein Erholungswesen aufzubauen (§ 231 AGB), die Beschäftigten bei der Wohnraumvergabe zu unterstützen (§ 232 AGB) und die Betreuung der Kinder von Betriebsangehörigen, insbesondere die Unterbringung ihrer Kinder in den staatlichen Kindereinrichtungen zu unterstützen (§ 233 AGB). Schließlich gehörten zu den gesetzlichen Rahmenbedingungen sozialer Fürsorge auch gesundheitspolitische Maßnahmen.

Ich werde auf einige betriebliche Sozialleistungen näher eingehen, da sie die Arbeitswelt der DDR maßgeblich prägten und den Kern der betrieblichen Sozialpolitik ausmachten.

a) Das Betriebsgesundheitswesen

nahm bis zuletzt in der DDR eine zentrale Stellung in der ambulanten Versorgung der Bevölkerung ein.[3] Den rechtlichen Regelungen zufolge oblagen dem Betriebsgesundheitswesen Aufgaben der medizinischen sowie der arbeitsmedizinischen Betreuung, der arbeitshygienischen Beratung, der allgemeinen Hygiene sowie der Gesundheitserziehung.[4] Ein wesentlicher Bestandteil in der flächendeckenden Tätigkeit des Betriebsgesundheitswesens bestand in der Durchführung der arbeitsmedizinischen Einstellungs- und Überwachungsuntersuchungen.

Der statistisch ausgewiesene kontinuierliche Rückgang der meldepflichtigen Arbeitsunfälle und anerkannten Berufskrankheiten wurde seitens der DDR als Beweis für die nachhaltige Verbesserung der Arbeitsbedingungen und die Leistungen des Betriebsgesundheitswesens angeführt.

Während die Arbeitsbedingungen in der Realität oft schlecht waren, dürfte das Betriebsgesundheitswesen mit den gesetzlich vorgeschriebenen Tauglichkeits- und Überwachungsuntersuchungen sowie anderen präventiven Maßnahmen zu diesem positiven Ergebnis maßgeblich beigetragen haben.

Zugleich wird eine zweite Seite deutlich: Seit Mitte der 80er Jahre wurden für die Hälfte der in Wiederholungsuntersuchungen einbezogenen Werktätigen ärztliche Interventionsmaßnahmen wirksam.[5]

b) Die Beschäftigungspolitik

Die Planwirtschaft hatte grundlegende Auswirkungen auf das Beschäftigungsverhältnis und die Funktion der Arbeit. Nach offizieller DDR-Ideologie war nur die sozialistische Planwirtschaft in der Lage, eine proportionale und krisenfreie Wirtschaftsentwicklung zu gewährleisten, in der die »Sorge um den Arbeitsplatz der Vergangenheit angehörte«. Bei zunächst ähnlicher Ausgangslage in der Nachkriegszeit haben Arbeitsmarkt- und Beschäftigungspolitik in der SBZ und später in der DDR eine Entwicklung eingeschlagen, die sich grundlegend von der der Bundesrepublik unterschied.

Mit Beginn der 50er Jahre wurde in der DDR von einem ständig steigenden Wachstum an Arbeitskräften ausgegangen. Das avisierte Wirtschaftswachstum konnte weitgehend nur durch den zusätzlichen Einsatz von Arbeitskräften, bestenfalls durch die Intensivierung der Produktion erreicht werden.

Spätestens seit Mitte der 50er Jahre gehörte es zum wesentlichen Ziel der Beschäftigungspolitik, alle Personen im erwerbsfähigen Alter in den Produktionsprozeß zu integrieren. Dazu ist seit dem Bestehen der DDR ein System der Arbeitskräfteplanung und -lenkung aufgebaut worden. Mittels Berufsberatung, administrativer Methoden sowie ökonomischer und moralischer Anreize wurde versucht, die Arbeitskräftelenkung zu steuern.

Bei Kündigungen und Entlassungen hat der Gesetzgeber den betrieblichen Gewerkschaftsleitungen ein echtes Mitbestimmungsrecht eingeräumt. Jede vom Betrieb ausgesprochene fristgemäße Kündigung bzw. fristlose Entlassung bedurfte der vorherigen Zustimmung durch die BGL (§§ 54-57 AGB, 1978, S. 21 f.).

c) Das betriebliche Erholungswesen

Als eine der größten sozialen Errungenschaften galt in der DDR der Feriendienst der Gewerkschaften.

Parallel zum FDGB-Feriendienst erhielten 1953 die Betriebe die Befugnis, eigene Möglichkeiten der Erholung für ihre Belegschaftsmitglieder und deren Familienangehörige zu schaffen.

1986 sind 3.085.937 betriebsinterne Urlaubsplätze gemeldet worden.[6]

Der FDGB-Feriendienst erforderte erhebliche staatliche Subventionen. Nur auf diese Weise war realisierbar, daß der Urlauber im Durchschnitt lediglich 25 Prozent der tatsächlichen Kosten eines Ferienaufenthaltes zu tragen hatte.[7]

Wenngleich in der DDR große Anstrengungen unternommen wurden, den Feriendienst des FDGB Schritt für Schritt auszubauen und möglichst allen Beschäftigten einen FDGB-Ferienplatz anzubieten, hat es eine Differenz zwischen dem wachsenden Erholungsbedarf und den tatsächlich zur Verfügung stehenden Ferienplätzen gegeben.

Die Nachfrage nach Urlaubsreisen in bestimmte Erholungsgebiete konnte vor allem in den klassischen Urlaubsmonaten nicht gedeckt werden.

Eingeschlossen in das betriebliche Erholungswesen war die Aufgabe der Betriebe, den Kindern ihrer Werktätigen eine erholsame Feriengestaltung in Betriebsferienlagern oder durch andere Formen der Kinder-Ferienerholung zu sichern.[8] (§ 234 (1) AGB) Entsprechend dieser Maßgabe gehörte es zur Aufgabe der Betriebsleiter, für die jährliche Feriengestaltung im Rahmen des Planes die materiellen, finanziellen und personellen Voraussetzungen abzusichern. Die gewerkschaftlichen Interessenvertretungsorgane hatten die Aufgabe, die Teilnahme der Kinder an den Betriebskinderferienlagern zu organisieren.

d) Unterstützung bei der Wohnraumversorgung

hat in der betrieblichen Sozialpolitik eine große Rolle gespielt. Nach der Rechtsprechung stand dem Staat das alleinige Recht der Vergabe von Wohnraum zu. Die Verteilung des vorhandenen Wohnraumes war in der DDR ein Hauptproblem.[9]

Den Räten der Städte, Stadtbezirke und Gemeinden wurde die Auflage erteilt, bei der Lösung von Wohnungsproblemen eng mit den Betrieben zusammenzuarbeiten Einzelne Betriebe haben, je nach ihrem Stellenwert in der Volkswirtschaft, durch Zuweisung über die örtlichen Räte Werkswohnungen erhalten. Wirtschaftseinheiten, die über werkseigene Wohnungen verfügten, konnten selbst Aufgaben der »Wohnraumlenkung« wahrnehmen und dementsprechend Beschäftigte mit Wohnraum versorgen.

Bei der Vergabe von Wohnraum hat der Gesetzgeber sowohl die Betriebsleitung als auch die örtlichen Räte dazu verpflichtet, mit der BGL zusammenzuarbeiten. Insbesondere galt es, die gewerkschaftlichen Wohnungskommissionen in den Betrieben bei der Aufstellung von »Wohnraumvergabeplänen« einzubeziehen. Den Kommissionen stand das Recht zu, Vorschläge für eine zweckmäßige Nutzung und gerechte Verteilung von Wohnraum zu unterbreiten und die Wohnraumvergabe zu kontrollieren. Darüber hinaus oblag den BGLen in Betrieben mit eigenen Werkswohnungen das Zustimmungsrecht über die im »Wohnraumvergabeplan« gesetzten Prioritäten.[10]

e) Die berufliche und soziale Förderung der Frauen

Die Familie, insbesondere die erwerbstätige Frau nahm in der Sozial- und Gesellschaftspolitik der DDR von Beginn an eine sehr wesentliche Stellung ein. Bereits in den 50er Jahren lief in der DDR eine Gleichstellungskampagne, die auf die Gleichberechtigung von Mann und Frau abzielte. Dabei spielte auch der Gedanke eine Rolle, daß das Wirtschaftssystem auf jede Arbeitskraft angewiesen war. Gleichzeitig sollte das Klischee, daß Frauen sich ausschließlich der Familie widmen müssen, überwunden werden.

Zugleich hatte der Staat ein Interesse an einer hohen Geburtenrate. So entstand ein ständiger Zielkonflikt zwischen der staatlich geforderten und geförderten Erwerbstätigkeit von Frauen und dem ranggleichen gesellschaftspolitischen Anliegen, eine Erhöhung der Geburtenrate zu erreichen.

Um Müttern die weitere Erwerbstätigkeit zu ermöglichen, wurden vor allem Kindergarten- und Kinderkrippenplätze eingerichtet.[11] Das Vorhandensein von Kinderbetreuungseinrichtungen erleichterte nicht nur die Berufstätigkeit von Müttern, sondern stellte zugleich eine erhebliche finanzielle Entlastung dar, zumal die Erziehung und Betreuung in den Kindereinrichtungen kostenlos war. Die Eltern hatten lediglich einen Kostenanteil an der Kinderspeisung zu tragen.[12]

f) Arbeitsgerichtsbarkeit

Zur Beilegung von Arbeitsstreitigkeiten wurden in der DDR primär Konfliktkommissionen eingesetzt. Von den staatlichen Gerichten haben sie sich dadurch unterschieden, daß die Rechtsprechung ausschließlich von den Werktätigen der Betriebe vorgenommen wurde. Nach dem Gesetz waren die Konfliktkommissionen gesellschaftliche Gerichte, die bei mehr als 50 ständig Beschäftigten gebildet werden konnten. Die Mitgliederzahl wurde 1988 mit 255 074 beziffert.[13]

In die Konfliktkommissionen sollten insbesondere Werktätige vorgeschlagen und gewählt werden, die in ihrer Arbeit sowie im gesellschaftlichen und persönlichen Verhalten Vorbild waren, das Vertrauen der Betriebsangehörigen besaßen und mindestens das 18. Lebensjahr vollendet hatten.[14]

Prinzipiell hat die Konfliktkommission nur über Vergehen entschieden, wenn »im Hinblick auf die eingetretenen Folgen und die Schuld des Bürgers die Handlung nicht erheblich gesellschaftswidrig (war) und unter Berücksichtigung der Tat und der Persönlichkeit des Bürgers eine wirksame erzieherische Einwirkung« erwartet werden konnte. Die Behandlung eines Vergehens wurde diesen Kommissionen durch das Gericht bzw. den Staatsanwalt nur dann übergeben, wenn ein vollständig aufgeklärter Sachverhalt vorlag.[15] Bei nachgewiesener Rechtsverletzung konnte, je nach Schwere der Tat, dem Bürger auferlegt werden: sich bei dem Geschädigten zu entschuldigen, Schadenersatz zu leisten, den Schaden durch unbezahlte gemeinnützige Arbeit wiedergutzumachen oder eine Geldbuße zu zahlen.[16]

Nach der bestehenden Gesetzeslage entschieden die Konfliktkommissionen in Arbeitsrechtsstreitigkeiten bei Vergehen am Arbeitsplatz sowie bei der Begründung, Änderung und Beendigung eines Arbeitsverhältnisses, der leistungsgerechten und tariflich korrekten Entlohnung, bei Prämienansprüchen, Arbeitszeit und Urlaub, bei Problemen der Aus- und Weiterbildung, Fragen des Gesundheits- und Arbeitschutzes, der sozialen Betreuung der Beschäftigten und Schadenersatzfragen.[17]

Mitwirkung und Mitbestimmung in DDR-Betrieben

Nachdem im vorangegangenen Kapitel wesentliche normative Grundlagen dargestellt wurden, die in der Arbeitswelt der DDR eine zentrale Rolle spielten, seien im folgenden einige Ergebnisse aus einer empirischen Erhebung vorgestellt, die ich 1995, also fünf Jahre nach der Wende, in Industriebetrieben Ost-Berlins durchgeführt habe.[18]

Es gingt um die Frage, in welchem Maße die Betriebsgewerkschaftsleitungen (BGL) als Interessenvertretungsorgane der Beschäftigten aufgetreten sind und der gesetzliche und politische Anspruch, Träger der betrieblichen Sozialpolitik zu sein, realisiert werden konnte.

Wie haben die Befragten rückblickend die Arbeitswelt in der ehemaligen DDR beurteilt?

Erholungswesen; Kindergärten; Wohnungen

Die zentrale Rolle der Arbeitswelt im Leben der Menschen in der DDR wird nicht zuletzt durch Lebenshilfen dokumentiert, die von der BGL für die Beschäftigten organisiert wurden. Unter anderem wird durch das empirische Datenmaterial bestätigt, daß die BGL stark im betrieblichen Erholungswesen engagiert waren. Daß ihr die Entscheidung über die Vergabe von Ferienplätzen oblag, zeigt Abbildung 1. Mehr als drei Viertel der befragten Arbeiter, Angestellten und Leiter bekundeten, dies sei ein Hauptaspekt in der Gewerkschaftsarbeit gewesen. Offensichtlich wurde von den Befragten in dieser Frage einerseits in starkem Maße honoriert, daß die Vergabe von Urlaubsreisen fest in den Händen des FDGB lag und das betriebliche Erholungswesen vollständig in den sozialen Kompetenzbereich der BGL fiel. Die Befragten haben offensichtlich an-

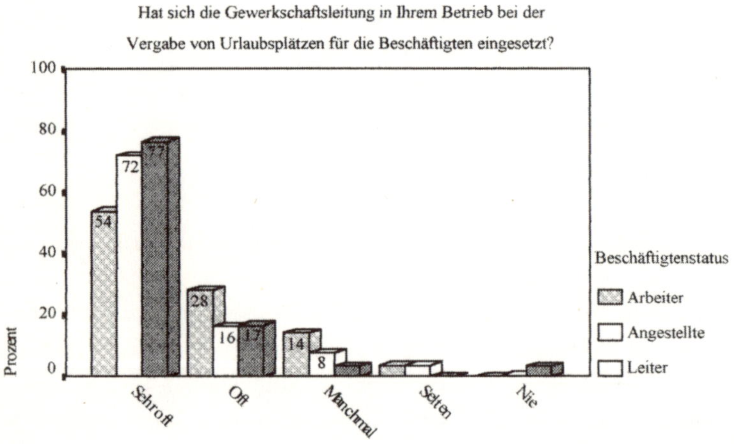

Ist die Gewerkschaftsleitung in Ihrem Betrieb bei der Vergabe von Kinderferienplätzen im Interesse der Beschäftigten tätig geworden?

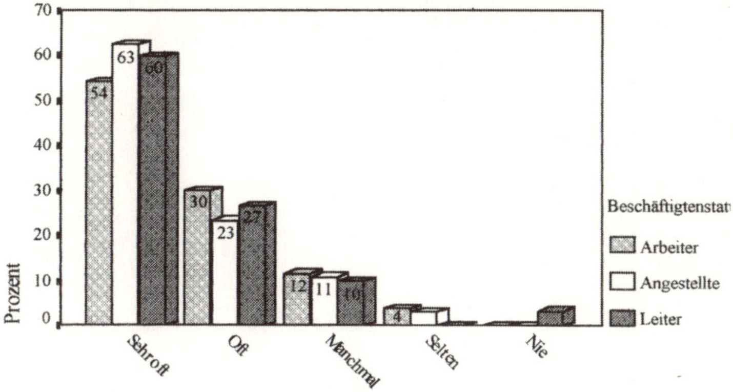

erkannt, daß die BGL im Interesse der Betriebsbelegschaft aktiv geworden ist.

Als ein markantes Merkmal gewerkschaftlicher Interessenvertretung wurde von den Probanden auch die Feriengestaltung für die Kinder von Betriebsangehörigen hervorgehoben. Das Engagement der BGL wurde bei der Organisation von Kinderferienlagern außerordentlich hoch eingestuft: 84,0 Prozent der Arbeiter, 86,0 Prozent der Angestellten und 87,0 Prozent der Leiter empfanden, daß die BGL bei der Vergabe von Kinderferienplätzen *sehr oft/oft* zentrale Ansprechpartner waren und hier ein Hauptbetätigungsfeld der Gewerkschaftsarbeit lag.

Wie bereits dargestellt, war die Familie, insbesondere die erwerbstätige Frau, von Anfang an in die betriebliche Sozialpolitik der DDR eingebunden. Den Betrieben hat der Gesetzgeber mit der Vorgabe, die Betriebsangehörigen bei der Aufnahme ihrer Kinder in staatlichen Kindereinrichtungen zu unterstützen, eine zentrale sozialpolitische Funktion zugesprochen. Die Befragten haben die gewerkschaftliche Interessenvertretung in dieser Frage außerordentlich hoch eingestuft. Obgleich die staatlichen Kindereinrichtungen in der DDR auch ideologisch geprägt waren, gaben die Probanden zur Einsatzbereitschaft der BGL bei der Vergabe von Kinderkrippen- und Kindergartenplätzen ein überwiegend positives Urteil ab. Etwa zwei Drittel der Arbeiter, Angestellten und Leiter gaben an, daß die Betriebsgewerkschaftsleitungen auf die Vergabe von Kinderkrippen-

Hat sich die Gewerkschaftsleitung in Ihrem Betrieb bei der Vergabe von Kinderkrippen- und Kindergartenplätzen für die Beschäftigten eingesetzt?

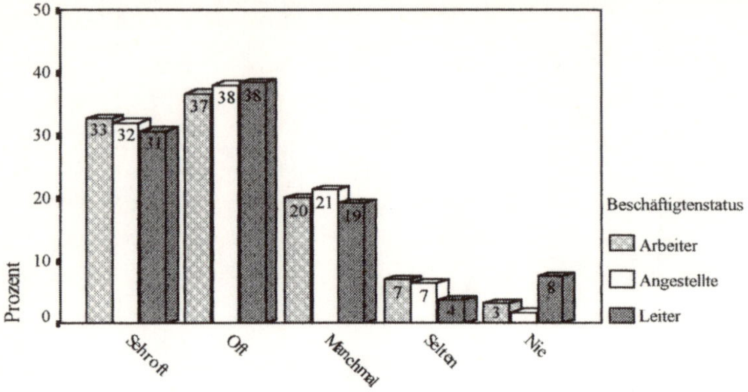

bzw. Kindergartenplätzen häufig eingewirkt haben. Dieses Ergebnis ist vor allem deshalb bemerkenswert, weil in erster Linie die Räte der Städte, Stadtbezirke und Gemeinden damit beauftragt waren, Kinder in staatliche Betreuungsstätten aufzunehmen.

Wohnraumfragen

Unter den Bedingungen einer zentral reglementierten Wohnungspolitik, in dem der Staat quasi das alleinige Recht der Vergabe von Wohnraum besaß, zeigt die Abbildung, in welchem Maße die Betriebsgewerkschaftsleitungen von ihrem Recht Gebrauch gemacht haben, Betriebsangehörige bei der Wohnraumsuche zu unterstützen.

Hat sich die Gewerkschaftsleitung in Ihrem Betrieb bei der Wohnraumbeschaffung für die Beschäftigten eingesetzt?

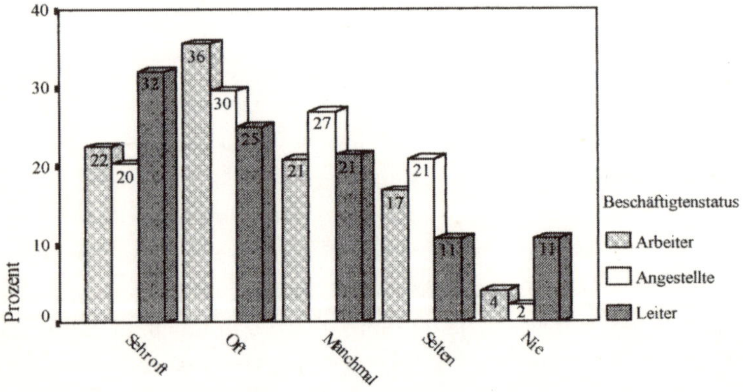

Gut die Hälfte der Arbeiter, Angestellten und Leiter äußerte, daß die gewerkschaftlichen Interessenvertretungsorgane vielfach auf die Lösung von Wohnraumfragen Einfluß genommen haben. Zugleich verweisen die empirischen Befunde auch auf Mängel in der Versorgung der Betriebsangehörigen mit Wohnraum. Knapp die andere Hälfte der Befragten widersprach der positiven Meinungsäußerung und betonte, hier habe die BGL nur sporadisch bzw. überhaupt nicht aktiv eingegriffen.

Sicherung stabiler Arbeitsverhältnisse

Eine zentrale Komponente in der Gesellschaftspolitik der DDR war zweifelsohne die Absicherung stabiler Arbeitsverhältnisse, in denen Fluktuationen weitgehend ausgeschlossen waren. Die Ergebnisse meiner Erhebung reflektieren in starkem Maße den Inhalt dieser Politik. Etwa drei Viertel der Arbeiter, Angestellten und Leiter unterstützten die Aussage, Kündigungen und Entlassungen habe es in den Betrieben *selten/nie* gegeben. Im Vergleich zu den Leitern gab aber immerhin rund ein Viertel der Arbeiter und Angestellten an, daß Arbeitsverhältnisse gelegentlich durch den Betrieb aufgehoben worden sind.

Die Tabelle informiert darüber, in welchen Fällen die Betriebsleitung Kündigungen/Entlassungen vorgenommen hat. Augenscheinlich ist, Arbeitsverhältnisse wurden nur dann beendet, wenn in extremer Form eine Verletzung der Arbeitspflichten vorlag.

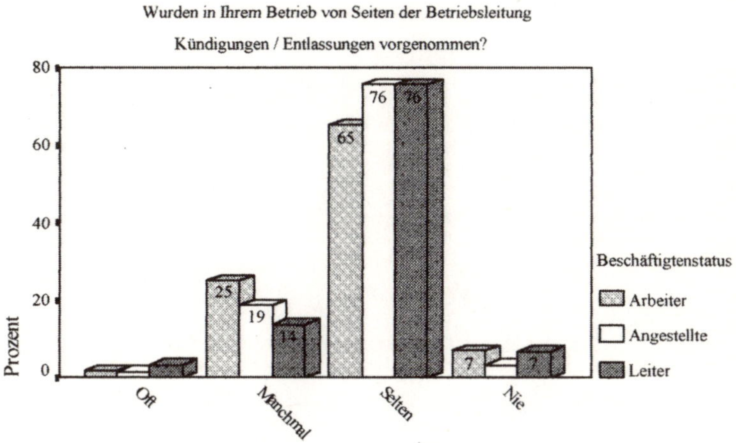

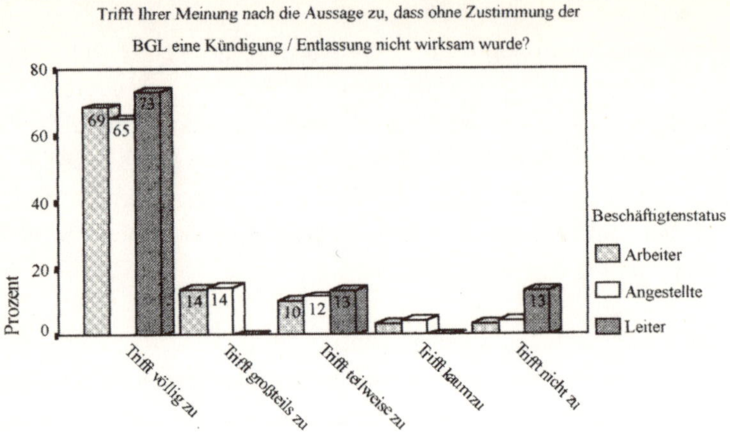

46,0 Prozent der aufgeführten Kündigungs- bzw. Entlassungsgründe fallen auf »häufiges unentschuldigtes Fehlen« und 37,0 Prozent auf die Kategorie »Alkoholmißbrauch am Arbeitsplatz«. Die hier gemachten Angaben sind die ausschlaggebenden Kriterien für betriebliche Kündigungen und Entlassungen gewesen. Ein kleiner Teil gab als Kündigungs- bzw. Entlassungsgrund »kriminelle Handlungen« (12,0 Prozent) und »asoziales Verhalten« (3,0 Prozent) an. Kaum eine Rolle spielten Kündigungen bzw. Entlassungen, die wegen fachlicher Inkompetenz bzw. bei Nichteignung des Beschäftigten aufgrund der im Arbeitsvertrag vereinbarten Arbeitsaufgabe ausgesprochen wurden (1,0 Prozent).

Die Einflußnahme der gewerkschaftlichen Interessenvertretungsorgane bei Kündigungen/Entlassungen wurde von den Befragten außerordentlich hoch eingestuft. Wie Abbildung 4 zeigt, stimmten etwa drei Viertel der Arbeiter, Angestellten und Leiter völlig bzw. größtenteils der Aussage zu, ohne Zustimmung der BGL seien Kündigungen/Entlassungen nicht wirksam geworden. Nur wenige sind von dieser Meinung abgewichen. Daher kann zu Recht gesagt werden: Das Mitbestimmungsrecht der BGL ist bei betrieblichen Kündigungen und Entlassungen hochgradig zur Anwendung gekommen.

Mitbestimmung bei der Vergabe von Prämien

Die Festlegung der Löhne und Gehälter wurde in der DDR bekanntlich zentral – als Teil der volkswirtschaftlichen Planung – bestimmt. Daraus wurde der unzutreffende Schluß gezogen, die Ge-

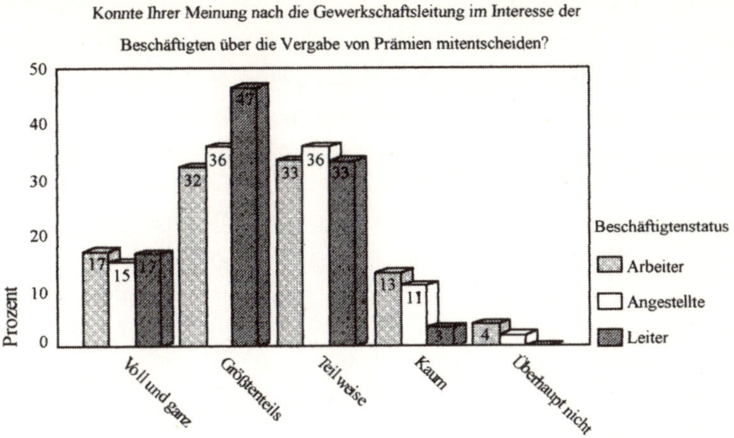

werkschaften hätten in der Einkommenspolitik keine Rolle gespielt. Die BGL bestimmten mit bei der Eingruppierung der Beschäftigten in Lohn- und Gehaltsgruppen und der Bewilligung von Erschwerniszuschlägen; außerdem haben die gewerkschaftlichen Interessenvertretungsorgane nach Meinung vieler Beschäftigter eine wichtige Funktion bei der Vergabe von Prämien gehabt.

Fast die Hälfte der Arbeiter (49,0 Prozent), über die Hälfte der Angestellten (51,0 Prozent) und sogar fast zwei Drittel der Leiter (64,0 Prozent) gaben an, daß das gesetzlich verankerte Mitbestimmungsrecht der BGL bei der Gewährung von Prämien voll und ganz bzw. größtenteils zur Anwendung kam.

Die andere Hälfte der Arbeiter und Angestellten und etwa ein Viertel der Leiter bekundete dagegen, daß die BGL nur in geringem Maße über die Vergabe von Prämien mitentscheiden konnte. Leiter bejahten grundsätzlich eher als Angestellte und Arbeiter die Mitentscheidungsbefugnis der BGL bei Prämierungen. Insgesamt macht die vorliegende Bilanz aber deutlich, daß bei der Gewährung von Prämien zwischen dem gesetzlich verankerten Mitbestimmungsrecht der Betriebsgewerkschaftsleitungen und dessen praktischer Umsetzung eine Diskrepanz bestand.

Unzureichende Verbesserung der Arbeitsbedingungen

Während die Befragten die bisher angeführten Komponenten einer betrieblichen Soziapolitik positiv bewertet haben und die gewerkschaftliche Mitbestimmung in starkem Maße bejahten, trifft dies nur bedingt auf den Gesundheits- und Arbeitsschutz zu. Wenngleich dem Betriebsgesundheitswesen eine zentrale Rolle bei der Zurückdrängung von Gesundheitsgefährdungen zugesprochen wurde, konnten wesentliche Ursachen gesundheitsbelastender Arbeitsbedingungen nicht beseitigt werden.

Es läßt sich feststellen, daß Arbeiter ihre Arbeitssituation deutlich schlechter einschätzten als Angestellte und Leiter: 42,0 Prozent verwiesen auf die Existenz *sehr vieler/vieler* Arbeitsplätze mit erschwerten Arbeitsbedingungen. Dagegen stellten rund drei Viertel der Angestellten und Leiter fest, Tätigkeiten, die unter erschwerten Bedingungen zu verrichten waren, habe es einige bzw. in sehr geringem Umfang gegeben. Im Vergleich zur Arbeiterschaft machte nur eine verschwindend geringe Minderheit der Angestellten und Leiter auf häufig auftretende Arbeitserschwernisse aufmerksam.

Die folgende Befragung förderte Erkenntnisse über einzelne Arbeitserschwernisse, die in den Arbeitsbereichen aufgetreten sind, zutage: Über zwei Drittel der Angaben (69,0 Prozent) beziehen sich auf den Umgang mit Schadstoffen in Form von chemischen Substanzen, Stäuben und Dämpfen sowie auf Lärm. Von den aufgeführten Gründen, die als Ursachen für erschwerte Arbeitsbedingungen genannt wurden, entfallen weniger als ein Viertel auf die Ausübung körperlich schwerer Tätigkeiten, den unzureichenden Entwicklungsstand technologischer Arbeitserleichterungen sowie das Auftreten starker Hitzeeinwirkungen.

Die *Kenntnis* schlechter Arbeitsbedingungen in den einzelnen Arbeitsbereichen führte jedoch nicht generell zur Beseitigung von Arbeitserschwernissen.

Die Befragung ergab hier auffallend negative Wertungen: Mehr als drei Viertel der Arbeiter, weit über zwei Drittel der Angestellten und über die Hälfte der Leiter schätzten ein, daß in den Arbeitsbereichen nur wenige bzw. gar keine Arbeitsplätze mit Arbeitserschwernissen abgebaut wurden. Allerdings haben die Leiter wie auch die Angestellten im Vergleich zu den Arbeitern eine etwas positivere Einschätzung vorgenommen. Immerhin brachten 28,0 Prozent der Leiter und 10,0 Prozent der Angestellten zum Ausdruck, daß alle bzw. fast alle Arbeitserschwernisse beseitigt werden konnten.

Spezielle Nachfragen ergaben Aufschluß über die Gründe für den Nichtabbau der Arbeitsplätze mit erschwerten Arbeitsbedingungen. Als ein Hauptproblem stellt sich dabei vor allem das Fehlen von Geräten und Ausrüstungen heraus. Hervorgehoben wurde fast ebenso stark der vollständig bzw. größtenteils veraltete Bestand an Maschinen und Anlagen: Fast drei Viertel der Arbeiter und Leiter sowie über die Hälfte der Angestellten führten die existierenden Arbeitserschwernisse auf einen veralteten Maschinenpark zurück. Etwa die Hälfte der Arbeiter und Angestellten glaubte außerdem, daß dem Betrieb gänzlich bzw. größtenteils die finanziellen Mittel zum Abbau erschwerter Arbeitsbedingungen fehlten.

Dem konnte jedoch nur ein Viertel der Leiter zustimmen. Gleichfalls unterstrichen Arbeiter stärker als Angestellte und Leiter die Bedeutung von Sondergenehmigungen, mit denen die Arbeit an Betriebsanlagen und -einrichtungen trotz bestehender Arbeitsbelastungen aufrechterhalten wurden.

Keine Mitbestimmung bei der Plandiskussion

Die negativen Erfahrungen, die die Befragten zur Sicherung des Gesundheits- und Arbeitsschutzes äußerten, zeigten sich auch in den Befragungsergebnissen zur Plandiskussion. Die Beteiligung daran wurde von den Befragten als ein weitgehend formaler Akt empfunden: Etwa zwei Drittel der Arbeiter und Angestellten stellten fest, es treffe völlig bzw. großenteils zu, daß die BGL bei der Plandiskussion nur formell gefragt war. Zu berücksichtigen ist allerdings die abweichende Meinung der Leiter, die immerhin fast zur Hälfte (46,0 Prozent) die Ansicht vertraten, die BGL sei mehr auch real beteiligt gewesen.

Die Diskussion über die betriebliche Planaufstellung und -erfüllung trug den Charakter eines Abstimmungsprozesses zwischen den zentralen Planungsorganen einerseits und den Leitungen der volkseigenen Betriebe andererseits, bei der es im wesentlichen darum ging, die vorgegebenen Plandaten zu bestätigen und zu überbieten. Die Aussprache über den Planentwurf des Betriebes, die von ihrem Anspruch her den Beschäftigten sowie den gewerkschaftlichen Interessenvertretungsorganen die Möglichkeit einräumen sollte, selbst über den Einsatz der »Produktionsmittel« zu entscheiden, reduzierte sich auf die Diskussion über das »Wie« der Erfüllung vorgegebener Plandaten.

Es galt, die Beschäftigten in der Plandiskussion auf die staatlichen Planziele einzuschwören und ihre Kenntnisse und Erfahrungen für die Erschließung vorhandener Reserven zur Umsetzung der staatlichen Plandaten zu nutzen. Weit mehr als drei Viertel der befragten Arbeiter, Angestellten und Leiter konstatierten, daß im Zentrum der Plandiskussion die Sicherung und Überbietung der auf zentraler Ebene nominierten Zuwachsraten stand.

Resümee

Im politischen System der DDR hat die betriebliche Sozialpolitik eine zentrale Stellung eingenommen. Wenngleich vom Gesetzgeber die Unternehmensleitungen bei der Umsetzung sozialer Angelegenheiten stark in die Rechtspflicht genommen wurden, haben die Betriebsgewerkschaftsleitungen in dieser Frage eine besondere Verantwortung getragen, denn die soziale Betreuung der Belegschaft galt als »ein Hauptfeld gewerkschaftlicher Interessenvertretung, weil eine ihrer wesentlichen Seiten darin (bestand), die soziale Funktion des Betriebes zu realisieren«.[19] Die soziale Fürsorge der Beschäftigten in den Betrieben war sehr umfassend und breit angelegt. Zu den Komponenten eines umfassenden Spektrums betrieblicher Sozialfürsorge gehörte die schrittweise Herausbildung des Betriebsgesundheitswesens, der kontinuierliche Aufbau eines Erholungswesens, die Betreuung der Kinder von Betriebsangehörigen in staatlichen Kindereinrichtungen sowie die Unterstützung der Beschäftigten mit Wohnraum. Nicht zuletzt bedeutete betriebliche Sozialpolitik die Sicherung des Arbeitsplatzes bei der Durchführung von Rationalisierungsmaßnahmen oder auch bei persönlichen Defiziten.

Die empirischen Ergebnisse der 1995 in Ost-Berliner Industriebetrieben durchgeführten Befragung kennzeichnet insbesondere den Stellenwert der Gewerkschaften des FDGB als »sozialen Integrationsfaktor« im politischen System der DDR. Sie trugen die Hauptverantwortung in der sozialen Betreuung der Beschäftigten.

Bei der Beschaffung von Wohnraum – sicherlich dem schwierigsten Problem – ist die gewerkschaftliche Interessenvertretung am schlechtesten ausgefallen. Sie wurde von etwa einer Hälfte der Arbeiter, Angestellten und Leiter befürwortet. Die andere Hälfte stand dem ablehnend gegenüber.

Die Beschäftigungspolitik in der DDR war von dem Anliegen geprägt, beständige Stammbelegschaften herauszubilden und Fluktuationen weitgehend auszuschließen. Arbeiter, Angestellte und Leiter brachten pointiert zum Ausdruck, daß Kündigungen bzw. Entlassungen äußerst selten bzw. nie vorgenommen wurden. Offensichtlich ist, daß Arbeitsverhältnisse nur dann aufgelöst wurden, wenn eine extreme Verletzung arbeitsrechtlicher Pflichten vorlag. Als schwerwiegende Kündigungs- bzw. Entlassungsgründe wurden vor allem häufiges unentschuldigtes Fehlen, Alkoholmißbrauch am Arbeitsplatz sowie kriminelle Handlungen genannt.

Der Einfluß der gewerkschaftlichen Interessenvertretungsorgane auf betriebliche Kündigungen bzw. fristlose Entlassungen wurde von den Probanden hoch eingestuft. Einhellig vertraten nahezu drei Viertel der Arbeiter, Angestellten und Leiter die Meinung, es treffe *völlig/größtenteils* zu, daß es ohne Zustimmung der BGL keine Kündigungen/Entlassungen gegeben habe.

Die Aufgabe, die Ursachen gesundheitsgefährdender Arbeitsbedingungen weitgehend zu beseitigen, ließ sich nicht realisieren; von den Befragten liegt hier eine explizit negative Wertung vor. Mehr als drei Viertel der Arbeiter, weit über zwei Drittel der Angestellten und über die Hälfte der Leiter konstatierten, daß nur wenige bzw. keine Arbeitsplätze mit erschwerten Arbeitsbedingungen beseitigt wurden. Hinsichtlich der wirtschaftlichen Mitbestimmung ergab die Befragung, daß in einem nicht unwichtigen Sektor der realsozialistischen Einkommenspolitik: bei der Vergabe der Prämien, die BGL offenbar einen erheblichen Einfluß geltend machte. Dagegen hat sich die herrschende systemkritische Ansicht bestätigt, daß die Mitbestimmung oder Mitwirkung der Beschäftigten bzw. ihrer betrieblichen Interessenorganisation bei der unternehmerischen Planung als sehr gering eingeschätzt wurde.

1 Vgl. problematisierend dazu: Martin Kohli, Die DDR als Arbeitsgesellschaft? Arbeit, Lebenslauf und soziale Differenzierung, in Hartmut Kaelble u.a. (Hrsg.), Sozialgeschichte der DDR, Stuttgart 1994, S. 31-62

2 Arbeitsgesetzbuch der DDR, Berlin 1978, S. 58 – § 227.

3 In den 122 Betriebspolikliniken, 306 Betriebsambulatorien, 1.683 Arzt- und Schwestersanitätsstellen waren 1988 rd. 18.000 Personen beschäftigt. Ein Betriebsbereichsarzt hatte durchschnittlich 3.100 Werktätige zu versorgen. Etwa 72,0 Prozent aller Werktätigen wurden betriebsärztlich betreut; davon 23,8 Prozent in kommunalen Gesundheitseinrichtungen; 1970 waren durch das Betriebsgesundheitswesen erst 56,4 Prozent der Werktätigen erfaßt worden. Vgl. Institut für Medizinische Statistik und Datenverarbeitung, Berlin 1989, S. 248.

4 Siehe Verordnung über das Betriebsgesundheitswesen und die Arbeitshygieneinspektion, in: Gesetzblatt der Deutschen Demokratischen Republik, Berlin 1978, (im weiteren Gbl.), Teil I, Nr. 4, S. 61-68. Angesichts des hohen Aufwandes, den diese Untersuchungen mit sich brachten, gab es immer wieder Diskussionen über die Effizienz derart breit angelegter Untersuchungsmaßnahmen. Die Einrichtungen des Betriebsgesundheitswesens führten seit Mitte der 70er Jahre jährlich annähernd 900.000 gesetzliche Überwachungs- sowie 300.000 Einstellungsuntersuchungen durch. 1988 entfielen auf das Betriebsgesundheitswesen insgesamt 1.235.088 Tauglichkeits- und Kontrolluntersuchungen. Vgl. Statist. Jahrbuch der DDR 1990, S. 385. Gunnar Winkler (Hrsg.), DDR-Sozialreport, Berlin 1990, S. 100.

5 Ebd., S. 100. Dabei muß allerdings konstatiert werden, daß die durch schlechte Arbeitsbedingungen verursachten Berufskrankheiten nicht wirksam angegangen und soziale Belastungen der Werktätigen nicht vermieden werden konnten.

6 Die Zahl der vom gewerkschaftlichen Feriendienst organisierten längeren Erholungsreisen stieg von 17.500 (1947) auf 1.036.443 im Jahre 1960. Anfang der sechziger Jahre verfügte der FDGB bereits über 477 eigene Heime. (Siehe K. Oeser, G. Wagner, Urlaubszeit und Ferienschecks, Berlin 1964, S. 6.) Zwischen 1975 und 1986 stieg die Zahl der Erholungsaufenthalte von 1.446.853 auf 1.863.902.

7 Siehe Günter Manz, Gunnar Winkler, Sozialpolitik, a.a.O., S. 223 ff.

8 Ebd., S.220. Nach offiziellen statistischen Angaben errichteten die Betriebe in der DDR bereits 1951 2.017 Kinderferienlager, in denen 237.631 Kinder Aufnahme fanden. 1988 haben etwa 1,3 Millionen Kinder an Kinderferienlagern teilgenommen

9 Verordnung über die Lenkung des Wohnraumes – WLVO – vom 16. Oktober 1985, In: Gbl., Teil I, Nr. 27/1985, S. 302 § 4 (1).

10 Bis weit in die Mitte der 60er Jahre hinein wurde der Wohnungsbau zugunsten der Realisierung von industriellen Investitionsvorhaben stark vernachlässigt. Betrugen die für den Wohnungsbau aufgewendeten Mittel 1955 21,8 Prozent der volkswirtschaftlichen Investitionen, so sank dieser Anteil danach kontinuierlich auf 11,7 Prozent im Jahre 1970 ab. Die Konzentration der Aufbaumaßnahmen in den produzierenden Bereichen sowie der Leistungsrückstand der DDR-Bauwirtschaft hatte zur Folge, daß die Bauleistungen nicht ausreichten, um den Wohnungsbedarf der Bevölkerung abzudecken und die Substanz des vorhandenen Wohnungsbestandes zu erhalten. Vgl.Verordnung über die Lenkung des Wohnraumes, § 10. Für die Zuweisung von Wohnraum waren die Betriebe da-

zu aufgefordert, sog. »Wohnraumvergabepläne« zu erarbeiten, bei denen solche »Dringlichkeitskriterien« eine Rolle spielten wie: die derzeitigen Wohnverhältnisse, die Familiengröße sowie die sozialen Bedingungen, die Wartezeit des Antragstellers, die Arbeitsleistungen, gesellschaftliche Aktivitäten und die Dauer der Betriebszugehörigkeit, die Neueinstellung von Arbeitskräften. Siehe ebd., §§ 2 (1), 8 (2), 17 (2). Vgl. Durchführungsbestimmung zur Verordnung über die Lenkung des Wohnraumes, § 4 (3).

11 Allein der Fünfjahrplan 1971-1975 sah eine Steigerung der Zahl der Kinderkrippenplätze um 53.000 vor. Unter erheblichem finanziellen Aufwand – Ende der siebziger Jahre wurde der Neubau eines Krippenplatzes mit rd. 10.000 Mark, der jährliche Unterhalt je Platz mit 3.600 Mark beziffert – gelang es, die Zahl der Krippenplätze bis 1985 auf 343.787 zu erhöhen. Nach DDR-Angaben konnten damit 1985 72,7 Prozent des Bedarfs gedeckt werden. Trotz dieser aufsteigenden Entwicklung war es nicht möglich, die Nachfrage nach Krippenplätzen zu befriedigen. Ende 1989 gab es für 626.259 Kinder im Alter bis zu drei Jahren 353.203 Plätze.

12 Siehe Verordnung über Kindergarteneinrichtungen der Vorschulerziehung, in: Gbl., Teil I, Nr. 14/1976, §§ 2, 5, 8, 9, 10, 11, 12.

13 Siehe Gesetz über die gesellschaftlichen Gerichte der Deutschen Demokratischen Republik – GGG –, in: Gbl., Teil I, Nr. 13/1982, § 4 (1).

14 Gunnar Winkler (Hrsg.), DDR-Sozialreport, a.a.O., S. 299 f.

15 Siehe Gesetz über die gesellschaftlichen Gerichte der DDR, § 6 (1), (2) und (6).

16 Siehe Beschluß des Staatsrates der Deutschen Demokratischen Republik über die Tätigkeit der Konfliktkommissionen – Konfliktkommissionsordnung, in: Gbl., Teil I, Nr. 13/1982, § 25 (1) und (2).

17 Siehe Gesetz über die gesellschaftlichen Gerichte der Deutschen Demokratischen Republik, §§ 20 (1), 23 (2), 28 (1), 37 (3), 43 (1); Beschluß des Staatsrates der Deutschen Demokratischen Republik über die Tätigkeit der Konfliktkommissionen, S. 278 ff. Unter den 1989 insgesamt von den Konfliktkommissionen behandelten 69.075 Rechtsfällen zählten 54.096 zu den Arbeitsrechtsstreitigkeiten, 14.065 gehörten den Vergehen und Verfehlungen an; 917 fielen unter sonstige Streitigkeiten. Gunnar Winkler (Hrsg.), Sozialreport '90, a.a.O., S. 299 f.

18 Zum Design der Datenerhebung sei soviel gesagt, daß insgesamt 16 Unternehmen an der Befragung teilgenommen haben. Als methodisches Instrumentarium der Untersuchung wurde die schriftliche standardisierte Befragung eingesetzt. Sie stellte angesichts meiner personellen, zeitlichen und finanziellen Ressourcen die zweckmäßigste Erhebungsform dar. In den Unternehmen selbst wurden 1.115 Personen angeschrieben und um eine Mitarbeit gebeten. Letztendlich lagen von 510 Probanden gültig ausgefüllte Fragebogen vor. Die – sehr hohe! – Rücklaufquote betrug 45,7 Prozent.

19 G. Tietze, J. Schindler, H. Hoffmann, Sozialpolitik im Betrieb, S. 38.

Weiterführende Literatur

Arbeitsgesetzbuch der Deutschen Demokratischen Republik, Berlin 1978

Christoph Boyer, Grundlinien der Sozial- und Konsumpolitik der DDR in den siebziger und achtziger Jahren in theoretischer Perspektive, in: Renate Hürtgen, Thomas Reichel (Hrsg.), Der Schein der Stabilität. DDR-Betriebsalltag in der Ära Honecker, Berlin 2001, S. 69-84

Gunilla-Friederike Budde (Hrsg.), Frauen arbeiten. Weibliche Erwerbstätigkeit in Ost- und Westdeutschland nach 1945, Göttingen 1997

Anne Hampel: »Arbeite mit, plane mit, regiere mit« – Zur politischen Partizipation von Frauen in der DDR, in: Gisela Helwig, Hildegard Maria Nickel (Hrsg.), Frauen in Deutschland 1945-1992, Berlin 1993, S. 281-320

Holle Grünert unter Mitarbeit von Astrid Karl, Beschäftigungssystem und Arbeitsmarkt in der DDR, Opladen 1997

Holle Grünert, Beschäftigungsstrategie der DDR. Frühe Erfolge und zunehmende Erstarrung, in: Aus Politik und Zeitgeschichte – Beilage zu Das Parlament, Bonn, H. B 36/98, S. 17-25

Rüdiger Hachtmann, Arbeitsverfassung, in: Hans Günter Hockerts (Hrsg.), Drei Wege deutscher Sozialstaatlichkeit. NS-Diktatur, Bundesrepublik und DDR im Vergleich, München 1998

Peter Hübner, Klaus Tenfelde (Hrsg.), Arbeiter in der SBZ-DDR, Essen 1999

Renate Hürtgen, »Die Erfahrung laß ick mir nicht nehmen!« Demokratieversuche der Belegschaften in den DDR-Betrieben zwischen Oktober 1989 und Januar 1990, in: Bernd Gehrke, Wolfgang Rüddenklau (Hrsg.), … das war doch nicht unsere Alternative. DDR-Oppositionelle zehn Jahre nach der Wende, Münster 1999, S. 200-221

Renate Hürtgen: Die »vergessene« Demokratisierung. Die Rolle des FDGB in den DDR-Betrieben der sechziger Jahre, in: Deutschland-Archiv, Opladen, H. 1/2000, S. 50-59

Renate Hürtgen, Thomas Reichel (Hrsg.), Der Schein der Stabilität. DDR-Betriebsalltag in der Ära Honecker, Berlin 2001

Wolfhard Kohte, Konfliktkommissionen zwischen paternalistischer Interessenwahrnehmung und ordnender Erziehung, in: Renate Hürtgen,

Thomas Reichel (Hrsg.), Der Schein der Stabilität. DDR-Betriebsalltag in der Ära Honecker, Berlin 2001, S. 249-262

Ulrich Lohmann, Wirtschafts- und sozialpolitische Elemente des Arbeits- und Sozialversicherungsrechts der DDR, in: Glaeßner, Gert-Joachim (Hrsg.), Die DDR in der Ära Honecker. Politik – Kultur – Gesellschaft, Opladen 1988, S. 422-433

Günter Manz, Gunnar Winkler, Sozialpolitik, Berlin 1988, 2., überarb. U. erw. Aufl.

* In Kooperation mit Fritz Vilmar

Günter Manz, Ekkehard Sachse, Gunnar Winkler (Hrsg.), Sozialpolitik in der DDR. Ziele und Wirklichkeit, Berlin 2001

Jörg Roesler, Gab es sozialistische Formen der Mitbestimmung und Selbstverwirklichung in den Betrieben der DDR? Zur Rolle der Brigaden in der betrieblichen Hierarchie und im Leben der Arbeiter, in: Utopie kreativ, Berlin, H. 31/32 (1993), S. 122-139

Jörg Roesler, Probleme des Brigadealltags. Arbeitsverhältnisse und Arbeitsklima in volkseigenen Betrieben 1950-1987, in: Aus Politik und Zeitgeschichte – Beilage zu Das Parlament, Bonn, H. B 38/97, S. 3-17

Volkmar Schöneburg, Gesellschaftliche Gerichte in der DDR – Eine alternative Form der Konfliktbewältigung?, in: »Helle Panke« zur Förderung von Politik, Bildung und Kultur e.V. (Hrsg.), Blick zurück ohne Zorn? Bedeutung soziokultureller Einrichtungen der DDR für gesellschaftliche Alternativentwürfe heute. Materialien eines wissenschaftlichen Kolloquiums am 2. November 2000, Berlin 2001, S. 59-68

Annegret Schüle, Von der Verpflichtung zum Vergnügen: Brigadeleben im VEB Leipziger Baumwollspinnerei in den siebziger und achtziger Jahren, in: Renate Hürtgen, Thomas Reichel (Hrsg.), Der Schein der Stabilität. DDR-Betriebsalltag in der Ära Honecker, Berlin 2001, S. 127-142

Heike Stadtland, Macht und Ohnmacht. Der Alltag in den DDR-Betrieben in den siebziger und achtziger Jahren. Deutschland-Archiv, Opladen, H. 4/2000, S. 636-639

G. Tietze, J. Schindler, H. Hoffmann, Sozialpolitik im Betrieb und Mitwirkung der Gewerkschaften, Berlin 1986

Gerhard Tietze, Gunnar Winkler, Sozialpolitik im Betrieb. Soziale Erfordernisse des wissenschaftlich-technischen Fortschritts, Berlin 1988

Berthold Vogel, Ohne Arbeit in den Kapitalismus. Der Verlust der Erwerbsarbeit im Umbruch der ostdeutschen Gesellschaft, Hamburg 1997

Gunnar Winkler (Hrsg.), DDR-Sozialreport, Berlin 1990, bis 2000 fortlaufend

Francesca Weil, Wirtschaftliche, politische und soziale Veränderungen in einem Leipziger Betrieb 1989/90, in: Günther Heydemann, Günther Mai, Werner Müller (Hrsg.), Revolution und Transformation in der DDR 1989/90, Berlin 1999, S. 525 bis 544

Hans Luft

Von der LPG zur Agrargenossenschaft: Eine positive Entwicklung?

Die Landwirtschaft der DDR war seit 1960 durch Landwirtschaftliche Produktionsgenossenschaften (LPG) dominiert. Deren Einführung und Funktionieren wurde von Anfang an und wird bis heute heftig kritisiert. Wenn wir im folgenden einige Leistungen dieses agrarwirtschaftlichen Systems – nicht zuletzt seine hohe Akzeptanz auch nach der Wende, trotz massiver Diskriminierungen – zur Sprache bringen, so bedeutet dies nicht, diese Kritik geringschätzen zu wollen. Vielmehr sei einleitend ausdrücklich auf sie verwiesen:

1. Vor allem muß, wenn man von sozial-kulturellen Einrichtungen in der DDR spricht, wie überall so auch hier auf repressive Methoden ihrer Durchsetzung hingewiesen werden: Die Transformation der Agrarwirtschaft von Einzel-Landwirtschaften (meist Familienbetrieben) zu Genossenschaften vollzog sich nicht durchgehend freiwillig, sondern weitgehend durch von der Staatsführung angewandte indirekte und direkte Zwangsmethoden der Kollektivierung zwischen 1952 und 1960.[1] Diese waren nicht nur unvereinbar mit demokratischen Prinzipien, sondern sie haben die Entwicklung der LPG selbst gehemmt. Die Folge waren ernsthafte Versorgungsschwierigkeiten in der DDR. Nicht nur, daß die vom V. Parteitag der SED 1958 beschlossene Hauptaufgabe, die Bundesrepublik im Pro-Kopf-Verbrauch wichtiger Lebensmittel und Industriewaren zu überholen, zur Makulatur wurde; es drohte sogar die Gefahr der Wiedereinführung der Lebensmittelkarten. So mußten 1961 und 1962 Kartoffeln eingeführt werden, 1962 über 130.000 Tonnen, mehr als das Vierfache gegenüber 1958,[2] größtenteils – welche Blamage für Partei- und Staatschef Walter Ulbricht – aus Polen mit seiner vorwiegend einzelbäuerlichen Landwirtschaft.

2. Eine typische, der dogmatischen Klassenideologie der SED geschuldete Fehlleistung und für die Agrarentwicklung disfunktionale Maßnahme war die 1952 beschlossene Weigerung, sogenannte Großbauern – das waren Bauern mit mehr als 20 Hektar landwirt-

schaftlicher Fläche – in LPGen aufzunehmen. Heute kann man über eine solche 20-Hektar-Grenze nur lächeln. Aber damals war es bitter ernst, denn angesichts der Kollektivierung in der Sowjetunion sahen viele Großbauern in diesem Beschluß den Vorboten ihrer Enteignung. Ende 1952/Anfang 1953 nahm dadurch ihre Flucht in den Westen bedrohlich zu. In der Altmark und Westmecklenburg verwaisten ganze Dörfer. Im Sommer 1953 wurde nach dem 17. Juni dieser »Beschluß« nicht mehr praktiziert, bevor er 1954 von der III. LPG-Konferenz auch formell aufgehoben wurde.

Der Schaden aber blieb, wobei er nur dadurch minimiert wurde, daß später mit den sogenannten Großbauern oft Fachleute als Vorsitzende und Brigadiere neu gegründeter LPGen – in der Regel zunächst vom Typ I – gewählt wurden.

3. Das zentralistisch-bürokratische Hineinregieren in die Landwirtschaft war häufig disfunktional. Zu erwähnen sind nur die in den fünfziger Jahren verordneten Rinderoffenställe, der Maisanbau oder die in den 70er Jahren verordnete Trennung von Tier- und Pflanzenproduktion. So kam es immer wieder zu Produktionseinbußen, die zur Schadensminimierung allerdings dann dazu führten, den Genossenschaften größeren Entscheidungsspielraum zu gewähren. Das geschah in den 60er Jahren durch die Einführung des Neuen Ökonomischen Systems oder in den 80er Jahren, als die Genossenschaften freie Hand bei der Kooperation und der Größe der individuellen Hauswirtschaft ihrer Mitglieder bekamen, was sich dann immer positiv auf Produktion und Lebensstandard auswirkte.

4. Unabhängig von solchen Fehlleistungen im Detail wird auch die grundsätzlich genossenschaftskritische Auffassung vertreten, daß ein wie immer gearteter Großbetrieb dem bäuerlichen Einfamilienbetrieb unterlegen sei, weil letzterer mit niedrigeren »Transaktionskosten« arbeite.[3] Diese Kritiker lassen allerdings meist den Vorteil der bei weitem größeren Flächen und der rationelleren Maschinenausnutzung außer acht, und sie vermögen nicht zu erklären, wieso Produktions- und speziell Agrargenossenschaften in Ostdeutschland und anderen Transformationsländern weiterhin bestehen und sich als wettbewerbsfähig erwiesen haben.

1989 bestanden 3.844 LPG (1.162 LPG mit Pflanzen- und 2.682 LPG mit Tier-Produktion), die einschließlich der individuellen Hauswirtschaften der Genossenschaftsmitglieder 87,4 Prozent der landwirtschaftlichen Nutzfläche (im folgenden: LF) bewirtschafteten. Den verbleibenden Teil der Fläche nutzten größtenteils Staatsgüter (genannt VEG = Volkseigene Güter) – und zwar 1989 7,2 Prozent der LF. Ein Rest von ca. 5,4 Prozent der LF gehörte Kleinstparzellen von Städtern oder befand sich in Kirchenbesitz.[4]

Bauern erkennen die Vorteile der genossenschaftlichen Produktion

Die Ursachen für das Beharrungsvermögen ostdeutscher Agrarstrukturen im Transformationsprozeß liegen vor allem darin, daß die Treuhandanstalt keinen Zugriff auf diesen Teil der Wirtschaft hatte, da sie nicht volkseigen war. Sie liegen aber auch in der Scheu nicht weniger Bauern vor einem Neubeginn in ungewisser Zukunft, bei keineswegs agrarfreundlicher Umwelt. Aber sie wurzeln vor allem in den Erfahrungen mit der LPG selbst:

– die Erhaltung des bäuerlichen Privateigentums an Grund und Boden in den LPG;

– das Angebot verschiedener Typen von LPG an die Bauern mit unterschiedlichem Grad der Vergesellschaftung der Produktion;

– der Verzicht auf extreme dogmatische Zwänge des sowjetischen Modells, nachdem sich sozialer Konfliktstoff in ostdeutschen Dörfern angehäuft hatte;[5]

– positive Erlebnisse der Bauern in der LPG selbst, insbesondere nachdem sie ihre Anfangsschwierigkeiten in den 60er Jahren überwunden hatten, so daß spätere Rückschläge in den 70er Jahren verkraftet werden konnten.

Ermutigend war auch die Einführung des Neuen Ökonomischen Systems (NÖS) in der Landwirtschaft, vor allem

– die Einbeziehung der Genossenschaftsbauern und Landarbeiter bei der Leitung und Planung der Landwirtschaft;

– die Installierung eines in sich geschlossenen Systems ökonomischer Hebel, wobei die Agrarpreis- und Prämienpolitik eindeutig auf die Steigerung des Marktaufkommens ausgerichtet war;

– die Gestaltung gleichberechtigter Vertragsbeziehungen der LPGen zu den Erfassungs- und Aufkaufbetrieben, der verarbeitenden

Industrie und dem Handel sowie eine verbesserte technische Versorgung der Landwirtschaft.

In der LPG selbst erlebten die Bauern, daß ihre Mitbestimmung gefragt war, etwa bei der wöchentlichen Arbeitsbesprechung, bei der monatlichen Brigade- oder vierteljährlichen Arbeitsgruppen- bzw. Bereichsversammlung. Jährlich fanden in den Wintermonaten die Vollversammlungen aller Genossenschaftsbauern mit der Bestätigung des Abschlußberichtes und des Jahresplanes sowie der Wahl des Vorstandes und der Revisionskommission statt. Die Vorstände tagten wöchentlich. Auch auf den monatlichen Versammlungen der SED, den Versammlungen der Demokratischen Bauernpartei Deutschlands (DBD) sowie der Vereinigung der Gegenseitigen Bauernhilfe/Bäuerliche Handelsgenossenschaft (VdgB/BHG)[6], die in größeren Abständen stattfanden, kamen statt ideologischer Phrasen, die eher in höheren Leitungsgremien üblich waren, die Probleme der Arbeit und der Freizeit der Menschen zur Sprache und wurde ihre Lösung beraten.

Die LPGen selbst waren Träger vieler Freizeitaktivitäten, ob bei der Kirmes, der Jagd oder beim Betriebsausflug; sie organisierten bzw. unterstützten Erntekindergärten und Veteranenverpflegung, Straßen- und Wegebau sowie den Eigenheimbau für Genossenschaftsmitglieder.

Ein unschätzbarer Vorteil der Genossenschaftsentwicklung war darüber hinaus, daß die Bäuerinnen und Bauern durch die Überwindung der Rückständigkeit des Dorfes insbesondere hinsichtlich ihrer Weiterbildungsmöglichkeiten profitieren konnten.

Hemmende Faktoren auf der obersten politischen Ebene

Die mit dem NÖS geforderte Verbesserung der Leitung und Planung der Landwirtschaft stand anfangs unter keinem guten Stern. Es war angedacht, in der Regierung die Autorität des Landwirtschaftsministeriums dadurch zu stärken, daß an seiner Spitze ein Mitglied aus dem obersten Führungszirkel der SED treten und zugleich als Vorsitzender des vom Bauernkongreß gewählten Landwirtschaftsrates kandidieren sollte.[7] Ein von Ulbricht als künftiger Landwirtschaftsminister ausgesuchter Professor der Veterinärmedizin wurde kurz nach seiner Wahl zum Kandidaten des Politbüros 1963 noch vor seiner Bestätigung durch die Volkskammer als Nazi und SS-Mann aus Danzig ausgemacht. Kurzfristig war, um größeren Schaden zu vermeiden, ein anderer als Minister zu präsentieren. Es war der 36jährige Kandidat des Politbüros Georg Ewald. Diese Entscheidung erwies sich als Glücksfall für die DDR-Landwirtschaft. Ewald war ein Bauernsohn aus der Gegend von Stralsund, nach dem Krieg Bürgermeister seiner Heimatgemeinde. Er pflegte die Beratung mit den gewählten Vertretern der Bauern.

Bis in die 70er Jahre fanden in der DDR regelmäßig im Abstand von zwei bis drei Jahren Bauerntage bzw. -kongresse statt. In der Zeit der LPG-Gründungen tauschten sich auf LPG-Konferenzen Genossenschaftsbauern mit Politikern der verschiedensten Ebenen aus SED, DBD sowie der Ministerien, der VdgB (BHG) und der Gewerkschaft Land und Forst (letztere für die Beschäftigten der VEG) aus. Nach 1960, dem sogenannten vollgenossenschaftlichen Zusammenschluß, erübrigten sich diese LPG-Konferenzen. Die Deutschen Bauerntage, jetzt Bauernkongresse, waren danach das alleinige Forum der Beschlußfassung in wichtigen Fragen der Agrarpolitik und der Versorgung. Hier wurden im Zusammenhang mit der Einführung des neuen ökonomischen Systems in der Landwirtschaft ab 1963 auch die Landwirtschaftsräte gewählt.[8]
In den 70er Jahren wurden viele hoffnungsvolle Ansätze der Vertiefung der genossenschaftlichen Demokratie wieder zerstört. Von 1972 bis 1982, also 10 Jahre lang, haben keine Bauernkongresse stattgefunden. Es war das die Zeit, als im Zuge der Durchsetzung sogenannter industriemäßiger Produktionsmethoden mit Erscheinungen der Gigantonomie und der Umbildung der LPG in spezialisierte LPG für Pflanzen- oder Tierproduktion sowie der Ausgliederung von Produktionsprozessen in selbständige zwischenbetriebliche Organisationen auf genossenschaftliche Demokratie weniger Wert gelegt wurde, besonders nach dem tödlichen Unfall Georg Ewalds im Jahre 1973. Der neue Landwirtschaftsminister Heinz Kuhrig kam aus dem Apparat des ZK der SED, er stand in der Parteihierarchie noch unter dem Abteilungsleiter.
Ein fataler Höhepunkt dieser Untergrabung der genossenschaftlichen Demokratie war die Auflösung des Rates für landwirtschaftliche Produktion und Nahrungsgüterwirtschaft auf Republiksebene und das weitgehende Einschlafenlassen der Tätigkeit dieser Räte. Die Abteilung Staats- und Rechtsfragen des ZK der SED vertrat die Auffassung, die Staatsgewalt werde durch die Landwirtschaftsräte nur gestört.

Positive Wendung

Verwiesen sei hier auf die exemplarische, kritische Darstellung von drei sehr verschiedenen LPGen – ihren Entwicklungen bis Anfang der 70er Jahre –, die eine Insiderin, Hochschullehrerin an der Landwirtschaftsakademie der DDR, Christel Nehrig, vorgelegt hat.

Im Gegensatz zu ihren sehr skeptischen einleitenden Hinweisen auf die hemmenden staatlichen Dauerinterventionen, die staatliche Reglementierung der Einkünfte und den Gigantismus der SED-Führung ergeben ihre höchst lebendigen und lesenswerten Berichte ein großes Ausmaß an unternehmerischem Engagement, eigener (die Zentralplanung z. T. korrigierender Planung, oft unterstützt durch regionale SED-Instanzen und deren Finanzhilfen, selbstverantwortlicher Einkommens- und Prämiengestaltung, innovativer Betriebsorganisation, straffer und betriebswirtschaftlich erfolgreicher Arbeitsdisziplin; wesentlicher Mitwirkung beim Ausbau der dörflichen Infrastruktur (bis hin zum Bau eines Kulturhauses; Kritik und teilweise Rücknahme (auch seitens der SED!) der überdimensionalen LPG-Vergrößerungen. Insgesamt ergibt sich das Bild einer überaus dynamischen, keineswegs primär zentralistisch gesteuerten LPG-Entwicklung, bei der die zentralen SED-Instanzen und -vorgaben zwar teilweise eine hemmende, teilweise aber auch eine aktiv unterstützende Rolle spielten.[9]

Anfang der 80er Jahre kam es zu einer Korrektur. Bewährte Formen der genossenschaftlichen Demokratie wurden wieder entdeckt, ein neues Gesetz über die LPG verabschiedet, die Räte für Land- und Nahrungsgüterwirtschaft zumindest auf Kreisebene wiederbelebt. Das LPG-Gesetz von 1982 verankerte die zentrale Stellung der LPG bei der Entwicklung der Landwirtschaft und die Vertiefung der innergenossenschaftlichen Demokratie. § 11 legte verbindlich fest, daß bei allen Formen der Kooperation die LPGen ihre ökonomische und juristische Selbständigkeit behalten. § 18 sicherte das Recht zur umfassenden Bodennutzung des Landes, das in die LPG von den Genossenschaftsbauern eingebracht wurde. Zugleich entfielen die Obergrenzen der Viehhaltung in den Hauswirtschaften. Und § 5 des neuen LPG-Gesetzes bekräftigte noch einmal, daß das höchste Organ der LPG die Vollversammlung ist, die den Vorstand und den Vorsitzenden sowie die Revisionskommission der LPG wählt.

Zwar wurden die Landwirtschaftsräte auf Bezirks- und DDR-Ebene nicht wieder installiert, aber es fanden zumindest zentrale Beratungen mit Leitungskadern und Praktikern der Land-, Forst- und Nahrungsgüterwirtschaft statt, auf denen wichtige Auswirkungen der

Agrarpreisreform beraten wurden. Die positiven Auswirkungen hinsichtlich der Produktionssteigerung in der Landwirtschaft waren unverkennbar. Allerdings stiegen auch die Subventionen des Staatshaushaltes für die Sicherung stabiler Lebensmittelpreise von 12,1 Milliarden Mark 1983 auf 27,6 Milliarden Mark 1985.[10]

Es sei dahingestellt, ob der Tod Gerhard Grünebergs 1981 oder die Produktionseinbußen 1980 und 1981 diese Korrektur beschleunigten. Auf jeden Fall knüpfte der neue ZK-Sekretär für Landwirtschaft Werner Felfe an Traditionen Georg Ewalds an, beriet sich stärker mit Bauern und Agrarwissenschaftlern, begann die anderen Parteien, insbesondere die DBD, wieder stärker in Entscheidungsfindungen einzubeziehen, regte an, der VdgB als Massenorganisation der Bauern eine eigene Fraktion in der Volkskammer zu schaffen, und forderte eine Arbeit in engem Kontakt mit der bäuerlichen Basis.

Wegen der Verkümmerung der parlamentarischen Demokratie in der DDR hing es sehr stark von Personen ab, wie demokratische Formen der Mitbestimmung der Produzenten gepflegt wurden. Gleichwohl ist unumstritten, daß im Unterschied zu den volkseigenen Betrieben der genossenschaftliche Charakter der LPG dem Hineinregieren staatlicher Organe, abgesehen von staatlichen Planauflagen, immer bestimmte Grenzen setzte. Auflagen über den Anbau bestimmter Kulturen, die Festlegung von Obergrenzen bei der Geldvergütung der Genossenschaftsbauern in Abhängigkeit von ihren Investitionen[11] erwiesen sich allerdings als kleinliche Bevormundungen.[12] Trotzdem wirkte sich vorteilhaft aus, daß es keine zentrale Oberleitung, beispielsweise durch einen LPG-Verband, gab, wie etwa bei den Konsumgenossenschaften. Und wenn eine Genossenschaft wirtschaftlich stark war, konnte sie sich erst recht das Hineinregieren von Partei- oder staatlichen Organen verbitten, das meistens nur Unruhe und Produktionseinbußen mit sich brachte.

Wesentliche Verbesserung der Qualifikation

Nachdem Anfang der 50er Jahre infolge der Ablösung der ein- und zweiklassigen Landschulen durch voll ausgebaute Zentralschulen mit 8 bzw. 10 Klassen die Schulbildung auf dem Land an das Niveau der Stadtkinder herangeführt worden war (durch geringere

Klassenfrequenzen war das Niveau auf dem Dorfe oft noch höher), kam in den 60er Jahren noch ein großangelegtes Qualifikationsprogramm für Schulabgänger und Erwachsene hinzu.
Den Kindern der Bauern wurde nach einer geregelten Berufsausbildung in der Genossenschaft der Besuch von Fach- und Hochschulen angeboten, und die erwachsenen Bauern konnten über zeitweilig bei den Volkshochschulen angesiedelte Kreislandwirtschaftsschulen sowie Frauensonderklassen für die Genossenschaftsbäuerinnen, besonders in der arbeitsarmen Winterzeit, ihre theoretische Qualifikation vervollkommnen. Verbunden mit Attestierungen ihrer praktischen Arbeit konnten sie den Facharbeiterbrief oder den Grad eines staatlich geprüften Landwirts, später den Agraringenieurs-Grad erwerben. Daneben gab es die Möglichkeit des Fernstudiums sowie der Delegierungen seitens der Genossenschaft für das Direktstudium zum Erwerb der Fach- und Hochschulabschlüsse.

Viele Bäuerinnen erlangten zum ersten Mal in ihrem Leben einen Berufsabschluß. Zugleich hatten sie (die besonders wegen der stark entwickelten Viehwirtschaft im Familienbetrieb von früh bis spät schwer arbeiten mußten) nun mit dem Berufsabschluß zugleich die Möglichkeit geregelter Arbeitszeit im Stall. So stieg der Anteil der Bauern und insbesondere der Bäuerinnen mit abgeschlossener Berufsausbildung seit den 60er Jahren mit der Entwicklung der LPGen sprunghaft an: 1963 hatten von den Bauern insgesamt 18,1 Prozent (Bäuerinnen: 8,5 Prozent) eine abgeschlossene Berufsausbildung, 1989 waren es 94,1 Prozent (Bäuerinnen: 92,0 Prozent).[13]

Auch auf anderen Gebieten des gesellschaftlichen Lebens holten die Dörfer spürbar auf. Nachdem Ende der 50er Jahre kein Dorf in der DDR mehr ohne Elektrizitätsanschluß war, arbeiteten Gemeinden und LPG gemeinsam mit Patenbetrieben aus den Städten an der Verbesserung der Trinkwasserversorgung sowie an der Instandsetzung bzw. Neuanlage von befestigten Wirtschaftswegen. In fast jeder Gemeinde wurde eine Gemeindeschwesternstation eingerichtet, in größeren Gemeinden Landambulatorien,[14] in denen mehrere Ärzte verschiedener Disziplinen praktizierten. Erntekindergärten und Schulhorte waren für die berufstätigen Frauen in den Dörfern besonders wertvoll. In Abstimmung mit der

Deutschen Reichsbahn intensivierte der kommunale Busverkehr sein Netz, so daß man von fast jedem Dorf mit öffentlichen Verkehrsmitteln in die Kreisstadt gelangen konnte.

Interessant ist auch, daß gegen Ende der 80er Jahre, nach Abbau der übertriebenen Arbeitsteilung (Trennung von Tier- und Pflanzenproduktion) die Zahl der Genossenschaftsbauern wieder anstieg. Auch wurden Kinder von Genossenschaftsbauern, die nach der Berufsausbildung in den LPG-Pflanzenproduktion dort oft zunächst als Arbeiter tätig waren, Mitglieder der Genossenschaft.

Genossenschaftsbauern in der DDR 1965 bis 1989

	1965	1980	1989
LPG-Mitgl. insg.	1.004.328	826.713	921.488
ständig mitarb.	874.462	591.141	658.693

Quelle: Statistisches Amt der DDR (Hrsg.): Statistisches Jahrbuch '90 der Deutschen Demokratischen Republik. Berlin 1990, S. 213.

Aufschlußreich ist dabei, wie die Zahl der LPG-Mitglieder seit 1980 deutlich zunahm, nämlich um fast 95.000 (d.h. um weit über 10 Prozent), nachdem sie in den 70er Jahren abgesunken war. Dabei waren die meisten der neuen Genossenschaftsbauern bisher ständig mitarbeitende LPG-Mitglieder, was daraus ersichtlich ist, daß sie mit 67.552 um fast das Doppelte gegenüber den ständig Berufstätigen in der volkseigenen und genossenschaftlichen Landwirtschaft insgesamt anwuchsen – auch ein Zeugnis für das in den 80er Jahren wieder zunehmende Vertrauen in die Zukunft genossenschaftlicher Arbeit, die sich bald unter völlig neuen gesellschaftlichen Rahmenbedingungen zu bewähren hatte.

Trotz massiver Behinderungen: Positive Entwicklung der Agrargenossenschaften seit 1989

Während alle volkseigenen Betriebe als Staatsbetriebe mit dem Untergang der DDR in Treuhandverwaltung übergingen,[15] konnten die LPG, eine entsprechende Entscheidung ihrer Mitglieder vorausgesetzt, weiter existieren. Sie mußten sich dann nach dem Landwirtschaftsanpassungsgesetz in Rechtsformen umwandeln, wie sie in den alten Ländern durch Handelsgesetzbuch und Genossenschaftsgesetz vorgeschrieben waren.[16] Bei dieser Umwandlung haben die ostdeutschen Bauern in freier Selbstbestimmung Formen gemeinschaftlicher Wirtschaft favorisiert, so daß die meisten LPG die DDR, wenn auch in gewandelter Form, überlebten. Aus ihnen entstanden Gemeinschaftsunternehmen als Mehrfamilienbetriebe wie Genossenschaften e. G., GmbH oder GmbH & Co. KG oder als einfachste Form einer Zusammenarbeit die GbR, wobei die Auswahl der konkreten Rechtsform – ob zum Beispiel Genossenschaft oder GmbH – mehr zufällig, mitunter auch unter dem Einfluß des jeweiligen juristischen Beistands (oft aus den alten Bundesländern) geschah. Die folgende Tabelle gibt einen Überblick über die Betriebsarten in den neuen Bundesländern. Daraus ergibt sich, daß etwas mehr als die Hälfte der juristischen Personen hinsichtlich Zahl und Anteil an der bewirtschafteten Fläche auf Agrargenossenschaften entfällt (mit leicht sinkender Tendenz).[17]

Betriebsstrukturen in den neuen Bundesländern 1999

		Ø LF je Betr. in ha	Anteil an d. LF in %
Einzelunternehmen:	23.846	55	23,5
Personengesellsch.:	3.199	400	22,8
davon			
GbR:	2.679	331	15,8
KG/ GmbH & Co KG	429	906	6,9
Sonstige:	91	13	0,1
Jur. Personen	3.171	945	53,5
davon Genossenschaften	1.205	1.413	30,4

Quelle: Deutscher Bundestag. 14. Wahlperiode. Unterrichtung durch die Bundesregierung. Agrarbericht 2001. BT-Drucksache 14/5326, S. Anhang 8

Da ein flächendeckendes Netz von Agrarunternehmen erhalten blieb, liegt auch heute noch der Beitrag der ostdeutschen Landwirtschaft am Bruttoinlandsprodukt der gesamtdeutschen Landwirtschaft mit 17 bis 18 Prozent höher als beim verarbeitenden Gewerbe, das im

Osten nur 6 Prozent des Bruttoinlandsprodukts von Deutschland insgesamt erbringt, wobei seit 1999 die Produktivität der ostdeutschen Landwirtschaft höher ist als in den alten Bundesländern.[18]

Andererseits ist der Anteil der ostdeutschen Landwirtschaft am Bruttoinlandsprodukt der gesamtdeutschen Landwirtschaft nach wie vor niedriger als der Anteil an der landwirtschaftlichen Fläche, der für die neuen Bundesländer 32 Prozent beträgt. Die ostdeutsche Landwirtschaft wird also heute immer noch weniger intensiv betrieben als die westdeutsche, vor allenm wegen der seit der Wende dramatisch reduzierten Tierbestände. So wurden 1995 gegenüber 1989 nur noch ca. 26 Prozent der Schweine und etwas mehr als die Hälfte der Rinderbestände gehalten, eine Hauptursache dafür, daß gegenüber 1989 nur noch 20 Prozent der Genossenschaftsbauern ihren Arbeitsplatz behielten.[19]

Finanzielle Diskriminierungen, ungerechte Belastungen, Diffamierungen

Hier sollen die wichtigsten Aktionen zur Delegitimierung und Destruktion der Agrargenossenschaften nur summarisch zur Sprache kommen, damit die Start- und Überlebensprobleme – aber gerade deshalb auch die Leistungen der Genossenschaftsbauern in den vergangenen 10 Jahren – deutlich erkennbar werden.[20] Zu nennen sind:

1. die gesetzliche Privilegierung ausgeschiedener LPG-Mitglieder
2. die ungerechtfertigte Belastung der Kooperative mit Altschulden und
3. die pauschalen Diffamierungen der LPG-Leitungen.

Zu 1. Nach dem Landwirtschaftsanpassungsgesetz (LwAnpG)[21] mußten die LPG bei der Umwandlung ihres Vermögens ausgeschiedenen LPG-Mitgliedern umgewandelte Vermögensanteile gegen eine angemessene Barabfindung anbieten, was den Abfluß von Eigenkapital bedeutete und die Abhängigkeit von Krediten und Fördermitteln erhöhte.

Mit Recht wurde diese Privilegierung Ausscheidender als Angriff auf ein Grundprinzip des Genossenschaftsrechts kritisiert: Mit dem LwAnpG wurde in einer verfassungsrechtlich bedenklichen Weise in die Vermögensverteilung selbständiger juristischer Personen eingegriffen, wie sie für die Bundesrepublik einmalig ist.[22] Außerdem wird normalerweise im Gesellschaftsrecht einem schnellen Vermögensabfluß aus bestehenden Unternehmen ein Riegel vorgeschoben, während das LwAnpG den Vermögensabzug ausdrücklich begünstigte. Das Genossenschaftsgesetz gibt den Interessen verbleibender Mitglieder gegenüber den Belangen Ausscheidender den Vorzug.

Zu 2. Negativ wirkte zweitens, daß eine ganze Reihe der neuen Agrargenossenschaften mit Altschulden belastet wurden und trotz einiger Entlastungsmaßnahmen des Staates noch sind. Bei den Altschulden der juristischen Personen machen die aufgelaufenen Zinsen mitunter fast schon die Hälfte der Schuldensumme der betreffenden Betriebe aus.

Die Bankkredite von 7,6 Milliarden DM, die gewöhnlich als Altschulden bezeichnet werden, sind differenziert zu betrachten. Einerseits wurde die hohe Kreditfinanzierungsrate mancher LPG bewußt von staatlichen Stellen herbeigeführt, um die Durchsetzung staatlicher Aufgaben besser zu gewährleisten (Bau von Kindertagesstätten, Straßen, Wasser- und Abwasserleitungen, Errichtung von Kulturhäusern usw.). Andererseits waren für eine Reihe von LPGen die Kredite eine notwendige Starthilfe und Unterstützung, so daß zwischen staatlich aufgezwungenen und betriebsnotwendigen Krediten zu unterscheiden wäre. So müßten letztere weiterhin in den Bilanzen erscheinen, aber ihre Bedienung müßte um der Konsolidierung der ostdeutschen Agrarstruktur willen bis auf weiteres ausgesetzt werden. Die nur staatlichen bzw. kommunalen Aufgaben dienenden Kredite dagegen wären zu streichen.

Die Bundesregierung hat bisher einmal mit einer Teilentschuldung sanierungsfähiger Unternehmen im Umfang von 1,4 Milliarden DM reagiert. Juristische Personen selbst haben 0,6 Milliarden DM getilgt. Weiterhin wurde der fällige Kapitaldienst auf die verbliebenen Altschulden gestundet.

Wenn auf diese Weise auch seitens der Regierung ein Teil-Eingeständnis der Unzumutbarkeit der Altschulden-Belastung von Agrargenossenschaften vorliegt (Bei Unternehmen hat seinerzeit schon sehr bald die Treuhand – also Finanzminister Waigel – einsehen müssen, daß DDR-Unternehmen absolut unverkäuflich, nicht privatisierbar wären, wenn die Treuhandanstalt nicht die Altschulden übernähme.), so bleibt für viele Agrar-Betriebe immer noch eine sie stark behindernde Belastung bestehen (20 Prozent vom Gewinn, drohendes Ende der Stundung).[23]

Zu 3. Zu den politisch ungerechtfertigten und rechtlich fragwürdigen finanziellen Belastungen kamen und kommen die Rufmordversuche – mit wiederum belastenden politischen Folgen. Im März 1996 behauptete beispielsweise der damalige sächsische Landwirtschaftsminister Jähnichen in einem Brief an den Sächsischen Landtag, daß Liquidationen und Umwandlungen früherer LPG in einer Vielzahl von Fällen nicht den gesetzlichen Vorschriften entsprochen hätten.[24] Dieser Brief war für die CDU/CSU Bundestagsfraktion Anlaß für die Forderung, die gesetzliche Verjährungsfrist für Ansprüche ehemaliger LPG-Mitglieder nicht nur zu verlängern, sondern das Landwirtschaftsanpassungsgesetz erneut zu novellieren, wobei im Mittelpunkt eine erneute Überprüfung der 1990/91 aufgestellten Bilanzen stehen sollte.

Inzwischen wurde in Sachsen die Überprüfung der ordnungsgemäßen Vermögensauseinandersetzung im Kontext der Vergabe von Agrarfördermitteln durch die Ämter für Landwirtschaft fortgesetzt.

Die Agrargenossenschaften und andere LPG-Nachfolger sahen sich dem ständigen Risiko einer Klage im Rahmen eines Vermögensstreits ausgesetzt. Das gefährdete vor allem die Gewährung von Krediten, die die Agrargenossenschaften aufgrund mangelnden Eigenkapitals dringend benötigten.

Der 1997 wiedergewählte Präsident des Thüringer Bauernverbandes Dr. Klaus Kliem sagte auf dem 6. Landesbauerntag am 7.Mai 1996 in Pfiffelbach: »Die Masse der juristischen Personen hat nach Recht und Gesetz … Strukturwandel und Privatisierung mit den Beteiligten vollzogen. Eine unabhängige Kommission – vom Landtag eingesetzt – hat dies alles überprüft und bis auf acht Fälle für ordnungsgemäß erkannt. Dennoch erdreistet sich eine Phalanx von wenigen Politikern, verkrachten Juristen und einigen Sensationsjournalisten, die Nöte von einer Handvoll tatsächlich Übervorteilter für eine pauschale Diskriminierung und Kriminalisierung aller Führungskräfte und Gesellschafter gemeinschaftlicher Landwirtschaftsbetriebe zu mißbrauchen … Wer steht hinter diesen Wenigen, aus welchen Interessen heraus handeln sie, und wer finanziert sie?«[25]

In der Folgezeit erreichte der Widerstand ein solches Ausmaß, daß es zu einer Korrektur der umstrittenen Novelle kam. Bis Mitte Oktober 1996 hatten die ostdeutschen Landesverbände des Deutschen Bauernverbandes mehr als 71.000 Unterschriften gegen die Novellierung des LwAnpG gesammelt. So wurden die skandalösesten Bestimmungen aufgehoben. Alles in allem siegte die Vernunft. Die unterschiedlichen politischen Verhaltensweisen gegenüber den Agrargenossenschaften zeigen die Janusköpfigkeit der Politik. Während z. B. der sächsische Ministerpräsident Kurt Biedenkopf auf einem Genossenschaftstag zu Ehren des zehnjährigen Bestehens des Genossenschaftsverbandes Sachsen/Ostthüringen diese in höchsten Tönen lobte,[26] ließ sich der sächsische Umwelt- und Landwirtschaftsminister Flath zu ausgesprochen genossenschaftsfeindlichen Äußerungen hinreißen.[27]

All das ging einher mit massiven Diffamierungen der gewählten Vorsitzenden bzw. Geschäftsführer der Agrarunternehmen durch eine Reihe von Presseorganen. Zwar stellte sich im nachhinein immer wieder die Haltlosigkeit der Beschuldigungen heraus, aber erst einmal wurden die Genossenschaften und ihre Leiter gesellschaftlich ins Abseits gestellt. Auch der Pressesprecher des sächsischen Landwirtschaftsministeriums glaubte, daß dies gewollt sei: Es gehe weder um Abrechnung mit »roten Socken« noch um politische Vergangenheitsbewältigung, sondern einfach um Ausschaltung unliebsamer Konkurrenz. Wenn die großen Agrarunternehmen erst richtig in der Klemme säßen, würden die potenten Aufkäufer schnell zur Stelle sein. Die Agrarstrukturen in den neuen Ländern würden sich nicht ändern – sehr wohl aber die Besitzverhältnisse.[28]

Wettbewerbsfähigkeit der Agrargenossenschaften nach der Wende

Auch wenn inzwischen eine Reihe von ostdeutschen Agrarbetrieben in Konkurs gegangen ist bzw. von Unternehmern aus den alten Bundesländern aufgekauft wurde, bleibt Tatsache, daß die anfangs ungeliebten und mitunter sogar gehaßten LPG später in starkem Maße akzeptiert wurden.

Die Statistiken in den Agrarberichten der Bundesregierung zeigen – durchgehend im Laufe des vergangenen Jahrzehnts –, daß die

Agrargenossenschaften sich nicht nur trotz aller Behinderungen in der Marktwirtschaft behaupten konnten, sondern ein Pro-Kopf-Einkommen erwirtschafteten, daß in jüngster Zeit meist etwas über dem der Familienbetriebe lag.[29]

Wenn man vom geringeren Vermögen infolge der fast ausschließlichen Pachtlandwirtschaft in den neuen Bundesländern absieht, sind die Daten für Einzel- und Kollektivunternehmen ähnlich; das Pro-Kopf-Einkommen der Genossenschaftsbetriebe ist aber höher.

Ausgewählte Kennzahlen von Einzelunternehmen und Genossenschaften/GmbH im Agrarsektor 1999/2000

Kennzahl	Einzeluntern.	GmbH	Genossensch.	gesamt[1]
Arbeitskr.[2] je 100 ha	3,09	2,04	2,24	2,16
Vieheinh. je 100 ha	155,4	71,5	79,4	76,1
Vermögen DM/ha	24.163	5.150	6.404	6.163
(darunter Boden DM/ha	15.630	432	693	648
Eigenkapital DM/ha	20.337	2.396	3.982	3.626
Verbindlichk. DM/ha	3.431	2.230	1.737	1.878
Umsatz(DM/ha)	4.333	2.406	2.615	2.555
Gewinn(DM/ha)	1.117	9	5	31
Einkommen (DM/ha)[3]	1.245	984	948	
Eink. pro Arb.kraft[3]	40.248	41.234	43.893	43.813
Rentabilität				
d. Eigenkapitals in %	-0,3	0,7	0,9	1,1
d. Fremdkapitals in %	0,4	2,0	1,7	1,9

1) einschl. GmbH & Co. KG und AG, die bei der Spalte insgesamt berücksichtigt wurden
2) Vollbeschäftigte Arbeitskräfte = AK (Teilbeschäftigte wurden umgerechnet)
3) Einkommen ist hier gleich Gewinn vor Steuern und Personalaufwand vor Abzug privater Steuern, Beiträgen zur Sozialversicherung, Berufsgenossenschaft usw. Das verfügbare Nettoeinkommen liegt also wesentlich niedriger.
Quelle: Agrarbericht der Bundesregierung 2001. Deutscher Bundestag. 14. Wahlperiode. BT-Drucksache 14/5326. Anhang, S. 30/31.

Die Stabilität der Agrargenossenschaften hängt auch mit den spezifischen Problemen der Pachtlandwirtschaft im Osten zusammen. Bekanntlich beträgt in den neuen Ländern der Anteil der Pachtfläche an der bewirtschafteten landwirtschaftlichen Fläche fast 90 Prozent, darunter bei den Gemeinschaftsunternehmen 97 Prozent. Wenn nun Bodeneigentümer als Verpächter zugleich als Kapitalgeber und Mitarbeiter eines Betriebes fungieren können, sind sie am unternehmerischen Erfolg unmittelbar interessiert. Gerade das ist in den Agrargenossenschaften oft der Fall. Eine Abstimmung der Interessen ist hier leichter, als wenn Verpächter außerhalb des Unternehmens stehen.

Gerade die Konstruktion in Gemeinschaftsunternehmen, wo die Mitarbeiter und Kapitalgeber zugleich Privateigentümer des vom Gemeinschaftsunternehmen bewirtschafteten Bodens sind, fördert innergenossenschaftliche Demokratie bzw. innerbetriebliche Mitbestimmung als Alternative zu anderen Kapitalgesellschaften z. B. in der Industrie.

Denn die Angst um den Arbeitsplatz ist angesichts der Massenarbeitslosigkeit der Feind jeder Demokratie vor und hinter dem Werktor. Bei den Agrargenossenschaften ist das anders, weil die lohnabhängig Beschäftigten größtenteils auch Genossenschaftsmitglieder sind. Dadurch ist das Management daran interessiert, daß die Genossenschaftsmitglieder mit ihren Geschäftsanteilen in der Genossenschaft bleiben und die Pachtverträge über ihr Land mit der Genossenschaft nicht lösen, sondern fortsetzen. Diese Situation trifft übrigens für alle juristischen Personen zu, weshalb auch viele GmbH in der ostdeutschen Landwirtschaft mit einer großen Anzahl Gesellschafter bzw. als GmbH & Co KG und damit als Publikumskapitalgesellschaft organisiert sind.

Insofern sind Agrargenossenschaften wie Bundeswirtschaftsminister Müller auf dem jüngsten Sächsischen Genossenschaftstag erklärte, alles andere als ein Auslaufmodell, zumal sie im Wirtschaftsleben der neuen Bundesländer eine wichtige Rolle spielen, sei es als Hauptarbeitgeber in vielen Dörfern oder als Ausgangspunkt für regionale Wirtschaftskreisläufe.[30] Und sie vermitteln nicht nur den Bauern, sondern auch vielen Städtern einen gewissen Stolz, etwas Eigenständiges in die deutsch-deutsche Vereinigung eingebracht zu haben, was ja für die Herstellung der viel beschworenen inneren Einheit nicht unwesentlich ist.

Die westeuropäische und speziell auch die westdeutsche Landwirtschaft befinden sich seit Jahrzehnten in einer Dauerkrise: Die Zahl der bäuerlichen Betriebe ist von 1989 bis 1999 um über 220.000 Höfe geschrumpft,[31] d. h. jeder dritte Hof gab auf. Überlebt haben Agrarfabriken oder aber Familien- und vor allem Nebenerwerbsbetriebe, in denen die Bauern ihre Landwirtschaft nebenbei bewältigen müssen und vor allem die Frauen unter einer dauernden Überbelastung die Hofarbeit leisten. Urlaub, Aushilfe in Notfällen, Weiterbildung, Teilnahme am kulturellen Leben und ein menschenwürdiger Übergang in den Ruhestand sind für die meisten Fremdworte.

Die Alternative in dieser Situation ist die Industrialisierung und Verödung der Landwirtschaft wie auch der Landschaft durch große Agrarfabriken – oder aber die Umwandlung der Familienbetriebe in Agrargenossenschaften. Während die Agrarfabriken ein neues Landarbeiterproletariat schaffen, sind die Beschäftigten in Agrargenossenschaften Eigentümer und Arbeiter zugleich, und für die Grundentscheidungen besteht demokratische Mitbestimmung. Die Größe der Genossenschaften garantiert – im Gegensatz zu den Familienbetrieben – eine rationelle Nutzung des Maschinenparks, was wiederum die Bewältigung der Erntearbeiten in kürzerer Zeit ermöglicht – nicht unwichtig bei anhaltenden Schlechtwetterperioden wie im Jahr 2001. Und die sozialen Bedingungen sind in den genossenschaftlichen Unternehmen naturgemäß bei weitem besser – jene oben genannten Errungenschaften, von denen die Einzelbauern nur träumen können, sind für die Genossenschaftsbauern weithin realisierbar. Auch manche im Dorf über Generationen bestehende Feindschaften erloschen in der Genossenschaft durch die neue Gemeinsamkeit der Arbeit und Verantwortung.

Mit einem Wort: Es handelt sich bei den Agrargenossenschaften um ein durchaus aktuelles, zukunftsfähiges und vor allem humanes Konzept von Agrarwirtschaft, das eine Antwort darstellt auf die Krise der Familienbetriebe – und an dem die meisten Bauern in Ostdeutschland daher nach der Wende nicht ohne gute Gründe festgehalten haben.

1 Siehe dazu sehr differenziert Dagmar Langenhan, Halte Dich fern von den Kommunisten, die wollen nicht arbeiten! Kollektivierung der Landwirtschaft und bäuerlicher Eigen-Sinn am Beispiel Niederlausitzer Dörfer (1952 bis Mitte der 60er Jahre), in: Thomas Lindenberger (Hg.), Herrschaft und Eigen-Sinn in der Diktatur. Studien zur Gesellschaftsgeschichte der DDR, Köln-Weimar-Wien 1999, S. 119-166.

2 Siehe Statistisches Amt der DDR (Hrsg.), Statistisches Jahrbuch 1966 der Deutschen Demokratischen Republik. Berlin 1966,S. 390/391. Im Gegenzug mußte die DDR eigentlich für die eigene Bevölkerung dringend benötigte PKW-Wartburg exportieren.

3 Man versteht darunter generell jene Aufwendungen, die mit der Koordination verschiedener Arbeiten bzw. wirtschaftlicher Aktivitäten (durch notwendige Vereinbarungen und Leistungsaustausch) in einem Haushalt oder Unternehmen verbunden sind. Verschiedene Autoren vertreten die Ansicht, daß »Transaktionskostenvorteile einer familienwirtschaftlichen Organisation der Landwirtschaft einen vergleichsweise großen Einfluß auf ihre Vorteilhaftigkeit, damit ihre Existenz und Persistenz ausüben«. (Günther H. Schmidt, Warum ist Landwirtschaft eigentlich überwiegend »bäuerliche Familienwirtschaft«, Hamburg/Berlin 1989, S. 191 f.) Vgl. in ähnlicher Richtung Volker Beckmann, Transaktionskosten und institutionelle Wahl in der Landwirtschaft, in: Berliner Schriften zur Kooperationsforschung, hrsg. vom Institut für Genossenschaftswesen der HUB, H. 5, Berlin 2000.

4 Statistisches Amt der DDR (Hrsg.), Statistisches Jahrbuch '90 der Deutschen Demokratischen Republik. Berlin 1990, S. 212.

5 Wurde auf Anregung der II. Parteikonferenz der SED 1952, auf dem Höhepunkt des Dogmatismus, Großbauern die Aufnahme in LPG verwehrt, so wurde dieser bauernfeindliche Beschluß schon nach dem 17. Juni 1953 unterlaufen und dann Ende 1954 offiziell aufgehoben. Darüber hinaus kam es zur Übernahme geeigneter sowjetischer Reformschritte, wie z. B. dem Verkauf der Technik der nach sowjetischem Vorbild geschaffenen Maschinen-Traktoren-Stationen (MTS) an die LPG.

6 Die nach der Bodenreform gegründete Vereinigung der gegenseitigen Bauernhilfe (VdgB) vereinigte sich 1950 mit den 270 Bäuerlichen Handelsgenossenschaften in der DDR zur VdgB (BHG).

7 Der Posten mußte ja nach Aufwertung des Landwirtschaftsministeriums und zur Vermeidung allzu starker Brüskierung der Demokratischen Bauernpartei mit einem Vertreter aus der höchsten Führungsebene der SED besetzt werden.

8 In dem auf dem IX. Deutschen Bauernkongreß 1966 in Berlin gewählten Obersten Landwirtschaftsrat waren z. B. 99 Personen vertreten, darunter 43 Bauern direkt aus den LPG, mehrere Tierärzte, Agrarwissenschaftler, Gerhard Grüneberg als der zuständige Sekretär des ZK der SED. Analog wurden von den Kreis- und Bezirksbauernkonferenzen Kreis- und Bezirkslandwirtschaftsräte mit in der Regel 25 bis 30 Mitgliedern gewählt. Ihre Vorsitzenden waren zugleich Leiter der Produktionsleitung und Stellvertreter der Vorsitzenden des Rates des Bezirkes bzw. des Kreises; zusätzlich wurden noch etliche Vertreter von Staats- und Verbandsverwaltungen gewählt.

9 Christel Nehrig, Das Leben auf dem Lande: Die Genossenschaften (LPG), in: Evemarie Badstübner (Hrsg.), Befremdlich anders. Leben in der DDR, Berlin 2000, S. 195-232., hier vgl., S. 195 ff.

10 Vgl. Statistisches Amt der DDR (Hrsg.): Statistisches Jahrbuch 1986 der Deutschen Demokratischen Republik, Berlin 1986, S. 265.

11 Die Einkommen der Genossenschaftsbauern waren steuerfrei, so daß sie bei gleichem Bruttoverdienst wie ein Arbeiter oder Angestellter ein höheres Nettoeinkommen erzielten. LPG mit guten Wirtschaftsergebnissen fanden außerdem Mittel und Wege, ihren Mitgliedern über Geld-, Sach- und Naturalprämien zusätzliche Verdienste zukommen zu lassen, wenn die für die Investitionen bereitgestellten finanziellen Mittel wegen zu geringer Bereitstellung z.B. von Landtechnik nicht realisiert werden konnten.

12 Bei der heutigen Fördermittelbewilligung bestehen allerdings ähnliche bürokratische Bevormundungen!

13 Statistisches Amt der DDR (Hrsg.): Statistisches Jahrbuch '90 der Deutschen Demokratischen Republik, a.a.O., S. 217.

14 Vgl. den Beitrag von Linde Wagner in diesem Band.

15 Das galt auch für Stadtwerke oder kreisgeleitete Betriebe, da es in der DDR weder kommunales noch Landeseigentum gab, die Länder 1952 aufgelöst wurden.

16 Das Wirtschaftsrecht unterscheidet zwischen formwechselnder und übertragender Umwandlung. Während eine Gesellschaft bei formwechselnder Umwandlung lediglich die Rechtsform ändert ohne ihre Identität einzubüßen – man spricht vom identitätswahrenden Formwechsel –, wechselt bei der übertragenden Umwandlung der Rechtsinhaber, da die bisherige Gesellschaft aufgelöst und deren Vermögen einschließlich der Verbindlichkeiten auf ein anderes Rechtssubjekt übertragen wird.

17 Trotz erleichterter gesetzlicher Möglichkeiten für die Umwandlung der Agrargenossenschaften in Kapitalgesellschaften ging ihre Zahl bislang zwar von 1.475 im Jahre 1992 auf 1.205 im Jahr 1999 zurück, aber die bestehenden Genossenschaften konnten sich stabilisieren.

18 Deutsches Institut für Wirtschaftsforschung Berlin (DIW), Institut für Weltwirtschaft an der Universität Kiel, Institut für angewandte Wirtschaftsforschung Halle (IWH). Gesamtwirtschaftliche und unternehmerische Anpassungsfortschritte in Ostdeutschland. Dritter IWH-Bericht-Bericht. Halle/Saale. 1995, S. 16 ff.; Joachim Ragnitz, Produktivitätsrückstand der ostdeutschen Wirtschaft: Eine zusammenfassende Bewertung. IWH, H. 7-8/2001, S. 182.

19 Statistisches Bundesamt. Tabellensammlung zur wirtschaftlichen und sozialen Lage in den neuen Bundesländern. Ausgabe 2/1996, S. 14 und S. 58.

20 Über die verschiedenen Versuche konservativer (Agrar-)Politiker nach der Wende, die Agrargenossenschaften auf kaltem Wege zu liquidieren, wird en detail in unserem Ergänzungsband berichtet.

21 In der Fassung vom 29. Juni 1990 bzw. in der vom Deutschen Bundestag novellierten Fassung vom 25. April 1991.

22 Vgl. Hans Mittelbach, Zur Lage der Landwirtschaft in den neuen Bundesländern, in: Aus Politik und Zeitgeschichte – Beilage zur Wochenzeitung Das Parlament, Bonn, H. B 33-34/95, S. 17.

23 Nach dieser Regelung brauchen Zahlungen nur bei Gewinnerzielung und dann in Höhe von 20 Prozent des Gewinns geleistet zu werden. Damit wurden sanierungsfähige Unternehmen vor einer altschuldenbedingten Überschuldung bewahrt, ihre Liquidität verbessert. Die sogenannten nichtsanierungsfähigen Betriebe (ca. ein Viertel der früheren LPG, jetzt zumeist LPG i.L.) sind noch mit 2,1 Mrd. DM belastet. Von den anderen juristischen Perso-

nen hat ca. die Hälfte noch Altschulden in Höhe von 3,5 Mrd. DM. 1995 ergab sich hier eine Belastung durch Altkredite pro Unternehmen im Durchschnitt von 2,9 Mill. DM, was je ha 1.547 DM ausmacht. Vgl. Deutscher Bundestag. 13. Wahlperiode. Agrarbericht 1996. BT-Drucksache 13/3680, S. 48.

24 Vgl. Sachsen bestätigt Bilanzmanipulationen bei LPG-Umwandlung, in: Frankfurter Allgemeine Zeitung vom 14. März 1996, S. 14.

25 »Alle Tiere und jeder Hektar müssen gleichermaßen beihilfe- und förderfähig sein«. Aus der Rede von TBV-Präsident Dr. Klaus Kliem auf dem 6. Landesbauerntag Thüringens, in: Sächsisches Genossenschaftsblatt, Chemnitz, Nr. 6/1996, S. 35.

26 »Viele Probleme lassen sich genossenschaftlich sehr gut lösen«. Rede des sächsischen Ministerpräsidenten Kurt Biedenkopf beim Wirtschaftstag 1999, in der er feststellte, daß die genossenschaftliche Organisationsform durchaus ... eine hervorragende Kombination von Selbsthilfe, gemeinsamer Hilfe und Selbstverwaltung darstellt. Abgedruckt in: Beiträge zur Diskussion. Schriftenreihe des Genossenschaftsverbandes Sachsen 1999, S. 7 f.

27 Flath will allen aus einer LPG-Umwandlung hervorgegangenen Agrarbetrieben in Sachsen eine Erklärung abverlangen, wonach diese auf die Einrede der Verjährung verzichten sollen, falls noch Klagen wegen etwaiger Benachteiligung bei der Vermögensauseinandersetzung eingereicht werden. Zugleich werden angemessene Abfindungen für den Verlust des Arbeitsplatzes in Höhe von 70 bis 80 TDM genannt.

28 Vgl. Burkhard Zscheischler. Die Frage ist wieder: Wem nützt es?, in: Bauernzeitung, Berlin, H. 7/1998, S. 4.

29 Siehe Agrarbericht der Bundesregierung 2001. Deutscher Bundestag. 14. Wahlperiode. BT-Drucksache 14/532, S.17/18. Es fällt weiter auf, daß bei Agrargenossenschaften, aufgrund der von uns dargestellten, ihnen politisch aufgezwungenen Kapitalschwäche im Vergleich zu allen anderen Rechtsformen sowohl Verbindlichkeiten als auch Investitionen am niedrigsten sind. Ebenfalls niedrig liegen die Gewinne sowie die Einkommen je Hektar. Im übrigen haben sich entgegen der vielfach in der Literatur gemachten Voraussage, daß sich Produktivgenossenschaften in Unternehmergenossenschaften verwandeln würden, wo die Genossenschaftsmitglieder Lohnarbeiter als Nicht-Mitglieder beschäftigen (Transformationsgesetz), die Agrargenossenschaften in den neuen Ländern sich als solche behauptet.

30 Werner Müller. Aus meiner Sicht, in: Sächsisches Genossenschaftsblatt, Chemnitz, H. 5/2001.

31 Vgl. Statistisches Jahrbuch der BRD 2001, Wiesbaden 2001, S. 146 und Statistisches Jahrbuch für Ernährung, Landwirtschaft und Forsten 1995, Münster-Hiltrup 1995, S. 29.

Linde Wagner

Polikliniken – ein gesundheitspolitisches Modell[1]

»Von der DDR lernen?«[2] Bernd Hamms unbequeme Frage wurde 1991 zur unpassenden Zeit gestellt. Ich erlaube mir, sie gut zehn Jahre nach der Wende wieder aufzunehmen und bei der Darstellung des Modells der *ambulanten medizinischen Betreuung* (AMB) der DDR neu zu stellen.

Unter AMB wurde »nach dem Sprachgebrauch in der DDR die Behandlungsform verstanden, bei der der Betreute nicht in einem Krankenhaus Aufnahme fand. Es bedeutete die Einheit von präventiven, diagnostischen, therapeutischen Aktivitäten, verbunden mit der Metaphylaxe (Nachsorge), der Rehabilitation und der sozialen Betreuung.[3] Organisatorisch waren hierfür die Polikliniken, die Ambulatorien, die staatlichen Arztpraxen und die Praxen der niedergelassenen Ärzte zuständig.

Diese gegenüber der BRD deutlich unterschiedliche Struktur der ambulanten Gesundheitsversorgung der DDR hatte nach der Wende bis auf wenige Ausnahmen nur noch kurzfristigen Bestand. Die Debatte über ihre Beseitigung knüpfte an Vorurteile des Kalten Kriegs an.[4] Im Verlauf gelang es der organisierten westdeutschen Ärzteschaft, den Diskurs im wesentlichen zu bestimmen und im Sinne der »strukturellen Anbieterdominanz«[5] der Ärzte zu entscheiden. Eine rationale Bewertung des DDR-Gesundheitswesens wurde weiterhin dadurch erschwert, daß Fragen der Struktur mit Fragen des technisch materiellen Niveaus der Einrichtungen vermengt wurden.[6]

Die Übertragung herkömmlicher bundesrepublikanischer Problemlösungen auf neue Sachverhalte bedeutete die fast komplette Abwicklung der Polikliniken und Ambulatorien und die Übertragung der ambulanten Versorgung der Bevölkerung zu 95 Prozent auf niedergelassene Kassenarztpraxen innerhalb von zwei Jahren. Gesundheitspolitischen Initiativen einiger weitblickender Landespolitiker in Berlin und Brandenburg ist der Erhalt von »Restbeständen« zu verdanken, die inzwischen allerdings zum Teil nur noch rudimentäre Ähnlichkeiten zu den Polikliniken aufweisen. Der Expansion der Einrichtungen sind derzeitig noch juristische Grenzen gesetzt, alternative Entwicklungspfade ambulanter Versorgung poliklinischer Herkunft damit weiter blockiert. Nach den »reformpolitisch verlorenen 90er Jahren«[7] stehen die gesamtdeutschen Gesundheitspolitiker, wie man an dem aktuellen Reformvorhaben »Gesundheit 2000« ablesen kann, damit weiterhin vor den altbekannten Problemen.

Die Gesellschafts- und Gesundheitspolitik der DDR

»Jeder Bürger hat das Recht auf Schutz seiner Gesundheit und seiner Arbeitskraft«, so legte es der Artikel 35 der Verfassung der DDR fest. Diese Aussage beinhaltete das Bekenntnis zu einem umfassenden Gesundheitsschutz als gesamtgesellschaftliche Aufgabe. Verantwortlich dafür war der Staat, der bis auf wenige Ausnahmen im Besitz der Einrichtungen war, bei dem die Beschäftigten im Angestelltenstatus arbeiteten. Es galt die Einheit von Wirtschafts- und Sozialpolitik, d. h. ökonomisch bestand eine starke Integration in die staatliche Planwirtschaft.

Das Gesundheitssystem der DDR war auf Interdisziplinarität, Ganzheitlichkeit und Gesundheitsvorsorge ausgerichtet.

– Organisatorisch handelte es sich somit um ein zentralstaatlich organisiertes System mit einem zu vernachlässigenden privatwirtschaftlichen Anteil.

– Konzeptionell wurde von einem ganzheitlichen medizinischen Betreuungsansatz mit einem hohen Stellenwert der Prophylaxe und starker Integration in andere Gesellschaftsbereiche ausgegangen.

– Strukturell stand das Gesundheitswesen mit seiner Einheitsversicherung, seiner Durchlässigkeit zwischen ambulantem und stationärem Sektor, seinen Polikliniken und Ambulatorien als Leiteinrichtungen der ambulanten Versorgung den nationalen Gesundheitsdiensten anderer westeuropäischen Länder näher als dem sozialen Krankenversicherungssystem der Bundesrepublik.

Bezüglich der Gesundheitsindikatoren befand sich die DDR im Mittelfeld der europäischen Industriestaaten.[8]

Die gesellschaftlichen Leitbilder der Gesundheitsversorgung
»Gesundheitsleitbilder sind eine ständig im Wandel begriffene soziale Realität. Wer diese Realität verstehen möchte, muß sich ihres jeweiligen zeitgeschichtlichen Kontextes zumindest bewußt sein.«[9] Die Leitbilder des Gesundheitswesens der DDR hatten ihre Wurzeln sowohl in den gesundheitspolitischen Ideen der Sozialhygiene und der deutschen Arbeiterbewegung wie in denen der Sowjetunion.

Beim Aufbau des Gesundheitswesens nach dem 2. Weltkrieg spielte zudem der im Potsdamer Abkommen enthaltene Katalog von Demokratisierungsmaßnahmen eine zentrale Rolle. Die Polikliniken galten in diesem Sinne als Ausdruck der Demokratisierung des ambulanten Gesundheitswesens.

Die Strukturen der ambulanten Gesundheitsversorgung
Zur Zeit der Weimarer Republik hatten sich nach ersten Experimenten seit dem 19. Jahrhundert in Deutschland Ambulatorien als Einrichtungen der Krankenkassen im Rahmen der Auseinandersetzungen zwischen Krankenkassen und Ärzteschaft um Machtfragen und Strukturen der integrierten ambulanten Versorgung konsolidiert. Regionale Schwerpunkte bildeten dabei Berlin und die Unterweserstädte.[10] An diese Modelle knüpfte die SBZ/DDR mit ihrem Anspruch einer konzeptionell ganzheitlichen, multiprofessionellen medizinischen Betreuung nach dem 2. Weltkrieg an. Das Leistungsspektrum der Polikliniken umfaßte:

- kurative ambulante medizinische Versorgung
- Gesundheitsvorsorge
- Zahnärztliche Betreuung
- Versorgung mit Heil- und Hilfsmitteln
- Häusliche Pflege
- Arbeits- und betriebsmedizinische Betreuungsleistungen
- Gesundheitliche Beratungsdienste.

Es gilt zu differenzieren zwischen dem poliklinischen Prinzip an sich und den poliklinischen Strukturen.

Das poliklinische Prinzip beinhaltet:

1. Die Einheit vorbeugender, kurativer und rehabilitativer Maßnahmen unter einem Dach

2. Die Kooperation von medizinischem und nichtmedizinischem Personal im Angestelltenverhältnis

3. Das leistungsunabhängige Einkommen für alle Beschäftigten, inklusive Ärzten

4. Die öffentliche Trägerschaft der Institutionen

Dies führte in der Praxis zu einer Vielfalt von poliklinischen Strukturen unterschiedlicher Größe, Ausstattung, Schwerpunktsetzung, Trägerschaft und an zahlreichen Einzelstandorten. Der Begriff der Poliklinik wurde oft sowohl für die Gesamtheit der organisatorisch zusammengefaßten Einzeleinrichtungen als auch für das Haupthaus verwandt.

Einrichtungen der ambulanten medizinischen Betreuung in der DDR

	1950	1960	1970	1980	1987	1989
Polikliniken	184	399	452	561	615	626
(davon Betriebspolikliniken)	36	89	94	124	149	151
Ambulatorien	575	766	828	969	1.027	1.020
(davon Betriebsambulatorien)	109	177	243	324	351	364
Ambulanzen	–	1.388	911	983	128	124
Staatl. Arztpraxen	–	298	1.301	1.645	1.613	1.635
Gemeindeschwesternstationen	2.620	4.493	4.716	5.279	5.513	5.585
Eigene Praxis	–	3.253	1.888	863	417	341

Der ambulante Sektor umfaßte die Polikliniken als größere Institutionen mit mindestens sechs verschiedenen fachärztlichen Abteilungen, Röntgen, Labor und Apotheke, 20 bis 40 Ärzten und bis zu 200 Mitarbeitern, die Ambulatorien als kleinere Einheiten mit 2 bis 5 Fachabteilungen, die staatlichen Arztpraxen mit 1 bis 2 Allgemeinmedizinern und die Praxen der niedergelassenen Ärzte und Zahnärzte, die aufgrund staatlicher Restriktionen kontinuierlich abnahmen und überwiegend von älteren Ärzten besetzt waren. Hierzu kamen Gemeindeschwesternstationen, in denen mehrmals pro Woche Arztsprechstunden abgehalten wurden.

Die Aufgaben der Polikliniken waren deutlich umfassender als die der niedergelassenen Praxen der Bundesrepublik. Hierzu gehörten vorbeugende und allgemeine Gesundheitsmaßnahmen wie Impfungen, Reihenuntersuchungen, Gutachten, Jugendgesundheitsschutz, Geschwulstberatung und soziale Aufgaben.

Die Dispensaires – ein Begriff, den die Sowjetunion aus dem Französischen für die Betreuung Gesunder und chronisch Kranker übernommen hatte – wurden in ähnlicher Weise in der DDR als Bestandteile der Polikliniken eingerichtet. Sie dienten der Erfassung und Betreuung von Personen mit gleichem chronischen Krankheitsbild und von Gesunden mit gleichen Risiken z. B. Kinder, Jugendliche, Schwangere.

Dispensaires der Lebensalter, sozialer, gewerblicher und nosologischer Gruppen

D. der Lebensalter	D. sozialer u. gewerbl. Gruppen	D. nosologischer G
Ehe- und Sexualberatung	Schichtarbeiter	Tuberkulose
Familienberatung	Verfolgte des NS	CA
Schwangerenberatung	Lehrlinge	Diabetes
Mütterberatung	arbeit. Schwangere	Orthopädie
Kinder- u. Jugend-		
gesundheitsschutz	exponierte Arbeiter	Hypertonie
Vorrentner	(Lärm, Staub, Radioaktivität)	Rheuma
Geriatrische Beratung	Frauen	Adipositas
Sonstige	Rehabilitanten	Gicht
	Sportmedizin	Raucher
	Verkehrsmedizin	Mucoviscidose
	Sonstige	Sonstige

(Harych/Weiss 1990, zit. in: Stange 1994, S. 302)

Träger der Polikliniken waren entweder die Kommunen, die Wirtschaftsbetriebe – sie stellten nur die Räumlichkeiten zur Verfügung, während der Rat des Kreises oder des Bezirks die Gehälter des medizinischen Personals trug – die Universitäten oder eine Reihe von Einrichtungen des öffentlichen Lebens wie der Medizinische Dienst des Verkehrswesens, des Sports, des Militärs etc.

Ein Viertel aller Polikliniken wurde in betrieblicher Regie betrieben. 14 Prozent aller ambulant tätigen Ärzte waren dort beschäftigt.[11] Das Betriebsgesundheitswesen erbrachte nicht nur präventive, sondern auch kurative Leistungen, und zwar sowohl für die Beschäftigten als auch für die Wohnbevölkerung der Umgebung. Je nach ökonomischem Potential des Betriebes waren die betrieblichen Polikliniken besser ausgestattet und daher beliebter als die kommunalen. Die guten Ergebnisse bei der Reduktion der Berufserkrankungen und Arbeitsunfälle sind angesichts der ungünstigen Arbeitsbedingungen auf dieses breit ausgebaute Betriebsgesundheitswesen zurückzuführen.

Für die ambulante medizinische Betreuung standen 1989 in der DDR 20.839 Ärzte, d. h. 51 Prozent aller Ärzte zur Verfügung. 90 Prozent von ihnen waren in Polikliniken und Ambulatorien tätig, die Hälfte als Fachärzte für Allgemeinmedizin. 63 Prozent der ambulant Tätigen waren Frauen.[12] Das Durchschnittsalter betrug 48 Jahre. Die »Arztdichte« unterschied sich mit einem Arzt auf 789 Einwohner im Jahre 1988 nur unwesentlich von der Bundesrepublik (1:741).[13] Zwischen den Bezirken und Kreisen gab es jedoch Differenzen. Berlin gehörte zu der am besten versorgten Region mit einer Arztdichte von 1:563 im ambulanten Bereich, während im Bezirk Cottbus auf einen Arzt 942 Patienten kamen.

Die Erfolge des ambulanten Gesundheitswesens

Bei der kritischen Würdigung der Polikliniken ist zu bedenken, daß zwischen konzeptionellen Ansprüchen und Realisierung oft Lücken klafften, die nicht der Struktur an sich, sondern der ungenügenden finanziellen Ausstattung oder den dem politischen System der DDR immanenten Fehlentwicklungen und Defiziten geschuldet waren. Dabei wies die DDR seit einigen Jahren die ungünstige Entwicklung einer Reihe sozioökonomischer Eckdaten aus, die sich auf Arbeits- und Wohnsituation sowie auf Ernährungsbedingungen negativ auswirkten.

Unter Heranziehung der Gesundheitskennziffern ist festzustellen, daß die DDR bis Mitte der 70er Jahre über leistungsfähige gesundheitspolitische Strategien und Konzeptionen verfügte, die mit geringerem Aufwand im Verhältnis zur BRD zu ähnlichen, z. T. besseren Ergebnissen bezüglich der Lebenserwartung der Bevölkerung, der Säuglings- und Müttersterblichkeit und der Arbeitsunfallhäufigkeit führten.

Spätestens seit Anfang der 80er Jahre kennzeichneten eine Verlangsamung der Entwicklung und eine im Vergleich zur Bundesrepublik immer größer werdende Schere in den Indikatoren die Situation.

Vergleich der Indikatoren des Gesundheitssystems 1989

	BRD	DDR
Ausgabequote a)	9,2	6,8
Öffentlicher Anteil b)	70,0	----
Beschäftigungsquote c)	4,8	3,8
Bettendichte a)	107	98
Arztdichte d)	30	24
Arzteinkommen e)	4,3	ca. 2,0
Arztkontakte f)	11,5	10,0
stationär Behandelte g)	18,5	15,5
Verweildauer h)	16,2	17,3
Kindersterblichkeit i)	75	76
Lebenserwartung		
Frauen	78,7	76,4
Männer	72,1	70,1

a) in % des BSP
b) in % der Gesundheitsausgaben
c) im GW Beschäftigte in % der Erwerbstätigen
d) pro 10.000 Einwohner, in der DDR war ein besonders hoher Anteil der Ärzte in der Verwaltung beschäftigt
e) als Vielfaches des durchschnittlichen Arbeitnehmereinkommens
f) durchschnittliche Zahl der Arztbesuche pro Kopf 1987 (OECD 1989)
g) stationär behandelte Personen in % der Gesamtbevölkerung
h) Durchschnittswert in Tagen
i) im ersten Lebensjahr Gestorbene pro 10.000 Lebendgeburten

Quellen: OECD 1989; BMG (Hrsg.), Daten des Gesundheitswesens 1991, Baden-Baden 1991; Statistisches Bundesamt (Hrsg.), FS 12/Reihe 5, Berufe der GW, Stuttgart 1991; Statistisches Bundesamt (Hrsg.), FS 12/Reihe 6, Krankenhäuser, Stuttgart 1991; Statistisches Bundesamt (Hrsg.), Wirtschaft und Statistik 8/1991, Stuttgart 1991; Institut für Medizinische Statistik und Datenverarbeitung (Hrsg.), Das Gesundheitswesen – Jahresgesundheitsbericht 1989 für das Gebiet der ehemaligen DDR, Berlin 1990

Die Darstellung der Erfolge und Probleme des Gesundheitssystems der DDR und ihrer ambulanten Versorgung erfolgt unter versorgungsinhaltlichen und wirtschaftlichen Aspekten. Die Erfolge lassen sich wie folgt zusammenfassen:

1. Die Multiprofessionalität mit kooperativen Strukturen von ärztlichem und nichtärztlichem Personal einerseits und verschiedener ärztlicher Fachrichtungen andererseits. Diese Organisationsform bot für Patienten und Ärzte, aber auch volkswirtschaftliche Vorteile. Der Patient konnte im Idealfall umfassend in einer Einrichtung

ohne kostspielige und zeitaufwendige Überweisungen betreut werden. Die Zusammenfassung von verschiedenen medizinischen Berufsgruppen und Ärzten verschiedener Fachrichtungen bot Möglichkeiten zu Meinungs- und Erfahrungsaustausch und gemeinsamer Fortbildung zwecks Qualitätssicherung der eigenen Arbeit.

2. Die Integration von Prophylaxe, Diagnostik, Therapie und Rehabilitation möglichst an einem Ort. Krankheitsfrüherkennung und –verhütung erfolgte durch Vorsorge und Reihenuntersuchungen, Aufklärung und planvoll integrierte lückenlose Versorgung. Hierfür spielten die Dispensaires besonders für Gruppen chronisch Kranker eine zunehmend bedeutungsvolle Rolle. Eine niedrige Säuglings- und Müttersterblichkeit, ein hoher Durchimpfungsgrad, eine qualitativ hochwertige präventiv ausgerichtete zahnmedizinische Versorgung und eine umfassende Diabetikerbetreuung zählten zu den Erfolgen dieses Modells. Die Vernetzung von medizinischen und sozialen Versorgungsformen half, Betreuungslücken zu schließen.

3. Durch die institutionelle Anbindung ambulanter Gesundheitseinrichtungen an die Krankenhäuser gelang es, die in der Bundesrepublik ausgeprägte Trennung von Ambulant und Stationär zu vermeiden oder zumindest zu mindern. Aus der gemeinsamen Nutzung der Medizintechnik inklusive Laboreinrichtungen resultierten ökonomische Effizienzen.

4. Der Angestelltenstatus der Ärzte sicherte ihnen eine von ökonomischem Kalkül und Zwängen unabhängige Position und befreite sie von bürokratischen kassenärztlichen Abrechnungsanforderungen. Zumindest theoretisch lagen hierin Vorteile für die Patienten, die Ärzte und die Volkswirtschaft.

5. Als positive Ansätze des Gesundheitssystems der DDR gelten bei vielen Gesundheitswissenschaftlern weiterhin:

– die Positivliste von verordnungsfähigen Medikamenten, die den Orientierungsrahmen für eine qualitativ hochwertige, aber zugleich wirtschaftliche Versorgung setzte;

– die Einheitsversicherung, die in der DDR einerseits keine Differenzierung zwischen Arbeitern und Angestellten vornahm, andererseits die Sozialversicherungszweige (Krankenkasse, Unfall- und Rentenversicherung) und die Sozialversicherungsträger (Krankenkassen, Berufsgenossenschaften, LVA und BfA) vereinheitlichte.[15]

(Eine zumindest einheitliche Krankenkasse aller Beschäftigten bietet größere Chancen für eine solidarische Finanzierung der Kosten im Gesundheitswesen und reduziert den Verwaltungsaufwand erheblich. Während 1990 die Sozialversicherung der DDR 6.400 Personen beschäftigte, davon zwei Drittel im Krankenversicherungsbereich, arbeiteten im April 1991 nur im Krankenkassenbereich 22.750 Mitarbeiter.)[16]

– Ansätze einer epidemiologisch fundierten Gesundheitsberichterstattung, die jedoch nicht immer in Betreuungsmaßnahmen umgesetzt wurde.

Da sich das Tätigkeitsprofil der Polikliniken von dem der bundesdeutschen niedergelassenen Ärzte deutlich unterschied – sie übernahmen partiell Aufgaben der hiesigen Gesundheitsämter –, werden bei der Diskussion der Probleme des ambulanten Gesundheitswesens auch Themen wie z. B. die Prävention berücksichtigt.

Die Probleme des ambulanten Gesundheitswesens

Das ambulante Gesundheitssystem der DDR war durch folgende Probleme charakterisiert:

1. Versorgungsdefizite der ambulanten Betreuung ergaben sich vor allem in den Groß-Polikliniken mit 40 und mehr Ärzten, in denen oft organisatorische Probleme zu hoher Personalfluktuation führten und daher eine konstante Arzt-Patient-Beziehung nicht gewährleisteten. Auch der seit 1973 bestehende »gesundheitsrechtliche Anspruch auf freie Arztwahl«[17] ließ sich aufgrund von Schichtdiensten, Abwesenheiten durch Krankheit, Mutterschaft, Fortbildung, administrativen oder politischen Tätigkeiten oder ortsfremden Arbeitseinsätzen nicht immer erfüllen.

Offiziellen Angaben zufolge fielen 20 bis 25 Prozent der Sprechstunden aus, was zu langen Bestell- und Wartezeiten und überfüllten Wartezimmern führte.[18] Weitere Mißstände, wie das hierarchische Arzt-Patient Verhältnis oder die undemokratischen Binnenstrukturen der Einrichtungen, wurden nach der Wende im Rahmen von Ost-West-Gesprächskreisen, so z. B. des »Ost-West-Dialogs« des Berliner Gesundheitsladens benannt.[19]

Zusätzlich gab es Engpässe in bestimmten Fachrichtungen vor allem bei den Allgemeinmedizinern. Obwohl die DDR diese Spezialisierung bereits 1967 einrichtete (in der Bundesrepublik erst 1993), wurde die Tätigkeit der Allgemeinmediziner/Hausärzte sowohl in medizinischen wie in politischen Kreisen lange unterbewertet. Innerhalb der Sozialhygieniker war seine Funktion nach 1945 strittig, Winter z. B. hielt ihn für überflüssig und wollte ihn durch ein Team von Spezialisten ersetzen. Allgemeinmediziner waren zunächst für Polikliniken nicht vorgesehen. Das Hausarztprinzip ist erst seit den 70er Jahren, ausdrücklich sogar erst 1987, wieder propagiert worden, so durch einen Beschluß des Politbüros des ZK der SED vom 10. November 1987.[20]

Schließlich gab es auch regionale Versorgungsdisparitäten besonders in Großstädten und industriellen Ballungszentren, die durch »gezielte Absolventenlenkung« und finanzielle Anreize nur partiell kompensiert werden konnten.

2. Aber nicht nur die personelle, sondern auch die finanzielle Ausstattung der Einrichtungen war defizitär. Der langjährige Gesundheitsminister der DDR, Ludwig Mecklinger, schrieb in seinen Lebenserinnerungen von einer chronischen Unterfinanzierung.[21] Dies hing ursächlich damit zusammen, daß das Gesundheitswesen als »unproduktiver Bereich« und als »gesellschaftlicher Großkonsument« mit geringem Sozialprestige eingestuft wurde.[22]

Die Ausgaben für das Gesundheitswesen lagen um 50 Prozent niedriger als in der Bundesrepublik.[23]

Zusätzlich stiegen die Gelder für den ambulanten Sektor seit 1970 unterproportional im Vergleich zu den Gesamtausgaben für das Gesundheits- und Sozialwesen.[24]

Die Folgen waren verschlissene Bausubstanz, unzureichende Ausstattung mit Heilmitteln und moderner Technik, Nachwuchsprobleme, speziell im pflegerischen Bereich, und Abwanderung besonders von Ärzten.

3. Auch die Modelle integrierter Versorgung waren nur partiell erfolgreich. Es wurde immer wieder, bei grundsätzlich besserer Verzahnung der Versorgungsbereiche als in der Bundesrepublik, von Schnittstellenproblemen berichtet, sei es innerhalb der Polikliniken oder zwischen den Polikliniken und Dispensaires, kommunalen Einrichtungen und dem Betriebsgesundheitswesen, der Grund- und Spezialbetreuung und schließlich ambulanter und stationärer

Therapie. So war die Zahl der poliklinischen Einrichtungen an Krankenhäusern über die Jahre rückläufig. Während 1966 noch 50 Prozent der Polikliniken sich in unmittelbarer Nähe eines Krankenhauses befanden, waren es 1989 nur noch 23 Prozent.[25]

Teilweise litten die Polikliniken unter Zersplitterungen, die durch bauliche Probleme entstanden waren. Andererseits mußten immer wieder neue Kompromisse gefunden werden zwischen Patientennähe und Effizienz der Einrichtungen.

Auch das Modell der integrierten Chronikerbetreuung der Dispensaires ist zum Teil ambivalent zu beurteilen. Während die »ganzheitliche Herangehensweise«[26] und die Schulung der Patienten beim Umgang mit chronischen Erkrankungen positiv beurteilt wurden, kam es auch zu Überversorgung und ineffizienten Mehrfachuntersuchungen mangels Koordination der einzelnen Einrichtungen. Niehoff und Schrader kritisierten zusätzlich die durch sie ausgeübte »präventionsmotivierte soziale Kontrolle.«[27]

4. Der hohe Stellenwert der Prophylaxe hatte einen wesentlichen Einfluß auf die Gestaltung der Gesundheitspolitik. Sie wurde zunächst vor allem im Sinne einer auf die Lebensverhältnisse orientierten Konzeption verstanden. Im Sinne der programmatischen Aussage im Dresdener Hygiene-Museum »Der Sozialismus ist die beste Prophylaxe«[28] schloß das Präventionskonzept gesellschaftsgestaltende Ideen essentiell mit ein. Damit hatte die Überwindung sozialer Unterschiede in den Gesellschaftsverhältnissen höchste Priorität.

Dieses Ziel verband sich mit der Fehlannahme sozialer Homogenität, die mit der Realität der sich zunehmend differenzierenden DDR-Gesellschaft in Widerspruch geriet. »Die Präventionsprogrammatik (geriet) in die Sackgasse der Uniformität und der Homogenisierung ›vorgedachter‹ Lebensziele.«[29] Für Eigeninitiativen der Bevölkerung und der Patienten in Form von Selbsthilfegruppen eröffneten sich nur sehr verzögert Spielräume. Die Gesundheitspolitik blieb etatistisch, paternalistisch und professionsorientiert.

Die allgemein zu beobachtende Stagnation der DDR ab Mitte der siebziger Jahre wirkte sich auch auf die Entwicklung der Sozialhygiene und ihr Konzept der Prophylaxe aus. Es kam zu einem Paradigmenwechsel. Soziale Wirklichkeiten wurden zunehmend weniger zur Kenntnis genommen, bestimmte Realitäten wie Alkohol- und

Medikamentenmißbrauch, Suizide besonders im Alter, soziale Ungleichheit, Kindesmißhandlung und ökologische Probleme wurden tabuisiert. Das individuelle Verhalten, die Verhaltensprävention rückte in den Vordergrund. Der Einfluß sozialwissenschaftlich geprägter Gesundheitsleitbilder ging zurück. Die Lösung der präventiven Aufgaben wurde nun mittels moralischer Imperative schwerpunktmäßig von den praktisch tätigen Ärzten erwartet. Diese sozialmedizinische Entwicklung ist ansatzweise auf der Nationalen Gesundheitskonferenz 1989 in Berlin problematisiert worden, zu spät und zu halbherzig, so Niehoff, um noch erfolgreich umgesetzt zu werden.[30]

5. Das Verhältnis zwischen SED-Führung und medizinischer Intelligenz war durch Mißtrauen geprägt.

Dies hatte für den Aufbau der poliklinischen Versorgungsstruktur weitreichende Konsequenzen. Unter dem Druck der Abwanderungstendenzen der medizinischen Intelligenz – es gingen ca. 20.000 Ärzte, Zahnärzte und Apotheker während der Existenz der DDR[31] – verlief die Transformation der ambulanten Strukturen eher langfristig. Niemann weist darauf hin, daß 1960 noch mehr als 3.000 Ärzte in der DDR privat niedergelassen waren, was fast der Hälfte aller ambulant tätigen Ärzte entsprach.[32]

Die skeptische Haltung der SED den Ärzten gegenüber dokumentierte sich in einer sozialen und ökonomischen Unterbewertung des Gesundheitswesens generell und in einer starken Kontrolle des Ministeriums für Gesundheit durch die seit 1958 bestehende Abteilung Gesundheitspolitik beim ZK der SED.

Die genannten kritischen Aspekte sind bei der Diskussion über die Effizienz und Effektivität der Polikliniken und den Vergleich ihrer Leistungsfähigkeit mit dem System der ambulanten Versorgung der Bundesrepublik zu berücksichtigen. Methodische Probleme aufgrund der unterschiedlich aggregierten Daten, der unzureichend erfaßten Leistungsmengen, der unterschiedlichen Kosten und der Zurechenbarkeit von Leistungen des Gesundheitssystems stehen einem Vergleich entgegen. Unter Respektierung der genannten Problematik und eingedenk der kostenproduzierenden Faktoren im westdeutschen Gesundheitswesen (Übermedikalisierung, Übertechnisierung, angebotsinduzierte Nachfrage) sei auf die Effizienzanalysen von Rolf (1975)[33] und Korbanka (1990)[34] verwiesen, die zu dem Ergebnis kamen: »Geringerer Input und zumindest gleichgroßer – partiell mit Sicherheit größerer – Output sind jedoch gleichbedeutend mit größerer Effizienz des staatlichen Gesundheitsdienstes der DDR gegenüber der gegenwärtigen Ausgestaltung der sozialversicherungsrechtlichen Organisation der Gesundheitssicherung in der BRD.«[35]

Kritische Würdigung

Die DDR hatte in 40 Jahren unter versorgungsinhaltlichen und vermutlich auch ökonomischen Aspekten ein zukunftsfähiges, von der Bevölkerung mehrheitlich akzeptiertes, ambulantes Betreuungsmodell aufgebaut. Parallel dazu gab es in der Bundesrepublik ein Gesundheitswesen, das durch eine »segregierte Zuständigkeitsverteilung« bei der Organisation des Versorgungsgeschehens und dessen Finanzierung charakterisiert war.

Davon unterschied sich das ostdeutsche Modell mit weitgehend integrativem Charakter, das sich im ambulanten Bereich durch folgende Vorteile auszeichnete:

1. Partiell institutionalisierte ärztliche Kooperation unterschiedlicher Disziplinen in zentralen Einrichtungen.
2. Integration von medizinischer Versorgung, ambulanter Pflege und Gesundheits- und Sozialberatung mit einheitlicher Verantwortung für die Finanzierung.
3. Einsatz multiprofessioneller Teams bei der Schwerpunktbetreuung chronisch Kranker (Dispensaires).
4. Integration von Prophylaxe, Diagnostik und Therapie z. B. bei der Kinder- und Jugendzahnpflege und im Betriebsgesundheitswesen.
5. Partielle Abstimmung von ambulanter und stationärer Versorgung.

Auch unter ökonomischen Gesichtspunkten boten diese Strukturen durch die gemeinsame Nutzung von Räumlichkeiten und medizinisch-technischen Geräten, verlängerten Öffnungszeiten und gegenseitigen Vertretungen Vorteile. Nach der Wende haben eine Reihe von Untersuchungen[36] und ökonomische Berechnungen[37] differenzierte Urteile hierzu abgegeben. Für den wünschenswerten Erhalt der Polikliniken waren sie nicht nutzbar.

Das Zusammenwirken von strategiefähigen Ärzteverbänden, besonders der Kassenärztlichen Bundesvereinigung, zentralisierter Entscheidungsfindung im Bundeskanzleramt von im Konkurrenzkampf um den ostdeutschen Markt blockierten Krankenkassen, einer weitgehend entmachteten DDR Regierung, einer »Vertretungslücke« hinsichtlich poliklinischer Einrichtungen, desinteressierter Landesregierungen und von überforderten Kommunen hat dazu geführt, daß die Chance pluralistischer ambulanter Versorgungsstrukturen verspielt wurde. Nur wenige westdeutsche Akteure, wie der Sozialpolitiker Rudolf Dressler (SPD) oder der Berliner Ärztekammerpräsident Ellis Huber, nutzten die Wende für substantielle Reformdebatten. Die von der westdeutschen Ärzteschaft systematisch betriebene »Delegitimierung« der Polikliniken und Ambulatorien sowie das Tempo der Vertragsverhandlungen ließen einen Diskurs über die Potentiale der Einrichtungen nicht zu.

Diese Politik schlug sich in den gesetzlichen Rahmenbedingungen und Verträgen der von den Selbstverwaltungsorganen festgelegte Dominanz des freipraktizierenden Arztes, in der Limitierung der Polikliniken und Ambulatorien bis 1995 und in ihren finanziellen Benachteiligungen nieder. Hinzu kam die ausbleibende politische Unterstützung der Einrichtungen durch Bundes-, Länder- und kommunale Ebene. Alle Faktoren gemeinsam lösten einen »erzwungenen Strukturwandel« mit speziellen Rückkopplungs- und Verstärkungseffekten zwischen den verschiedenen Akteuren und Akteursgruppen aus.

Das Resultat waren eine überstürzte Niederlassungswelle und ein rasanter Erosionsprozeß, der die Polikliniken existenziell gefährdete und kaum Zeit für Umstrukturierungsmaßnahmen ließ. Der Verlust von bewährten Strukturen integrierter Versorgung, wie den Dispensaires, führte zu Versorgungslücken, die erst über Jahre durch den Aufbau von Schwerpunktpraxen geschlossen werden konnten. Zusätzlich ergaben sich Versorgungsdefizite auf dem Lande durch die Konzentration der Niederlassungen in den Kreisstädten und den Wegfall der Sprechstunden in Zweigeinrichtungen. Trotzdem führte vor allem die verbesserte Ausstattung des Gesundheitswesens in den ersten Jahren nach der Wende zu steigenden Zufriedenheitswerten der Bevölkerung in den neuen Bundesländern. Umfragen[38] ergeben allerdings eine zunehmend differenzierte Beurteilung der Gesundheitsversorgung seit Mitte der 90er Jahre. Kritisiert werden die Trennung von ambulanter und stationärer Medizin, der Verlust der Betriebspolikliniken und Dispensaires, Defizite bei der Prävention und steigende Selbstbeteiligung und Beitragssätze. Das ehemalige ostdeutsche Gesundheitswesen wird inzwischen für das Überlegenere gehalten.[39]

Trotz des dynamischen Abwicklungsprozesses der Polikliniken, der m. E. sowohl Ausdruck für ein Versagen der Steuerungsfunktion der Selbstverwaltungsorgane als auch staatlicher Gemeinwohlorientierung ist, gelang in Berlin und Brandenburg in begrenztem Umfang der Erhalt der Einrichtungen. Der interventionistische Politikstil der brandenburgischen Sozialministerin Regine Hildebrandt und ihres Ministeriums zeigt, welche Handlungsmöglichkeiten politischen Akteuren in einem korporatistisch organisierten, der Selbstverwaltung unterstellten Politiksektor in einer Ära zurückgenommener Sozialstaatlichkeit bleiben. Sie resümierte 1996 angesichts eines Anteils der Gesundheitszentren, so die heutige Bezeichnung für die Polikliniken, von 8,6 Prozent an der ambulanten Versorgung Brandenburgs: »Zweifellos haben wir mehr gewollt.«[40]

Welchen Charakter tragen die ehemaligen Polikliniken nun heute nachdem mehrjährigen Umstrukturierungsprozeß und wie zukunftsfähig ist das Modell? Die zum Teil grundlegenden Veränderungen des Charakters der Polikliniken sind begründet in ihrer Integration in ein marktwirtschaftliches kapitalistisches System, in den derzeitigen Privatisierungsstrategien öffentlicher Dienstleistungen und in den spezifischen ordnungspolitischen Rahmenbedingungen bundesrepublikanischer Gesundheitspolitik.

In der BRD wird in der Krankenversorgung medizinisches Handeln nicht unwesentlich von privatwirtschaftlichen und kommerziellen Interessen geprägt. Dies hat Auswirkungen auf die medizinisch-fachliche und berufsethische Situation auch der angestellten Ärzte im ambulanten Sektor. Durch eine leistungsbezogene Vergütung sind sie in die betriebswirtschaftlichen Kalküle der Gesundheitszentren einbezogen, die als kommunale Gesundheitsbetriebe in marktwirtschaftliche Rationalität und Wettbewerbsbeziehungen eingebunden sind.

Zum anderen ist die integrative Versorgung durch die Zergliederung von Verantwortlichkeiten und unterschiedliche Kostenträgerschaften deutlich erschwert. Dies manifestiert sich im präventiven Bereich, bei der Vernetzung von ambulanter und stationärer Therapie und bei multiprofessionellen Kooperationen in der Chronikerbetreuung. Eine zusätzliche Belastung der Arbeitsbeziehungen stellt das Nebeneinander von angestellten und niedergelassenen Ärzten einer Fachrichtung angesichts unterschiedlicher Honorierungen für gleiche Leistungen in einer Einrichtung dar.

Die aufgezeigte Problematik belegt: Die nach den poliklinischen Prinzipien – Entkommerzialisierung, Einheit von Prävention, Diagnostik, Therapie und Rehabilitation, interdisziplinäre und multiprofessionelle Kooperation – arbeitenden Einrichtungen waren ein Modell der DDR, das in dem Moment ihres Untergangs in dieser Form auch keinen Bestand mehr hatte.

Es bleibt die Frage nach den Perspektiven. Derzeit sind die Gesundheitszentren ein regional begrenztes Modell ambulanter medizinischer Versorgung. Gesetzliche Restriktionen des § 311 Abs. 2 des SGB V beschränken sie auf ihren derzeitigen Bestand, d.h. Expansionsmöglichkeiten sind weder von der Größe der einzelnen Einrichtungen noch von der Anzahl her möglich. Es wird zukünftigen politischen Konstellationen überlassen bleiben, dies zu ändern. Die Gesundheitszentren waren und bleiben für die Kassenärztliche Vereinigungen ein unerwünschter Konkurrent. Dies schlägt sich in den Konflikten um die Honorierung der angestellten Ärzte nieder, die gegenüber ihren niedergelassenen Kollegen weiterhin deutlich benachteiligt sind. Ihre mangelnde Repräsentanz führt dazu, daß ihre spezifischen Belange bei den Aushandlungsprozessen besonders zwischen den Selbstverwaltungsorganen keine Berücksichtigung finden.

Somit ist es den Kassenärztlichen Vereinigungen im Einigungsprozeß gelungen, ihre Definitionsmacht ärztlichen Handelns und ihre Anbieterdominanz durch Erhalt des Sicherstellungsauftrags beizubehalten. Die Chance, plurale ambulante Versorgungsformen zu etablieren, ist damit zunächst vertan worden. Ob dies zukünftig in Zeiten »der Abkehr von eher keynesianistischen Politikmustern«[41] so bleiben wird, ist fraglich.

Zum einen verschärfen rückläufige Einnahmen die Verteilungskonflikte, z.B. zwischen Haus- und Fachärzten, und gefährden so die innere Kohärenz und Strategiefähigkeit der Kassenärztlichen Vereinigungen. Zum anderen haben Deregulierungs- und Wettbewerbslogiken sowie die gesetzliche Machtverschiebung von der Anbieter- zur Finanzierungsseite in der Gesundheitspolitik eine zunehmende Ökonomisierung der medizinischen Versorgung in den letzten Jahrzehnten bewirkt. Die Frage, ob die Gesundheitszentren angesichts dieser Entwicklungen zukünftig eine Alternative zur freien Einzelpraxis einerseits und zur zunehmenden ökonomischen Überformung medizinischen Denkens und Handelns andererseits darstellen werden, bleibt offen.

1 Dieser und einige andere Texte mußten, um den Umfang des Sammelbandes nicht zu sprengen, gekürzt werden. Er basiert auf der Diplomarbeit (Freie Universität, Otto-Suhr-Institut Berlin 2001) der Autorin zum gleichen Thema. Die Forschungsgruppe ist bereit, denen, die an dem Originaltext dieser Zusammenfassung interessiert sind, diesen gegen einen Unkostenbeitrag von 15,- Euro zuzusenden – Adresse siehe Einleitung.

2 Bernd Hamm, Von der DDR lernen?, in: Rolf Reißig, Gert-Joachim Glaeßner (Hrsg.), Das Ende eines Experiments. Umbruch in der DDR und deutsche Einheit, Berlin 1991, S. 240.

3 Reimer Schorr, Otto Weiss, Die ambulant-medizinische Betreuung in der DDR, Manuskript, S. 1., verfügbar bei der Forschungsgruppe.

4 Hartmut Reiners, Einleitung, in: Bundesverband der Gesundheitszentren und Praxisnetze e.V. (Hrsg.), Dokumentation – 1. VGZ-Symposium Praxisnetze und Integrierte Versorgung aus verschiedenen Perspektiven, Potsdam, den 4. November 2000, S. 3.

5 Bernhard Braun, Rainer Müller, Gesundheitspolitik als erzwungener Strukturwandel – Das Beispiel der ambulanten Versorgung in der ehemaligen DDR, in: Hans-Ulrich Deppe, Hannes Friedrich, Rainer Müller (Hrsg.), Gesundheitssystem im Umbruch: Von der DDR zur BRD, Frankfurt/M.-New York 1993, S. 55-95.

6 Außerdem führte die Interdependenz der Regelungen der Struktur des ambulanten Gesundheitswesens und des Krankenversicherungssystems dazu, daß die Polikliniken Opfer von Tauschlogiken im Aushandlungsprozeß von Politikern und Selbstverwaltungsorganen wurden und somit ein nachhaltiges Engagement potentieller westdeutscher Befürworter der Einrichtungen ausblieb.

7 Hartmut Reiners, Einleitung, a.a.O., S. 2.

8 Hans-Ulrich Deppe, Gesundheitspolitik im Kontext der deutschen Vereinigung und europäischen Integration, in: ders., Friedrich/Müller (Hrsg.), Gesundheitssystem im Umbruch, a.a.O., S. 16.

9 Jens Uwe Niehoff, Ralf Raigo Schrader. Gesundheitsleitbilder – Absichten und Realitäten in der Deutschen Demokratischen Republik, in: Thomas Elkeles, Jens Uwe Niehoff, Rolf Rosenbrock, Frank Schneider (Hrsg.), Prävention und Prophylaxe. Theorie und Praxis der gesundheitspolitischen Grundmotive in zwei deutschen Staaten (1945-1990), Berlin 1991, S. 51-74.

10 Eckhard Hansen, Michael Heisig, Stefan Leibfried, Florian Tennstedt, Seit über einem Jahrhundert ... Verschüttete Alternativen in der Sozialpolitik: Sozialer Fortschritt, organisierte Dienstleistungsmacht und nationalsozialistische Machtergreifung: der Fall der Ambulatorien in den Unterweserstädten und in Berlin. 100 Jahre Kaiserliche Botschaft zur Sozialversicherung: Eine Festschrift, Köln 1981, S. 405.

11 Bertram Häussler, Das Betriebsgesundheitswesen in der ehemaligen DDR, in: in: Hans-Ulrich Deppe, Hannes Friedrich, Rainer Müller (Hrsg.), Gesundheitssystem im Umbruch, a.a.O., S. 131.

12 Siehe Hans-Ulrich Deppe, Gesundheitspolitik im Kontext der deutschen Vereinigung und europäischen Integration, in: ebd., S. 15.

13 Otto Weiss, Zur Entwicklung der ambulanten medizinischen Versorgung in der ehemaligen DDR, in: Öffentliches Gesundheits-Wesen, Sonderheft 3/1991, S. 181.

14 Reimer Schorr, Otto Weiss, Die ambulant-medizinische Betreuung in der DDR, a.a.O., S. 74.

15 Tobias Robischon, Andreas Stucke, Jürgen Wasem, Hans-Georg Wolf, Die poli-

tische Logik der deutschen Vereinigung und der Institutionentransfer. Eine Untersuchung am Beispiel von Gesundheitswesen, Forschungssystem und Telekommunikation, in: Politische Vierteljahresschriften, Opladen, H. 3/1995, S. 434.

16 Philip Manow, Gesundheitspolitik im Einigungsprozeß, Frankfurt/M. 1994, S. 91.

17 Jürgen Wasem, Vom staatlichen zum kassenärztlichen System. Eine Untersuchung des Transformationsprozesses der ambulanten ärztlichen Versorgung in Ostdeutschland, Frankfurt/M.-New York 1997, S. 69.

18 Axel Weber, Das Gesundheitswesen in der Deutschen Demokratischen Republik, in: Soziale Sicherheit, H. 3/1990, S. 91.

19 Beate Guthke, Eberhard Göbel, Ideale und Realitäten. Gemeinschaftspraxis West und Poliklinik Ost, in: Dr. med. Mabuse. Zeitschrift im Gesundheitswesen, Frankfurt/M., H. 12/1990, S. 32.

20 Otto Weiss, Strukturelle Fragen des Gesundheitswesens der DDR, in: Anita Rausch, Lothar Rohland, Horst Spaar, Das Gesundheitswesen der DDR – eine historische Bilanz für zukünftige Gesundheitspolitik, Veröffentlichung der Interessengemeinschaft Medizin und Gesellschaft e.V., Bd. 23/24, Berlin 1999, S. 131-140.

21 Ludwig Mecklinger, Zur Umsetzung der Gesundheitspolitik im Gesundheits- und Sozialwesen, Berlin 1998, S. 17.

22 Dierk von Appen, Anspruch und Wirklichkeit: Gesundheitsschutz und ambulante Betreuung, in: Wilhelm Thiele (Hrsg.), Das Gesundheitswesen der DDR: Aufbruch oder Einbruch. Denkanstösse für eine Neuordnung des Gesundheitswesen in einem deutschen Staat, Sankt Augustin 1990, S. 105.

23 Ebd., S. 106.

24 Sachverständigenrat für die konzertierte Aktion im Gesundheitswesen, Das Gesundheitswesen im vereinten Deutschland, Baden-Baden 1991, S. 121.

25 Bernhard Braun, Rainer Müller, Gesundheitspolitik als erzwungener Strukturwandel, in: in: Hans-Ulrich Deppe, Hannes Friedrich, Rainer Müller (Hrsg.), Gesundheitssystem im Umbruch, a.a.O., S. 61.

26 Jürgen Wasem, Vom staatlichen zum kassenärztlichen System, a.a.O., S. 66.

27 Jens Uwe Niehoff, Ralf Raigo Schrader, Gesundheitsleitbilder, a.a.O., S. 66.

28 Hans Stein, Gemeinsame Ansätze in Prävention und Gesundheitsförderung müssen weiterentwickelt werden – Einleitung, in: Wilhelm Thiele (Hrsg.), Das Gesundheitswesen der DDR, a.a.O., S. 243.

29 Jens Uwe Niehoff, Ralf Raigo Schrader, Gesundheitsbilder, a.a.O., S. 55.

30 Jens Uwe Niehoff, Prävention und Aus- und Weiterbildung in den medizinischen Berufen – Skizze zu Entwicklungstendenzen in der DDR, in: Wilhelm Thiele (Hrsg.), Das Gesundheitswesen der DDR, a.a.O., S. 276.

31 Horst Spaar, Das Gesundheitswesen der DDR, Quellen, Entwicklungen und Wertungen, in: Rausch/Rohland/Spaar, Das Gesundheitswesen der DDR – Eine historische Bilanz für zukünftige Gesundheitspolitik, Veröffentlichung der Interessengemeinschaft Medizin und Gesellschaft e.V., Bd. 23/24, Berlin 1999, S. 61.

32 Heinz Niemann, Polikliniken – Gesundheitspolitische Herausforderung für die Zukunft, in: Heiner Vogel, Ute Sonntag, Wolfgang Deubert (Hrsg.), Strukturen der Gesundheitsversorgung in den neuen Bundesländern – Meinungen, Hintergründe, Perspektiven, Berlin 1993, S. 75.

33 Hartmut Rolf, Sozialversicherung oder Staatlicher Gesundheitsdienst? Ökono-

mischer Effizienzvergleich der Gesundheitssicherungssysteme in der Bundesrepublik Deutschland und der Deutschen Demokratischen Republik, Berlin 1975.

34 Christian Korbanka, Das Gesundheitswesen der DDR, Darstellung und Effizienzanalyse, Köln 1990.

35 Hartmut Rolf, Sozialversicherung oder Staatlicher Gesundheitsdienst?, a.a.O., S. 203.

36 Prognos AG, Bewertende Beschreibung des Gesundheitswesens der DDR, Für das Bundesministerium Familie, Frauen und Gesundheit, Manuskript, Köln 1990; Wilhelm F. Schrader, Klaus Jacobs, Zur Entwicklung der ambulanten medizinischen Versorgung in der Region Dresden, IGES GmbH, Berlin 1991; Karl Heinz Schönbach, Zur Reorganisation von Betriebs-Polikliniken und -Ambulatorien im System der ambulanten medizinischen Versorgung in der DDR, in: Die Betriebskrankenkasse, Heft 7-8, 1990, S. 430-446; Anita Rausch, Lothar Rohland, Horst Spaar, Das Gesundheitswesen der DDR, a.a.O.

37 Ellis Huber, Die verpaßte Chance! Polikliniken und Gesundheitszentren in der ambulanten Versorgung, in: Soziale Sicherheit, H. 7/1991, S. 204-208; Kaut Dahlgaard, Hendrik van den Busche, German Pump, Perspektiven für die Umgestaltung einer Poliklinik zu einem Sozial- und Gesundheitszentrum. Dokumentation des Projektes Sozial- und Gesundheitszentrum Chemnitz, CARE e.V. Hamburg 1992; Landesregierung Brandenburg: Antwort auf die Große Anfrage Nr. 48 der Fraktion der PDS, DS 2/5063, Landtag von Brandenburg, 27.5.1998, DS 2/5323.

38 Heidrun Schmidtke, Gesundheit, in: Gunnar Winkler (Hrsg.), Sozialreport 1999 – Daten und Fakten zur Lage in den neuen Bundesländern, Berlin 1999, Bundesministerium für Gesundheit: Gesundheit in den neuen Ländern. Stand, Probleme und Perspektiven nach 10 Jahren Deutsche Einheit, Bonn 2000; Viola Schubert-Lehnhardt, Sichtweisen und Reaktionen von BürgerInnen der neuen Bundesländer auf Transformationsprozesse im Gesundheitswesen, in: Helle Panke zur Förderung von Politik, Bildung und Kultur e.V. (Hrsg.), Blick zurück ohne Zorn? Bedeutung soziokultureller Einrichtungen der DDR für gesellschaftliche Alternativentwürfe heute. Materialien eines wissenschaftlichen Kolloquiums am 2. November 2000, Berlin 2001, S. 39-48.

39 Ebd.

40 Regine Hildebrandt, Vorwort, In: Wilhelm F. Schrader, Klaus Jacobs, Von der Poliklinik zum Gesundheitszentrum, Umstrukturierung der ambulanten Versorgung im Land Brandenburg, Schriftenreihe Strukturforschung im Gesundheitswesen, Bd. 24, IGES GmbH, Berlin 1997, S. 3.

41 Hagen Kühn, Ökonomisierung der Gesundheit – Am Beispiel des US-amerikanischen Gesundheitswesens, in: WSI Mitteilungen, Heft 2, 1990, S. 64.

Bernhard Blanke (Hrsg.), Krankheit und Gemeinwohl. Gesundheitspolitik zwischen Staat, Sozialversicherung und Medizin, Opladen 1994

Bundesministerium für Gesundheit: Gesundheit in den neuen Ländern. Stand, Probleme und Perspektiven nach 10 Jahren Deutsche Einheit, Bonn 2000

Hans-Ulrich Deppe, Hannes Friedrich, Rainer Müller (Hrsg.), Gesundheitssystem im Umbruch: Von der DDR zur BRD, Frankfurt/M.-New York 1993

Thomas Elkeles, Jens-Uwe Niehoff, Rolf Rosenbrock, Frank Schneider (Hrsg.), Prävention und Prophylaxe. Theorie und Praxis der gesundheitspolitischen Grundmotive in zwei deutschen Staaten (1949-1990), Berlin 1991

Anna Sabine Ernst, »Die beste Prophylaxe ist der Sozialismus«. Ärzte und medizinische Hochschullehrer in der SBZ/DDR 1945-1961, Münster 1997

Günter Ewert, Reimer Schorr, Lothar Rohland (Red.), Zum Stellenwert der ambulanten Versorgung im Gesundheitssystem. Dokumentation der 4. Wissenschaftlichen Arbeitstagung (Berlin, den 18. Oktober 1997), Veröffentlichung der Interessengemeinschaft Medizin und Gesellschaft, Heft 12, Berlin 1998

Beate Guthke, Eberhard Göbel, Ideale und Realitäten. Gemeinschaftspraxis West und Poliklinik Ost, in: Dr.med. Mabuse, Zeitschrift im Gesundheitswesen, Frankfurt/M., H.12/1990, 30-32

Eckhard Hansen, Michael Heisig, Stefan Leibfried, Florian Tennstedt, Seit über einem Jahrhundert ... Verschüttete Alternativen in der Sozialpolitik: Sozialer Fortschritt, organisierte Dienstleistungsmacht und nationalsozialistische Machtergreifung: der Fall der Ambulatorien in den Unterweserstädten und in Berlin. 100 Jahre Kaiserliche Botschaft zur Sozialversicherung: Eine Festschrift, Köln 1981

Ellis Huber, Die verpaßte Chance! Polikliniken und Gesundheitszentren in der ambulanten Versorgung, in: Soziale Sicherheit, H. 7/1991, S. 204-208

Klaus Jacobs, Wilhelm F. Schräder, Gesundheitszentren in Brandenburg. Zur Modernisierung ambulanter Angebotsstrukturen zwei Jahre nach der deutschen Vereinigung, in: Jahrbuch für Kritische Medizin 19 (1993), Hamburg, S. 53-66

Christian Korbanka, Das Gesundheitswesen der DDR. Darstellung und Effizienzanalyse, Köln 1990

Philip Manow, Gesundheitspolitik im Einigungsprozeß, Frankfurt/M. 1994

Gerhard Naser, Hausärzte in der DDR. Relikte des Kapitalismus oder Konkurrenz für die Polikliniken, Bergatreute 2000

Anita Rausch, Lothar Rohland, Horst Spaar, Das Gesundheitswesen der DDR – Eine historische Bilanz für zukünftige Gesundheitspolitik, Veröffentlichung der Interessengemeinschaft Medizin und Gesellschaft e.V., Bd. 23/24, Berlin 1999

Tobias Robischon, Andreas Stucke, Jürgen Wasem, Hans-Georg Wolf, Die politische Logik der deutschen Vereinigung und der Institutionentransfer. Eine Untersuchung am Beispiel von Gesundheitswesen, Forschungssystem und Telekommunikation, in: Politische Vierteljahresschriften, Opladen, H. 3/1995, S. 423-459

Wilhelm F. Schräder, Klaus Jacobs, Von der Poliklinik zum Gesundheitszentrum. Umstrukturierung der ambulanten Versorgung im Land Brandenburg. Schriftenreihe Strukturforschung im Gesundheitswesen, Bd. 24, IGES GmbH, Berlin 1997

Viola Schubert-Lehnhardt, Ausgewählte Aspekte des Transformationsprozesses im Gesundheitswesen der neuen Bundesländer. Wertgewinn und Wertverlust für die Betroffenen, Berlin 1998

Viola Schubert-Lehnhardt, Sichtweisen und Reaktionen von BürgerInnen der neuen Bundesländer auf Transformationsprozesse im Gesundheitswesen, in: Helle Panke zur Förderung von Politik, Bildung und Kultur e.V. (Hrsg.), Blick zurück ohne Zorn? Bedeutung soziokultureller Einrichtungen der DDR für gesellschaftliche Alternativentwürfe heute. Materialien eines wissenschaftlichen Kolloquiums am 2. November 2000, Berlin 2001, S. 39-48

Winfried Süß, Gesundheitspolitik, in: Hans Günter Hockerts (Hrsg.), Drei Wege deutscher Sozialstaatlichkeit. NS-Diktatur, Bundesrepublik und DDR im Vergleich, München 1998, S. 55-100

Wilhelm Thiele (Hrsg.), Das Gesundheitswesen der DDR: Aufbruch oder Einbruch. Denkanstöße für eine Neuordnung des Gesundheitswesen in einem deutschen Staat, Sankt Augustin 1990

Heiner Vogel, Ute Sonntag, Wolfgang Deubert (Hrsg.), Strukturen der Gesundheitsversorgung in den neuen Bundesländern – Meinungen, Hintergründe, Perspektiven – Dokumentation einer Fachtagung der DGVT »Perspektiven fortschrittlicher Gesundheitspolitik in den neuen Bundesländern« am 7./8. Dezember 1992 in Berlin, Tübingen 1993

Jürgen Wasem, Vom staatlichen zum kassenärztlichen System. Eine Untersuchung des Transformationsprozesses der ambulanten ärztlichen Versorgung in Ostdeutschland, Frankfurt/M.-New York 1997

Peter Arlt, Jg. 1943, Dr. phil. habil. et Dr. paed., Professor für Kunstgeschichte und –theorie an der Universität Erfurt; studierte an der Pädagogischen Hochschule Erfurt Kunsterziehung und Deutsch, Diplom-Lehrer, promovierte über das Verhältnis von Wort- und Bildzeichensprache. 1988 Habilitation; wichtigere Veröffentlichungen: Prometheus im Labyrinth. Mythos und politische Symbolik in der bildenden Kunst der DDR, 1994; Der Hirt und die drei schönen Göttinnen, 1982; Mythos und Figur in zeitgenössischer deutscher Kunst 2001.

Karl-Heinz Arnold, Jg. 1925, Dr.jur., Journalist; bis 1989 Stellvertretender Chefredakteur der »Berliner Zeitung«, November 1989 bis April 1990 persönlicher Mitarbeiter des DDR-Ministerpräsidenten; wichtige Publikationen: Die ersten 100 Tage des Hans Modrow (1990); Schild und Schwert. Das Ende von Stasi und Nasi (1995); Die Zeitung. Ein Journalist berichtet (2001).

Stefan Bollinger, Jg. 1954, Dr.sc.phil., Politikwissenschaftler; Studium an der Humboldt-Universität Berlin; bis 1990 Wissenschaftsbereichsleiter an der Ingenieurhochschule Berlin; 1990 abgewickelt; engagiert in ostdeutschen Wissenschaftszusammenhängen; heute Dozent in der Erwachsenenbildung; Lehraufträge am Otto-Suhr-Institut der Freien Universität Berlin; wichtige Publikationen: Die DDR kann nicht über Stalins Schatten springen. Reformen im Kalten Krieg – SED zwischen NÖS und Prager Frühling (1993); Dritter Weg zwischen den Blöcken? Prager Frühling 1968: Hoffnung ohne Chance (1995); Konflikte, Krisen und politische Stabilität in der DDR (1996); 1989 – eine abgebrochene Revolution. Verbaute Wege nicht nur zu einer besseren DDR? (1999)

Sandra Hollerbuhl, Jg. 1974, Dipl. pol. Studium der Politikwissenschaften und Volkswirtschaftslehre in Deutschland und England. 1997-2000 wissenschaftliche Assistentin bei Ecologic, Gesellschaft für internationale und europäische Umweltforschung. Seit 2001 freiberufliche Seminarleiterin in der Jugend- und Erwachsenenbildung mit Schwerpunkten (u.a.): politische Bildung, Kommunikationstraining.

Petra Junghans, Jg. 1960, 1979-1985 Studium der Philosophie an der Martin-Luther-Universität Halle Wittenberg, 1985-1990 Dozentin an der Bergakademie Freiberg Fachbereich Philosophie, 1991 bis 1994 Management-Trainerin am Institut für Bildungsberatung und Bildungsökonomie, seit 1996 Doktorandin Freie Universität Berlin Fachbereich Politik- und Sozialwissenschaften, ab Februar 2002 Siemens AG Transportation Systems Bereich, Assistentin der Geschäftszweigleitung.

Rudolf Kober, Jg. 1928, Studium für Kunsterziehung an der Universität Leipzig (Gymnasiallehrer), Promotion und Habilitation an der Universität Leipzig, 1988-1992 ord. Professor für Gegenwartskunst. Zahlreiche Veröffentlichungen (vor allem Monografien, Kataloge) zur Kunst der Gegenwart und zur Kunst des Mittelalters.

Amelie Kutter, Jg. 1974, Dipl. pol. Studium der Politikwissenschaft und der Slawistik (1995-2001) an den Universitäten Dresden, Kazan/Russische Föderation Freie Universität und Humboldt-Universität Berlin; z.Zt. für das Deutsch-Polnische Jugendwerk tätig. Diverse Veröffentlichungen insbesondere zum deutsch-polnischen Jugendaustausch.

Hans Luft, Jg. 1936, Absolvent der Humboldt-Universität, Lehre und Forschung auf den Gebieten der Politischen und der Agrarökonomie an der Leipziger Universität und der Akademie für Gesellschaftswissenschaften; in den sechziger Jahren an der Vorbereitung und Einführung der NÖS in der Landwirtschaft beteiligt; verschiedene ehrenamtliche Wahlfunktionen in der Kommunalpolitik; 1990 Abgeordneter der Ostberliner Stadtverordnetenversammlung; nach der Wiedervereinigung als freischaffender Wissenschaftler tätig, u.a. bei privaten Bildungsträgern; Forschungen zum Transformationsprozeß ostdeutscher Agrarstrukturen (unterstützt von der VW-Stiftung).

Elviera Thiedemann, Jg. 1951, Lehrerin, bis 1991 im Schuldienst in Sachsen, seit 1991 in Berlin wohnhaft, 1991-1996 mit Unterbrechung durch eine siebenmonatige Arbeitslosigkeit wiss. Mitarbeiterin beim Kautsky-Bernstein-Kreis e. V. zu politikwissenschaftlichen Themen (Formen von Demokratie in der DDR, Transformationsprobleme im wiedervereinigten Deutschland; Rechtsextreme Entwicklungen in Osteuropa und mögliche Strategien ihrer Bekämpfung), seit Ende 1996 tätig in Projekten der Arbeitsgemeinschaft Betriebliche Weiterbildungsforschung e. V. zu Fragen der Kompetenzentwicklung, des selbstorganisierten Lernens sowie des Lernens im Netz und mit Multimedia. Nebenberufliche Dozentin in Volkshochschulen und Bildungseinrichtungen freier Träger in den alten und neuen Bundesländern (Bereiche Politik und Literatur). Wichtige Publikationen: Es kam ein langer lichter Herbst. Tagebuch der Wendezeit 1989/90 (1999); Die Eleganz der Eseltreiber. Tagebuch 1991-93 (2000); Wir hatten noch Zeit an die Liebe zu denken. Lyrik und Prosa aus der Zeit der Emigration 1933 bis 49 (Hrsg.); seit 1992 Mitautorin zahlreicher Schulbücher des Verlages Volk und Wissen.

Fritz Vilmar, Jg. 1929, nach dem Soziologiestudium bis 1975 wissenschaftlicher Publizist und Referent in der politischen Erwachsenenbildung (1959-1970 insbesondere in der Bildungsabteilung der IG Metall, Frankfurt/M.); seit 1975 Professor für Politikwissenschaft an der Freien Universität Berlin, Otto-Suhr-Institut, seit 1996 als aktiver Emeritus, 1991-2001 Koordinator eines »Forschungsprojekts Kritische Analyse der Vereinigungspolitik«. Wichtigere Bücher: Rüstung und Abrüstung im Spätkapitalismus (1965); Strategien der Demokratisierung, 2 Bde. 1973; Wirtschaftsdemokratie und Humanisierung der Arbeit (1978, mit K.O. Sattler); Ökosozialismus (1986, mit K.J. Scherer), Handbuch Selbsthilfe (1988, mit B. Runge); Kolonialisierung der DDR (1995, mit W. Dümcke, auch Hg.), Zehn Jahre Vereinigungspolitik (2000).

Linde Wagner, Jg. 1950; Dr. med., Dipl. pol. 1971-1977 Studium der Humanmedizin in Bonn, seitdem als Anästhesistin in Madrid und in Berlin tätig; seit den 60er Jahren Engagement in der APO; 1995 bis 2001 Politologie-Studium in Berlin, Diplomarbeit zum Thema der Abwicklung der Polikliniken in der DDR im Rahmen des Forschungsprojekts »Kritische Analyse der Vereinigungspolitik« am Otto-Suhr-Institut der Freien Universität Berlin. Diverse Publikationen zu diesem Thema und über »Perspektiven integrierter ambulanter Versorgung der BRD«

Abdruckgenehmigungen für die Reproduktionen erteilten dankenswerterweise:
Staatliche Kunstsammlungen Dresden (Bildtafel I)
VG Bild-Kunst, Bonn (Bildtafeln II, III, IV, V, VI, VII, VIII, IX, X, XII, XIII, XIV, XV, XVI)
Horst Sakulowski (Bildtafel XI)

ISBN 3-360-01036-1

Rosa-Luxemburg-Straße 39, 10178 Berlin

Umschlaggestaltung: Peperoni Werbeagentur, Berlin
Druck: Ebner Ulm
Die Bücher der edition ost erscheinen in der Eulenspiegel Verlagsgruppe.
www.eulenspiegel-verlag.de